Andreas Schlieper

RUFUS, DER KATZENPHILOSOPH

Andreas Schlieper

RUFUS, DER KATZENPHILOSOPH

Weisheiten aus sieben Leben

KNAUR

Besuchen Sie uns im Internet:
www.knaur.de

FSC
www.fsc.org
MIX
Papier aus ver-
antwortungsvollen
Quellen
FSC® C006701

Copyright © 2011 by Knaur Verlag.
Ein Unternehmen der Droemerschen Verlagsanstalt
Th. Knaur Nachf. GmbH & Co. KG, München.
Alle Rechte vorbehalten. Das Werk darf – auch teilweise – nur mit
Genehmigung des Verlages wiedergegeben werden.
Umschlaggestaltung: ZERO Werbeagentur, München
Illustrationen: N. Reitze de la Maza
Satz: Adobe InDesign im Verlag
Druck und Bindung: CPI – Ebner & Spiegel, Ulm
Printed in Germany
ISBN 978-3-426-65487-3

2   4   5   3   1

Inhaltsverzeichnis

Einleitung: Wie alles begann **7**

Zum Beginn: Wer nicht anfängt, kommt nie zum Ende **17**

Kapitel 1: Schlafe, wann immer du kannst **41**

Kapitel 2: Sei stets wachsam und vorsichtig,
sei immer auf das Schlimmste gefasst **73**

Kapitel 3: Wenn du handelst, dann handele
schnell und entschlossen **101**

Kapitel 4: Genieße den Tag, denn du weißt nicht,
was noch kommt **129**

Kapitel 5: Nimm dir nie so viel, wie du kannst,
sondern nur so viel, wie du brauchst **161**

Kapitel 6: Tu, was nötig ist, um zu bekommen,
was du brauchst **191**

Kapitel 7: Erkenne deine wahren Bedürfnisse,
und folge nur ihnen **223**

Der persönliche Katzen-Fragebogen **254**

Wie alles begann

*E*s war am Weihnachtsabend. Die Sonne war gerade unterge-
gangen. Ich saß am Computer, um noch ein paar von den
Dingen zu erledigen, die schon seit September fällig waren. Nicht,
dass es mir besonders viel ausmachte, denn anderes hatte ich nicht zu
tun, wenn man einmal davon absah, dass eine Flasche sehr alten und
sehr weichen Rums aus Martinique auf mich wartete.
Ich war völlig in meine Arbeit vertieft, alles lief nach Plan, und in ein
oder zwei Stunden sollte ich das geschafft haben, was ich mir vorge-
nommen hatte. Das schlechte Gewissen über die sträflich vernachläs-
sigten Pflichten hatte sich allmählich in eine wahre Euphorie verwandelt, so gut ging mir die Arbeit von der Hand. Ich lehnte mich für einen
Moment zurück und atmete tief durch. Da – plötzlich und wie aus
einer anderen Welt – hörte ich hinter mir eine leise Stimme:

»Entschuldigung! Würden Sie mir bitte auf den Schreibtisch
helfen?«

Ich erschrak und schnellte mit dem Stuhl nach vorne. Ein rascher, angstvoller Blick nach hinten zeigte mir: nichts, rein gar nichts! Da stand niemand, wo hätte er auch herkommen sollen? Ich glaubte an eine Täuschung, schüttelte den Kopf und trank schnell noch einen Schluck Kaffee, um mich wieder zu beruhigen. Zwar konnte ich mich nicht daran erinnern, aber vielleicht hatte ich doch vorhin das Radio eingeschaltet und nun lief irgendein seltsames modernes Hörspiel. Gerade wollte ich wieder mit der Arbeit beginnen, da sprach es erneut zu mir.

»Hallo! Entschuldigung!«, sagte die Stimme nun in einem energischeren Ton. »Wären Sie bitte so freundlich und helfen mir auf den Schreibtisch?«

Nun bekam ich es wirklich mit der Angst zu tun. Die Stimme war piepsig und dünn und klang irgendwie unheimlich. Manche Vokale waren ein wenig unklar, und es hörte sich so an, als käme sie mit den hohen Lauten wie dem »I« weitaus besser zurecht als mit den tiefen.
Ich drehte mich mit meinem Stuhl herum, darauf gefasst, einem Einbrecher oder sogar einem Dämon mitten ins Gesicht zu blicken. Man möge mich für verrückt halten, aber aus eigener Erfahrung bin ich fest davon überzeugt, dass es eher persönliche Dämonen als Schutzengel gibt. Aber auch diesmal: nichts. Kein Dämon, kein Einbrecher und – wie mich ein Blick auf das abgedunkelte Radio belehrte – auch kein Hörspiel.

»Hier unten!«, bekam ich nun zu hören. »Neben Ihrem Stuhl! Würden Sie mir jetzt endlich auf den Schreibtisch helfen?«

Ich schaute nach unten. Im Halbdunkel des Raumes sah ich zwei hell funkelnde Augen aufblitzen: Dort saß mein Kater und sprach zu mir.

Ich war einige Monate zuvor, eigentlich durch eine Reihe von Zufällen, in den Besitz eines Katers gelangt. Nun ja: »Besitz« ist in diesem

Zusammenhang wohl der falsche Begriff, denn ich hatte in der Zwischenzeit mühsam lernen müssen, dass man in Bezug auf eine Katze im Allgemeinen und diesen Kater im Besonderen keine jener speziellen Rechte geltend machen kann, die sich ansonsten aus »Besitz« oder »Eigentum« ableiten lassen. Eher ist es ein zwar freundliches, aber immer distanziertes Zusammenleben, in dem Ansprüche und Pflichten klar verteilt sind: die Ansprüche bei der Katze, die Pflichten beim Menschen.

Allerdings muss man hinzufügen, dass sich jene Pflichten leicht erfüllen lassen: Essen, Trinken, Katzenklo, dann und wann ein wenig Spielen und zur rechten Zeit auch etwas Kraulen, aber nur, wenn die Katze sich eindeutig dazu äußert. Ich glaube, dass ich in den Monaten der Kohabitation meine Pflichten in angemessener Weise erfüllt habe, und dafür erwartete ich im Übrigen auch keinen besonderen Dank.

Umso mehr überraschte, ja, man kann sagen, verstörte es mich, dass der Kater, als er an diesem Abend aus freien Stücken in mein Arbeitszimmer gekommen war, ganz offensichtlich mit mir Konversation betreiben wollte.

Da saß also nun das rot-weiß getigerte Tier und blickte mich mit seinem Auge erwartungsvoll an. Das andere, genauer gesagt das rechte Auge, war durch eine Trübung der Linse blind, was den Kater allerdings in seiner Mobilität kaum zu stören schien, so schnell fand er das bereitgestellte Futter oder den wärmsten Schlafplatz in der Wohnung.

Während ich noch mühsam meine Überraschung überwand, blinzelte er mich ein paarmal freundlich an, wobei sich auch die Lider über dem trüben Auge eng zusammenzogen. Er gähnte einmal ausgiebig und sagte dann mit ungeduldiger Stimme:

»Können wir jetzt? Wie lange soll ich noch warten?«

›Nun gut‹, dachte ich, ›dann soll es eben so sein‹, räumte ein paar Blätter Papier zur Seite, um Platz zu schaffen, beugte mich nach unten und hob den Kater vorsichtig auf meinen Schreibtisch, wo er zunächst ein wenig herumschnüffelte, um sich dann gemächlich hinzusetzen.

»Seit wann können Sie sprechen?«, traute ich mich schließlich zu fragen.

»Ach«, antwortete er, »ich spreche eigentlich schon die ganze Zeit zu Ihnen, aber offensichtlich haben Sie mich bisher nicht verstanden.«

Ich muss wohl ein ziemlich erstauntes Gesicht gemacht haben, denn er fuhr fort:

»Bitte, verstehen Sie das nicht falsch. Das ist keine Kritik an Ihnen, nur eine Feststellung. Es ist nicht Ihre Schuld!«

»Gut, gut«, sagte ich. »Aber wieso kann ich Sie jetzt verstehen?«

»Das hat etwas mit Weihnachten zu tun. Wie Sie sicherlich wissen (ich empfand diesen Hinweis doch als versteckte Kritik), können die Menschen in der Weihnachtsnacht die Sprache der Tiere verstehen. Und das erst recht in einem Schaltjahr! Natürlich nur, wenn sie an einem Sonntag geboren sind«.

Ich hatte von dieser besonderen Regelung im Verhältnis zwischen Mensch und Tier natürlich nichts gewusst, wollte es aber dem Kater gegenüber nicht zugeben. Ein gewisses Maß an Würde wollte ich mir dann doch nicht nehmen lassen. Allerdings hatte ich einmal von einer alten irischen Legende gehört, derzufolge irgendwo unter uns der »Katzenkönig« leben soll, leise, still und heimlich, getarnt als ganz normale Hauskatze. An seinem Äußeren sei er auch nicht zu erkennen, heißt *es, daher müsse man ein Stück von seinem Ohr abschneiden – dann beginne er zu sprechen, wobei jedoch meist eher unliebsame Wahrheiten offen ausgesprochen werden. Die Ohren des Katers mir gegenüber machten einen durchaus unversehrten Eindruck, so dass ich nicht wissen konnte, ob ich einer adeligen Katze begegnet war. Und eine Schere zu holen und es hier auf der Stelle auszuprobieren, kam mir auch nicht in den Sinn – wenigstens nicht zu Weihnachten, dem Friedensfest. Also nickte ich wissend und sagte:*

»Na gut, dann hat es ja doch geklappt. Und was wollen Sie nun mit mir besprechen?«

Der Kater leckte inzwischen voller Hingabe seine linke Vorderpfote und ließ sich durch meine Frage darin zunächst nicht stören. Im weiteren Verlauf unseres Gesprächs wurde mir klar, dass er diese Geste benutzte, um nach den richtigen Worten zu suchen, so wie man in jedem Rhetorikseminar lernt, dass man durchaus ein wenig Zeit verstreichen lassen soll, bevor man antwortet. Nach seiner Kunstpause blickte er mich wieder an und sagte:

»Vielleicht sollte ich mich zunächst einmal vorstellen: Mein Name ist Rufus, Rufus vom Katernberg. Nun ja, jedenfalls im Umgang mit Menschen. Mein Name unter Katzen würde Ihnen nichts sagen, und Sie könnten ihn wahrscheinlich noch nicht einmal aussprechen. Wir können es also bei ›Rufus vom Katernberg‹ belassen. Ich denke, es ist ein angemessener Name, nicht beleidigend und auch nicht lächerlich.«

Mir wurde schnell klar, dass es dem Kater um etwas Wichtiges ging, als er so unbedingt auf meinen Schreibtisch wollte. Gab er sich doch alle Mühe, mich freundlich zu stimmen. Er beugte sich nach vorne, stieß mit seiner Stirn gegen meine rechte Hand und bot sein Kinn zum Kraulen an. Ja, er griff sogar ganz vorsichtig mit seiner Pfote nach meiner Hand und be-

gann damit, die Finger einzeln nacheinander abzulecken. Das dauerte eine Weile, aber dann richtete er sich wieder auf und sagte:

»Darf ich Sie, weil heute Weihnachten ist, um einen großen Gefallen bitten? Ich bin nämlich von einigen befreundeten Katzen gebeten worden, meine Gedanken über die Welt, unter Berücksichtigung des eigentümlichen Verhältnisses von Katze und Kosmos, einmal zusammenfassend darzustellen.«

Der Kater räusperte sich und schwieg einen Moment lang.

»Dazu«, fuhr er dann bedächtig fort, »benötige ich Ihre Hilfe, denn Sie scheinen mir ein ganz vernünftiges und gebildetes Wesen zu sein. Zumindest habe ich in den vergangenen Monaten diesen Eindruck gewonnen.«

Er blickte mich erwartungsvoll an. Sollte ich mich etwa geschmeichelt fühlen, jetzt, da mich ein sprechender Kater als »vernünftig« und »gebildet« bezeichnet hatte? Oder sollte ich wegen der subtilen Beleidigung verärgert sein? Eine Zeitlang sahen wir uns aus schmalen Augen an, dann begann er wieder zu sprechen.

»Jedenfalls habe ich in den vergangenen Wochen den Katzen aus der Umgebung die Ergebnisse meiner Überlegungen präsentiert und bin dabei auf viel Zuspruch gestoßen.«

Ich erinnerte mich an die Nächte im Herbst, als die gesamte Nachbarschaft nächtelang unter einem ohrenbetäubenden Katzenlärm zu leiden hatte. Ich muss zugeben, dass ich in jenen Tagen meinen Nachbarn gegenüber kein Wort von der Katze erwähnt habe, die seit kurzem unter meinem Dach wohnte und einen jeden Abend mit hoch erhobenem Schwanz in den Garten entschwand, bis sie am nächsten Morgen müde und hungrig wieder vor meiner Tür saß.

»Einige meiner treuen Zuhörer haben mich schließlich gebeten«, fuhr er fort, »diese Gedanken zum Nutzen und Wohle der Menschen zusammenzustellen.«

»Und was versprechen Sie sich davon?«, fragte ich.

»Nun ja«, sagte der Kater, »wir wollen den Menschen die Summe der felinischen Weisheit zur Verfügung stellen. Immerhin waren die Menschen uns Katzen gegenüber zumeist sehr freundlich und hilfreich. Darum wäre es meiner Meinung nach an der Zeit, diese guten Taten zu vergelten.«

Rufus vom Katernberg machte eine höchst zufriedene Miene, nachdem er diese Worte gesprochen hatte, und legte sich bequem auf meinen Schreibtisch. So, wie er mich anblickte, erwartete er sicherlich, dass ich ihn nun – sozusagen zum Dank – an seiner Lieblingsstelle unter dem Kinn kraulen oder ihm sogar meinen Daumen zum Knabbern und Lutschen zur Verfügung stellen würde.
Das hätte ich auch getan, aber ich war ins Nachdenken gekommen, und so dauerte es einige Zeit, bis ich seine Signale bemerkte und ihm meine Hand reichte.

»Aber was in drei Teufels Namen«, fragte ich, »legitimiert Katzen, den Menschen gute Ratschläge geben zu wollen? Ich meine: Alles in allem sind Katzen doch nur ...«

Gerade noch rechtzeitig verschluckte ich das letzte Wort: »Tiere«. Während ich sprach, war mir nämlich klargeworden, dass dieser Begriff – und vor allem: das, was damit letztlich gemeint war – hier und jetzt völlig unpassend gewesen wäre. Sicherlich kann man lange darüber debattieren, ob und wenn ja, welchen Unterschied es zwischen »Mensch« und »Tier« geben mag (Und ich denke, dass es einige, sogar

13

sehr bedeutende gibt. Würde man sonst ein Kalb essen, nicht aber seinen Nachbarn?).

Nun saß mir jedoch eine sprechende Katze gegenüber, die sich gewählt ausdrücken konnte und sich offenbar eine Menge Gedanken über Mensch und Welt gemacht hatte. Gut: Sie sah aus wie eine Katze, sie fühlte sich an wie eine Katze, sie bewegte sich wie eine Katze, ich behandelte sie wie eine Katze. Und alles sprach dafür, dass sie – ontologisch betrachtet – tatsächlich eine »Katze« war. Erst jetzt wurde mir bewusst, in welch einer seltsamen Situation ich mich gerade befand. Ich kommunizierte mit einem Tier, und zwar auf die menschlichste Weise, die möglich war: mit der Sprache. Hätte ich doch nur meinen Mund gehalten. Rufus vom Katernberg lockerte die Krallen um meine Hand und ließ den Daumen los.

»Denken Sie bitte auch daran«, fuhr er meinen Einwand ignorierend fort, »dass wir Katzen ursprünglich aus völlig freien Stücken zu ihnen gekommen sind. Uns musste man nicht mühsam zähmen, wir haben nichts von den Menschen gefordert, wir waren einfach da und haben ihnen das Leben leichter gemacht.«

»Natürlich«, antwortete ich mit leiser Stimme, »da haben Sie völlig recht.«

»Ich habe eine Bitte an Sie, ehrlich gesagt, sogar eine sehr große!«

Ich fragte mich, was nun folgen würde. In unserem bisherigen Zusammenleben hatten sich seine Wünsche auf Fressen, Trinken, Spielen und Kraulen bezogen. Was nun?

»Ich möchte Sie bitten«, sagte er, »meine Gedanken aufzuschreiben. Wir Katzen sind von der Natur zwar in vielen Dingen bestens ausgestattet worden, aber in anderen sind wir leider ›Mängelwesen‹: Wir

14

können nun einmal nicht jene Geräte bedienen, mit denen Sie sich den ganzen Tag beschäftigen. Nicht, dass ich es nicht versucht hätte: Ganze Nächte habe ich damit verbracht, doch ohne Erfolg.«

Ich hatte mich während der vergangenen Wochen morgens häufiger darüber gewundert, dass beim Starten des Computers irgendwelche obskuren Programme aufgerufen wurden, hatte mir jedoch nichts dabei gedacht und es mit den üblichen Verfehlungen der Software erklärt. Jetzt allerdings wurde mir klar, was in diesen Nächten tatsächlich geschehen war.

»Sei's drum«, fuhr Rufus fort. »Mir geht es darum, dass ich Ihnen meine Gedanken erzähle und Sie sie aufschreiben. Damit die Menschen es lesen und davon lernen können. Und da die Dauer unseres Gesprächs auf heute Nacht begrenzt ist, ist die Zeit knapp. So gerne ich mit Ihnen Konversation betreiben würde: Wir müssen allmählich anfangen, sonst kommen wir nicht rechtzeitig zum Ende.«

Ein Blick auf die Uhr zeigte mir, dass er recht hatte. Es war inzwischen fast sieben geworden, und nach dem, was der Kater über Weihnachten und die Sprache der Tiere gesagt hatte, blieben uns kaum mehr als zwölf Stunden Zeit, die Arbeit zu vollenden. Ich dachte kurz an die Schere und das Ohr und was ich über den »Katzenkönig« gehört hatte, schob diese Gedanken aber sofort wieder zur Seite: wie gesagt, das Fest des Friedens. Konzentration war nun gefragt, und so schwieg ich stille.

Also sprach der Kater:

»Wer nicht anfängt, kommt nie zum Ende!«

E s wird wohl das Beste sein, wenn ich zuerst mit dem Anfang beginne. Zwar sagt man zu Recht: »Aller Anfang ist schwer«, aber doch auch und nicht minder zutreffend: »Guter Anfang ist die halbe Arbeit«, ja sogar: »Guter Anfang, halbes Glück«, also auf jeden Fall: »Der Anfang ist die Hälfte des Ganzen«.

Uns Katzen zumindest ist der Anfang immer besonders sympathisch gewesen, schließlich hat er etwas mit Fangen zu tun, mit Greifen, Fassen, Packen – und das können wir ja von Natur aus ziemlich gut, und es macht uns auch einen gehörigen Spaß. Fragen Sie einmal die Mäuse, die werden es Ihnen schon bestätigen!

Noch etwas: Wir Katzen sind überhaupt ausgesprochen ordentliche Wesen, was man schon allein daran erkennen kann, dass die Teller und Schüsseln, sauber wie geleckt sind, wenn wir unsere Mahlzeit verspeist haben. Ich korrigiere: Sie sind natürlich »sauber geleckt« und nicht nur »sauber *wie* geleckt«, aber darüber wollen wir jetzt nicht weiter debattieren. Ich füge nur noch hinzu, dass dieser ordentliche Umgang mit Essen und Geschirr auch ein Zeichen der immensen Wertschätzung darstellt, die wir für die Menschen und ihre unermüdlichen Bemühungen hegen, ihren Teil des uralten Vertrages zwischen Mensch und Katze zu erfüllen – wir Katzen haben schon immer gewusst, dass man mit Lob im Leben viel weiter kommt als mit Tadel und Strafe.

Jedenfalls schätzen wir es sehr, wenn die Dinge eine Ordnung haben, und zwar eine genaue und beständige. Punkt für Punkt, in Reih und Glied, wie die Perlen auf einer Kette, eines nach dem anderen, first things first und dann erst der Rest – so müssen die Dinge sein, ein jedes an seinem Ort und zu seiner Zeit, dann ist alles gut. Doch wehe, die Ordnung ist für einmal dahin! Dann regiert wieder das Chaos, das Böse übernimmt die Macht, dann ist die Erde wüst und leer, und es wird finster. Kann das jemand wirklich ernsthaft wollen, Mensch oder Katze?

Nein, nein und nochmals nein! Deshalb werde ich mich an die althergebrachte Ordnung halten und beginne wohlweislich mit dem Anfang.

Also: Am Anfang steht der Anfang und am Ende das Ende. So war es, so ist es, und so muss es bleiben. Das ist der wahre Kern einer jeden Ordnung – schließlich ist der Beginn aller Ordnung Anfang. So wie wir Katzen mit dem Schnurrbart beginnen und mit dem Schwanz enden; andersherum wäre doch furchtbar, die reine »Katzastrophe«!

Vorgestellt haben wir uns ja schon. Rufus vom Katernberg ist also mein Name; »vom«, ich bestehe auf dem »m«. Ich bin eine Katze, Familie der Felidae, präziser: Felis silvestris catus, oder auch und einfacher gesagt: eine Hauskatze, kurz und schlicht KC.

Hier ist, nebenbei erwähnt, ein den Menschen verschuldeter Fehler unterlaufen, heißt die Katze im Lateinischen doch eigentlich »cattus«. Doch dieser Fehler kommt nicht von ungefähr – so führt der Felinosoph Tatzitus aus –, sagt man doch auch »catus«, wenn man jemanden als »gescheit«, »geschickt« oder »pfiffig« bezeichnen will, anders ausgedrückt: wenn er sich also verhält wie eine Katze,

Seit den scharfsinnigen Analysen des italienischen Maunzologen Felix Felini aus Catzania weiß man auch, dass allein die damals gar nicht so seltenen orthographischen Fehler beim Abschreiben dafür verantwortlich sind, dass man in den Schriften des Mittelalters das eine Wort mit nur einem und das andere hingegen mit zwei »t« geschrieben hat – gemeint hat man jedenfalls immer das Gleiche. Aber das soll uns nicht weiter stören; eine jede Debatte darüber wäre – wie wir Katzen zu sagen pflegen – »für den Mensch«.

Seien Sie jetzt bitte nicht enttäuscht, auch wenn Sie vielleicht ein prominenteres Exemplar meiner Art erwartet haben sollten: Bastet, die Katzengöttin des alten Ägypten, oder die Grinsekatze, die so schnell verschwindet, dass nur noch ihr Lächeln bleibt, oder Azrael, den ewigen Feind der Schlümpfe, dessen Triumph im heroischen Scheitern liegt, oder wenigstens doch Garfield, den ewig hungrigen Kater.

Ich kann Ihnen auch nichts Genaueres über die Eskapaden von Catwoman berichten, so interessant sie auch sein mögen. Nein – das alles kann ich Ihnen nun leider nicht anbieten. Die alle sind anderswo beschäftigt und haben gerade keine Zeit. Selbst Kater Mikesch ist in Rente gegangen und lebt nun völlig zurückgezogen in einem Kartäuserkloster in Katzendorf bei

Prag, wo er sich von seinen Abenteuern mit Maunzerle erholt. Die Ärzte haben ihm einen jeglichen Kontakt mit der Außenwelt strikt untersagt.

Aber gleichwohl: Es gibt Hunderte von Ausprägungen und Tausende von Gestalten der Gemeinen Hauskatze, alle auf das feinste unterschieden nach Größe, Farbe und Charakter. Ich bin also durchaus etwas Einzigartiges, und ein wenig Exklusivität steht Ihnen dann doch zu. Betrachten Sie mich also als ein felinisches Individuum, zumal ich mich stolz und laut dazu bekenne, ein Bastard zu sein – eben nur das Beste von allen Rassen war gut genug für mich.

Vielleicht gefällt Ihnen das Wort »Bastard« nicht so gut, ist auch ein schlimmes Wort, obwohl es ursprünglich nichts anderes bedeutet hat als »in der Scheune gezeugt«. Und das wäre für uns Katzen im Zweifel gar nicht so ungewöhnlich oder gar ehrenrührig.

Aber gut, dann sagen Sie eben »Hybrid« zu mir, was auch nichts anderes bedeutet als »Mischling«. Aber es macht auf die Menschen einen etwas besseren Eindruck, seitdem selbst manche jener knarrenden und stinkenden Kisten so heißen, die von den Menschen gemeinhin »Automobile« genannt werden. Und wer es noch etwas genauer wissen will: Nein, mit »Hybris« für »Hochmut« und »Frevel« hat das alles gar nichts zu tun; und das würde auch gar nicht zu uns Katzen passen, die wir ja von Natur aus in unseren Ansprüchen bescheiden sind, wie jeder weiß.

Ein wenig Thunfisch, ein paar Austern, einen kleinen Teller Sahne, einen Wollball zum Spielen, ein warmes Plätzchen zum Schlafen – viel mehr brauchen wir doch gar nicht zum Glücklichsein. Bleiben Sie uns bloß vom Leib mit Gold und Geld und Edelsteinen!

20

Übrigens: Das ist dann wieder einmal typisch für die Umständlichkeit der Menschen – »felis silvestris catus« so ein komplizierter Name ist doch eine ziemliche Verschwendung von Zeit und Raum.

Wir Katzen unter uns sagen selbstverständlich nur Katze, aber wir wollen hier nicht so maniert sein und mariniert schon gar nicht – entschuldigen Sie bitte den blöden Witz, aber wir Katzen sind nun einmal sehr gewitzt.

Und damit es auch ein für alle Mal gesagt ist: Wir Katzen eignen uns nun überhaupt nicht als Nahrung, weder gekocht noch gebraten und erst recht nicht frittiert. Auch wenn man uns mancherorts als Eintopf mit Tomatensauce, Rüben und Kartoffeln anbietet oder am Spieß gebraten mit Olivenöl und Knoblauch – wir geben keine gute Speise ab, unser Fleisch ist zäh und bitter. Und ich füge noch hinzu, dass es sich bei einem »Chat au Briand« auf jeden Fall um ein angemessen zubereitetes Doppellendenstück vom Rind und nichts anderes handelt; ebenso, wie ein Fokatzia nur aus Hefeteig, Olivenöl, Salz und manchmal auch Kräutern besteht und irgendwelche Teile der Katze darin nichts verloren haben.

Aber wozu sage ich das: Es gehört sich nicht, Wesen zu verzehren, die dem Menschen Gesellschaft leisten. Ich jedenfalls habe es mir zum ehernen Grundsatz gemacht, keine Maus zu verspeisen, die mir persönlich gut bekannt ist.

Aber nun bitte ernsthaft: Dass »felis« etwas mit »felix«, dem »Glücklichen«, zu tun hat, wollen wir hier nicht unbedingt bestätigen, auch wenn mancher von uns den Namen »Felix, the Cat« trägt. Im ursprünglichen Sinne bedeutete »felix« vor allem »fruchtbar«, und das muss ja nicht unbedingt gleichbedeutend mit »glücklich« sein, wie Ihnen sogar der eine oder andere Mensch bestätigen wird.

Auf jeden Fall aber bestreiten wir, dass »felis« mit »fallax« oder »fallere« verwandt ist, also mit »irreführen« oder »täuschen«. Wir Katzen mögen gewitzt und schlau sein, kein Zweifel, die Mäuse wissen es wohl am besten, obwohl sie unsere Art von Humor meist nicht teilen. Aber ob Humor oder nicht: Wir sind im Grunde unseres Wesens weder verschlagen noch heimtückisch, und wer uns dafür hält, der hat keine Ahnung.

Selbst die Wissenschaft bescheinigt uns, dass kein anderes Tier sein Verhalten so früh und so subtil ankündigt wie die Katze. Man könnte in uns lesen wie in einem Buch – man muss eben nur lesen können, nicht wahr? Und wer es nicht kann, der ist dann eben selbst schuld daran, wenn er unsere Krallen zu spüren bekommt.

Ich verrate an dieser Stelle kein Geheimnis, wenn ich darauf hinweise, dass der Begriff »Kater« durchaus in engster sprachlicher Beziehung mit dem englischen Wort »cutter« steht – Sie wissen doch: vom Englischen »to cut« für »schneiden«.

Selbst die Älteren unter Ihnen werden sich wahrscheinlich kaum noch daran erinnern, aber einst, vor langer, langer Zeit, hatte ein gewisser Adam uns einen Namen gegeben, der uns eigentlich für alle Zeiten hätte begleiten sollen. Aber dann wurde der Mensch vorwitzig, er wollte einen Turm bauen, dessen Spitze bis an den Himmel reichen sollte, doch Gott wurde ärgerlich und beschloss, die Sprache der Menschen zu verwirren, damit keiner die Sprache des anderen mehr versteht. Seitdem ist unser eigentlicher, unser natürlicher Name vergessen, und ein jedes Volk der Menschen nennt uns anders.

»Cattus« zum Beispiel ist ein Wort, von dem niemand so recht zu sagen weiß, woher es stammt, vielleicht ist es mit uns aus Syrien oder Nordafrika gekommen, wo man »gada« zu uns sagte oder »kadiska«. Spielt aber keine Rolle, denn seit unserer

Ankunft hat dieser Name sich über ganz Europa verbreitet, und nun heißt es mancherorts »cat« oder »gato« oder »gatto« oder »chat«, selbst in Russland sagt man »koty« und »kedi« in der Türkei, alles das Gleiche, nur mit anderer Aussprache.

Vielleicht sind die Menschen einander doch gar nicht so fremd. Gut, in China nennt man uns anders, aber China liegt auch weit, weit weg, etwa ein ganzes Katzenleben entfernt, wenn wir uns jetzt gleich auf den Weg machen. Und weil es so weit weg ist, sehen die Menschen dort nicht nur ganz anders aus, sondern sprechen auch ganz anders. Dort sagt man »máo«, wenn man Katze meint, und das Zeichen, das die Chinesen dafür verwenden, ist eine Verbindung aus »Feld« (t'ien), »Gras« (t'sao) und »Bösewicht« (chài). Denn sind wir Katzen nicht diejenigen, die die bösen Mäuse und Ratten von den Feldern verjagen?

Nur der Vollständigkeit halber füge ich hinzu, dass jenes Wort (nicht das Zeichen – die Chinesen legen sehr viel Wert auf diesen Unterschied), dass also jenes Wort »máo« auch »achtzigjährig« bedeuten kann, wodurch den Menschen am anderen Ende der Welt die Katze als Symbol der Langlebigkeit gilt. Und das ist ja auch so falsch nicht, haben wir doch sieben Leben und machen auch gerne Gebrauch davon.

In Japan verwendet man das gleiche Zeichen, sagt aber »neko« zu uns, was ich übrigens besonders schön finde, auch wenn es rein gar nichts mit »neckisch« zu tun hat, was aber durchaus hätte sein können, denn so sind wir nun einmal. Ich mag auch den Namen »ailouros« sehr – so hat man uns im alten Griechenland genannt, und es bedeutet nichts anderes als »der mit dem Schwanz wedelt«, was wiederum auf eine gute Beobachtungsgabe der alten Griechen schließen lässt, auch wenn sie sonst lieber den schlanken Jünglingen hinterhergeschaut haben.

Nur damit Sie es wissen: Auch das deutsche Wort »Schwanz« kommt direkt von »schwenken«, von hin und her wie beim Tanz, von auf und ab im Wind, von einmal hier sein und einmal dort. Was – wovon ich fest überzeugt bin – die Menschen immer schon neidisch auf uns Katzen gemacht hat; vielleicht auch – ich will es nicht leugnen – ein wenig auf die Spezies, die man mit Recht »Hund« nennt. Aber davon will ich lieber schweigen, kommen doch die sanften Bewegungen unserer eleganten Schwänze viel ruhiger daher als deren immerzu hektisches Wedeln mit dem Schweif, das den Betrachter nur nervös macht.

Doch was gehen uns hier die Hunde an? – Ich für meinen Teil verstehe nicht sehr viel von diesen Tieren, habe auch nur wenig Kontakt zu diesen Burschen. Aber soviel ich von ihnen mitbekommen habe, scheinen sie mir eher seltsame Wesen zu sein: hektisch, hypermotorisch, immer ekligen Sabber an der Schnauze. Ich mag auch nicht, wie schamlos sie ihr Gemächt und Geschlecht zur Schau tragen, wie die Medaillen einer glorreichen Vergangenheit. Ich finde das äußerst geschmacklos, einer wahren Gentlecat nicht würdig. Ich sage dazu nur: »doggy style«.

Uns Katzen hält man für lasziv, aber schauen Sie sich doch einmal einen Hund an, wie er sich gierig und lechzend an Ihrem Bein reibt – die Flecken bleiben ewig, die Hose können Sie ein für alle Mal entsorgen.

Aber, wie ich schon sagte: Ich verstehe nicht viel von Hunden; und was man nicht kennt, darüber sollte man schweigen. Wir Katzen halten es lieber mit dem Seinlassen – eine Runde Schlaf ist wertvoller als jede Aufregung und jeder Ärger über Dinge, die sich ohnehin nicht ändern lassen.

Bleiben wir also lieber bei den angenehmen und wichtigen Dingen des Lebens: den Katzen. Man hat früher einmal auch »Buse« zu uns gesagt, weil sich manche von uns durch »bus! bus!« zum Essen haben rufen lassen (nebenbei: Es ist uns egal, wie man uns ruft, Hauptsache zum Essen). Wer uns ein wenig besser kennt, wird auch nicht überrascht sein, dass »Buse« auf das engste verwandt ist mit dem Wort »putzen«, sind wir doch ausgesprochen reinliche Wesen. Wenn allerdings die Engländer daraus »pussy« gemacht haben und manchmal etwas völlig anderes damit meinen als uns Katzen, darf uns das nicht angelastet werden; bei den Holländern heißen wir »poes«, und das ist auch gut so, weil es so schön klingt.

Ich will auch die anderen Namen, die man uns gegeben hat, nicht verschweigen, denn während die Menschen sie längst vergessen haben, erinnern wir Katzen uns noch sehr gut daran: »murilegus« hat man uns genannt, den »Mäusepflücker«, oder »muriceps«, den »Mäusenehmer«, auch »pilax«, den »Haarigen«, was mir jedoch nie besonders kreativ vorgekommen ist.

Dass das französische Wort »château« etwas mit einer »Wasser-Katze« zu tun hat (»chat« und »eau«), kann ich hier nicht bestätigen, denn wie man weiß, ist Wasser nicht unbedingt unser Element. Näher kommt uns da schon das Wort »chatoyant«, das im Französischen »schillernd« oder »glitzernd« bedeutet, macht es doch deutlich, dass unser Verhalten den Menschen auch nach Tausenden von Jahren des Zusammenlebens immer noch überraschend und unerklärlich geblieben ist. Oder es hat etwas damit zu tun, dass unser Fell stets so schön glänzt.

Belassen wir es zunächst einmal dabei, denn im Unterschied zu uns Katzen haben Sie als Mensch leider nur ein einziges Leben und damit sollten Sie klug und weise umgehen. Vielleicht interessiert es Sie ja auch, etwas Persönliches über mich zu erfahren: Ich bin ein Kater in den besten Jahren, ich habe schon einiges zu sehen bekommen und darf gleichwohl darauf hoffen, noch mehr zu erleben. Was das sein wird, kann man vorher nie sagen, aber darauf freuen sollte man sich schon. Wie man so sagt: Es ist, wie es ist; es kommt, wie es kommt; und es ist noch immer gutgegangen.

Was mein Aussehen anbetrifft, nun, man sieht mir die Jahre nicht an, auch wenn ich bekennen muss, dass ich auf einem Auge nicht mehr so gut sehen kann wie früher. Aber das kommt nicht vom Alter, sondern ist die bedauerliche, aber leider unvermeidliche Folge der vielen Kämpfe, die ich in meiner Jugend ausgefochten habe – mit einigem Erfolg, wenn dieser Hinweis erlaubt ist.

Für mein – wenn ich das in aller Bescheidenheit der Katzen einmal so sagen darf – sehr hübsches rot-weißes Fell ist mir kein Aufwand zu groß: Man kann das Sein als »Buse« eben nicht verleugnen. Und wenn Sie sich einmal die Zeit nehmen, so werden Sie gar nicht anders können, als die Ausdauer, die Präzision, die ausgefeilte Technik zu bewundern, die einer jeden Katze, überall und immer, zu eigen ist. Ein wenig Lob und Aufmunterung können dabei übrigens nie schaden.

Sosehr es also auch auf die inneren Werte ankommen mag (und auch davon habe ich eine ganze Menge), wissen wir Katzen doch wohl, wie wichtig der allererste Eindruck ist, den man seinem Gegenüber anbietet. Es ist nun einmal der Anfang, der zählt: »Wer nicht anfängt, der endet auch nicht.« Und ich füge hinzu: »Wer nicht gut anfängt, der endet schlecht.«

Aber meine imposante Erscheinung tut hier nichts zur Sache – Sie wissen ja: die inneren Werte.

Ich möchte nur am Rande darauf hinweisen, dass »Rufus«

natürlich nicht mein einziger Name ist, auch wenn er der »Rote« bedeutet, was für mich angesichts der strahlenden Farbe meines Felles besonders passend ist.

Denn, wie Sie sicherlich wissen, haben Katzen drei verschiedene Namen: Rufus ist, wenn man so will, der »offizielle« Name, der sich in allen amtlichen Papieren wiederfindet: Ausweise, Impfpässe, Akten, Vermerke, Policen, was immer Sie wollen – sonst wären wir ja schließlich nichts, zumindest gäbe es uns offiziell gar nicht, und wir wären nur die Geister, die nachts um das Haus schleichen und die Menschen um den wohlverdienten Schlaf bringen. Aber das wäre eine so traurige Geschichte, dass ich sie uns hier ersparen will.

Dann haben wir des Weiteren auch noch einen speziellen Namen, sozusagen für die alltägliche Kommunikation mit den Menschen. Ich werde zum Beispiel oft »Dickie« genannt, was vielleicht etwas mit meiner imposanten Erscheinung zu tun hat. Aber ich nutze diese Gelegenheit, um in aller Form darauf zu verweisen, dass sieben Kilo für einen ausgewachsenen, rotweißen Kater auf gar keinen Fall zu viel sind, jedenfalls verwahre ich mich in aller Schärfe dagegen, als »dick« bezeichnet zu werden.

Ich bin nicht »dick«! Und schon gar nicht: »fett«! Vielleicht: »gut genährt«. Oder: »kräftig gebaut«. Oder: »lebensfroh«. Oder besser noch: »ein Genießer«. Wer etwas anderes behauptet, von dem fordere ich unverzüglich Satisfaktion!

Und – bitte schön – was soll diese ganze Debatte? Gehen Sie mir weg mit diesem unsäglichen »Katz-Maß-Index«! Wissen Sie überhaupt, worauf dieser Index basiert? Nein? Ich auch nicht! Also kommen Sie mir nicht mit diesem Unsinn! Ich stehe zu meinem Gewicht und zu meinem Körper, und ich fühle mich wohl dabei. Allein darauf kommt es an und auf sonst gar nichts. Ende der Diskussion!

Und damit ich mich nicht weiter aufrege, sollte ich jetzt wohl schnell ein wenig Thunfisch mit Jungmakrele essen – das schmeckt ausgezeichnet, beruhigt und senkt zudem den Blutdruck. Kann man von einer kleinen Dose aus Aluminium mehr erwarten? Wohl kaum! Man kriegt zwar nicht immer, was man will, aber wenn man nur lange genug wartet, bekommt man schließlich, was man braucht. Das ist der ordentliche Lauf der Welt.

Gut, das musste einmal gesagt sein, aber nun weiter mit dem Anfang: Wir Katzen haben schließlich noch einen dritten Namen, doch den kennen nur wir selbst und keiner von uns wird ihn je verraten. Ein unausgesprochener, ein unaussprechlicher Name.

Aber Sie sind mein Freund, Ihnen kann ich meinen geheimen Namen verraten. Er lautet: ∆¤ɾʋ∞‡◊*∩. So, jetzt wissen Sie es. Wie man den Namen allerdings korrekt ausspricht, das müssen Sie selbst herausfinden – sonst wäre es ja schließlich auch kein Geheimnis, nicht wahr. Aber Achtung: Wenn Sie den Namen nur einziges Mal falsch aussprechen, dann drohen Ihnen sofort und unverzüglich sieben Jahre Unglück.

Nein, bitte, das ist natürlich ein Scherz, Katzen-Humor. Das gilt doch nur, wenn Sie eine Katze schlagen oder ersäufen. Und ausschließlich bei schwarzen Katzen. Wenn es sich zudem noch um verwandelte Hexen handelt. Wir rot-weißen Katzen verwenden keine schwarze Magie, das passt schon rein farblich nicht zueinander. Denken Sie immer daran: Ob eine schwarze Katze Unglück bringt oder nicht, hängt zum größten Teil davon ab, ob sie ein Mensch sind oder eine Maus.

Obwohl: Wussten Sie schon, dass jede Katze in ihrem Schwanz ein wundertätiges Haar hat, mit dem man die Seele eines Toten wieder in den Körper zurückholen kann? Und dass wir das Wetter ebenso vorhersagen können wie Erdbeben? Oder den nahenden Tod eines Menschen? Und dass Katzen die Hüter verwunschener und verborgener Schätze sind? – Ach, Sie glauben mir nicht? Dann kann ich nur sagen: Vorsicht! Denn immerhin sind wir vor den Menschen erschaffen worden, weil Gott uns Geheimnisse anvertraut hat, von denen der Mensch nichts erfahren soll. Wir Katzen aber hüten sie. Am besten, Sie fragen also gar nicht erst danach!

Fragen dürfen Sie allerdings, warum ich erst jetzt das Schweigen der Katzen breche. Wenn dieser Kater – so werden Sie bei sich denken – den Menschen etwas zu sagen hat, warum hat er dann nicht schon früher zu uns geredet? Oder überhaupt eine der vielen anderen Katzen?

Es gibt doch genügend davon, da hätte sich doch wenigstens eine Katze einmal zu Wort melden können – acht Millionen allein in Deutschland, sagt man, in circa fünfzehn Prozent aller Haushalte immerhin, zwar weniger als Autos, aber mehr als Hunde (jawohl!). Und vor allem: die Zahl steigt weiter an. Obwohl die meisten von uns kastriert worden sind (sagen Sie es nicht weiter: leider auch ich; bitte respektieren Sie also die Würde der Katze, so dass ich jetzt davon stille schweigen kann – nur ein einziges Wort dazu: Ist die Katze erst kastriert, lebt sie gänzlich ungeniert).

Jedenfalls gibt es stetig und immer mehr von uns; das hat wohl etwas mit der wachsenden Migration von Katzen aus aller Herren Ländern hierher zu tun. Irgendwie scheint sich immer jemand zu finden, der eine von uns an einem griechischen Strand einsammelt und hierherschafft. Aber machen Sie sich keine Sorgen: Wir Katzen sind seit mehr als 10 000 Jahren wahre Meister der Integration; wir wissen, wie wir die Menschen in unsere Kultur zu domestizieren haben.

Schweifen wir nicht ab! Tatsächlich haben wir Katzen über lange Zeiten hinweg ausgiebig mit den Menschen gesprochen – in den Tempeln und Klöstern, in den Bibliotheken und am Herd in der Küche. Wir waren die engsten Freunde der Menschen, waren dort willkommen, wohin keinem anderen Tier Zugang gewährt wurde (schon gar nicht den Hunden): im Schlafzimmer, im Kinderzimmer, in den Gemächern der Frauen. Wir waren intim mit den Menschen, waren ihnen in all den großen Momenten ihres Lebens verbunden: bei der Zeugung, bei der Geburt, bei der Krankheit, beim Tod. Wir waren stets die Partner der Schwachen: der Frauen, Kinder und Greise.

Das muss die Männer wohl sehr verärgert haben, denn irgendwann begannen sie mit einer üblen Propaganda. Wir Katzen seien Diener des Teufels, sagte man, Begleiter der Magier und Hexen, die unsere Gestalt annehmen, wenn es ihnen beliebt.

Schlimmer noch: Wir verletzen und töten – so war überall zu hören – unbewachte Säuglinge, weshalb man ihnen einen Lederschurz um die Brust binden soll, bis sie vier Jahre alt sind. Eine furchtbare Zeit, fürwahr! Nicht nur für die Kinder, sondern auch für uns Katzen. Sogar erwachsene Menschen sollen wir ermordet haben, indem wir uns auf ihr Gesicht gesetzt haben, während sie schliefen. Doch das ist nie vor einem ordentlichen Gericht bewiesen worden; und wenn überhaupt, dann haben es diese Menschen bestimmt verdient.

Mit jenen unsäglichen Verleumdungen allein hätten wir ja vielleicht noch leben können; viel ärger war es jedoch, dass es uns damals tagtäglich an den Pelz ging. Jedem Menschen war es erlaubt, eine Katze seiner Wahl zu töten und ihr das Fell über die Ohren zu ziehen. Oder man hat uns aus purer Freude auf den Scheiterhaufen geworfen; wenn vorhanden in Begleitung der Hexen, sonst auch gerne allein. Kein Wunder, dass sich niemand mehr für uns interessierte, geschweige denn in unserer Nähe gesehen werden wollte.

Also haben wir beschlossen, nicht mehr mit den Menschen zu sprechen. Was blieb uns auch anderes übrig – wer nichts von uns wissen will, von dem wollten wir auch nichts wissen. Im Jahr 1582 wurde von Kater Miezislaus, den wir den »Großen« nennen, das Schweigegebot verkündet, das »Silentium et Reticentia Cattorum«, das bis heute noch nicht wieder aufgehoben wurde und an das sich viele von uns weiterhin ordentlich halten. Nur noch das »Cattelare« ist erlaubt, das Miauen und Maunzen, um mit den Menschen den allernötigsten Kontakt zu halten. Das aber ist – wie wir wissen – alles andere als optimal, vor allem, weil die Menschen damit nichts anfangen können. Wir müssen uns also auf einige wenige, starke Signale beschränken, damit die Menschen verstehen, worauf es ankommt. Mit ein wenig Übung ist diese Form der Kommunikation allerdings durchaus praktikabel, was man schon daran erkennen kann, dass wir Katzen bis heute überlebt haben, und zwar letztlich doch recht gut.

Nur nebenbei gesagt: Untereinander sprechen und argumentieren wir Katzen gut und gerne, debattieren subtil und ausführlich den Gang der Welt, machen Bekanntschaften, tauschen Erfahrungen aus. Einige von uns machen sich ernsthafte Gedanken darüber, wie sie die Weltherrschaft der Mäuse und

Ratten verhindern können – eine Bedrohung, von der die Menschen nichts ahnen.

Und wir alle haben ein wenig Mitleid mit den Menschen, weil sie mit uns nichts anderes anstellen können, als uns seltsame Gerätschaften zum Spiel anzubieten. Welche grandiose Verschwendung von knappen Ressourcen! Und im Übrigen: Wenn wir spielen wollen, dann brauchen wir dazu nicht die Menschen, sondern gehen ins Catsino!

Aber die Frage bleibt: Warum redet der Kater erst jetzt und nicht schon früher? Nun, ich sollte vielleicht darauf hinweisen, dass sich von Zeit zu Zeit immer einmal wieder eine Katze mit bedeutsamen Gedanken zu Wort gemeldet hat. Ich erinnere nur an den famosen Kater Murr – ein ausgezeichneter Literat, gebildet, vornehm, ein Philosoph sondergleichen. Oder an den Überkater namens Carlo, »Italiener, Diplomat und Hôtelkater«, wie er selbst von sich sagt, dessen unzählige Abenteuer übrigens den Philosophen Friedrich Mietze wohl auf das stärkste beeinflusst haben – »der Überkater ist der Sinn der Erde«. Aber das wollen wir erst einmal unkommentiert so stehen lassen; darüber kann ein jeder denken, was er will.

Zu den Menschen gesprochen haben Katzen oft genug, schließlich ist die Verbindung zwischen Katze und Dichtern fast schon sprichwörtlich. Oder glauben Sie etwa allen Ernstes, dass Dante, Goethe, Poe, Twain, Byron, Cocteau, Hemingway oder wie sie alle hießen ihre Inspiration nur aus der eigenen menschlichen Seele bezogen haben? Nun übertreiben Sie nicht! Wenn diese Menschen so lange mit Katzen zusammengelebt haben, dann soll keine Kommunikation, keine Inspiration, kein Austausch, kein Lernen stattgefunden haben? Machen Sie sich doch nicht lächerlich!

Und nehmen Sie sich besser ein Beispiel an Baudelaire, der

an keiner Katze vorbeigehen konnte, ohne stehen zu bleiben und sie ausgiebig zu kraulen, wie es sich unter zivilisierten Wesen wohl gehört; der in keinem Haus länger verweilen wollte, in dem ihm keine Katze begegnete. Und ein so kultivierter Mann wird da sicherlich seine guten Gründe gehabt haben.

Ich will an dieser Stelle auch einem Vorurteil den Garaus machen, dem wir Katzen, ja gerade wir Hauskatzen leider sehr oft begegnen, ohne dass wir uns immer so recht zur Wehr setzen können. Nämlich dem skandalösen Vorurteil, wir seien dumm, debil, zumindest ein wenig beschränkt in unseren intellektuellen Fähigkeiten, nur weil man uns keine billigen Tricks beibringen kann wie den Hunden! Also geht man mit uns um wie mit Idioten; man spricht zu uns wie zu einem Trottel: »hier, Pussy, Pussy!«, »komm, Kätzchen, komm!«, gefolgt von einem langgezogenen »fein!« in den höchsten Tönen, wenn wir schließlich das tun, was man von uns erwartet. Beobachten Sie doch einmal eine Katze in solchen Momenten, und Sie werden schnell bemerken, wie viel an Abscheu, allenfalls Mitleid in der Miene einer Katze liegen kann.

Natürlich machen wir uns auf den Weg, wenn man uns etwas zu essen anbietet − langsam und in aller Würde, die sich für eine Gentlecat geziemt: »a gentlecat will walk and never run«. Aber glauben Sie bloß nicht, wir täten es wegen jener seltsamen Töne, die in unseren feinen Ohren so furchtbar klingen − unter uns nennen wir diesen dissonanten Lärm »Humanmusik«.

Jedenfalls kann man mit uns auch vernünftig sprechen, in vollständigen Sätzen, mit angemessener Grammatik, in einer normalen Tonlage. Denn einmal in aller Deutlichkeit gesagt: Bemerken die Menschen eigentlich nicht, wie sie sich selbst dabei zum Narren machen? Erwarten sie tatsächlich, dass wir Katzen sie dann noch ernst nehmen? Also wirklich!

Aber die Sache mit der Intelligenz: Nur weil die Natur den Menschen als Mängelwesen erschaffen hat, muss er nicht so stolz daherkommen, während er sich verzweifelt darum bemüht, diese Mängel irgendwie auszugleichen. Ich persönlich glaube ja, dass es nur der Neid war, der die Menschen dazu getrieben hat, Flugzeuge zu entwickeln, um zu fliegen wie die Vögel, oder das Auto, um endlich so schnell zu sein wie ein Gepard, oder die lächerlichsten Kleider, um einen eleganten Schwanz zu haben wie wir Katzen.

Doch ich will den Menschen ihre Zufriedenheit gar nicht nehmen, stammt doch ihr ganzes Selbstbewusstsein allein daher, dass sie in Tausenden von Jahren ein paar läppische Erfolge in Wissenschaft und Technik errungen haben. Ja, mag sein, sogar große Erfolge, das will ich durchaus einräumen; doch nur deshalb, weil sie uns schamlos kopieren. Fragt hier eigentlich jemand nach Urheberrechten? Wir Katzen haben das alles nicht nötig. Wir sind von Natur aus purrfekt, ohne Makel, ohne Fehler, ohne Mängel.

Manche Menschen haben schon früh erkannt, dass die Katze ein Tier von hoher Natur ist; schon ihr Körperbau deutet auf Vortrefflichkeit hin. Jetzt wissen Sie auch, weshalb die Menschen uns in ihre Nähe geholt haben: als ständige Mahnung und als Vorbild für die natürliche Purrfektion, die sie selbst so unbeholfen anstreben.

Man mag das in Menschenkreisen heutzutage schon längst wieder vergessen haben, aber früher hat man es noch genau gewusst und uns in Tempeln verehrt, wie es uns auch zusteht.

Es kann natürlich sein, dass man uns Katzen vielleicht deshalb die Intelligenz abspricht, weil wir nicht mit den Menschen sprechen. Übrigens seltsam, dass die Menschen nur über die Sprache miteinander kommunizieren – wir Katzen haben da weitaus mehr Möglichkeiten, etwa über den Geruch oder die Schnurrbarthaare (nein, damit schnurren wir nicht!).

Ich habe es ja schon gesagt: Wer mit uns spricht wie mit einem Vollidioten, der verdient es auch nicht, dass wir ihm antworten. Der berühmte Kater Hinze, besser bekannt als der Gestiefelte Kater, hat einmal gesagt, wenn wir nicht im Umgang mit Menschen eine gewisse Verachtung gegen die Sprache bekämen, so könnten wir alle sprechen. Recht hat er, der Hinze! Dass wir nicht sprechen, heißt nicht, dass wir nicht denken. Glauben Sie denn, dass man tagelang umsonst vor der Heizung liegt und die Augen fest zumacht? Was mich anbetrifft: Ich habe dort immer im Stillen studiert. Heimlich und unbemerkt wächst dabei die Kraft des Verstandes. Sie sollten wissen: Nicht nur nachts sind alle Katzen schlau.

Natürlich können wir Katzen auch schreiben, wenn auch nicht mit Stift und Papier, und leider ist bislang auch noch keine praktikable Tatztatur für den PC entwickelt worden. Kommt vielleicht alles noch, aber bis dahin verwenden wir weiterhin die klassische Methode – wir hinterlassen Duftmarken, wo immer es nötig ist. Das ist unsere stille Post, unsere Zeitung, unsere Bibliothek. Und ich sage Ihnen: Sie braucht keinen Vergleich mit den menschlichen Techniken zu scheuen, was Vielfalt und Qualität angeht.

Entschuldigen Sie, wenn ich Ihnen ein wenig geschwätzig daherkomme, aber wir Katzen haben nun einmal so selten die Gelegenheit zu reden. Die Jahrhunderte des Schweigens sind nicht spurlos an uns vorübergegangen. Was meinen Sie, wie oft wir liebend gerne einen Kommentar oder gar einen Ratschlag losgeworden wären. Immerhin haben wir ein gutes Gedächtnis, und es tut uns in der Seele weh, wenn die Menschen immer wieder die gleichen Fehler machen.

Einmal, ja einmal hatten wir die Hoffnung, dass aus den Menschen etwas Vernünftiges werden könnte, als sie erkannten, dass sie von uns Katzen würden lernen können, nämlich die Freiheit! Ist es Ihnen noch nie aufgefallen, dass die Katze immer als das Symbol der Freiheit gegolten hat, schon bei den alten Römern? Libertas, die Göttin der Freiheit, trug nicht nur anmutig einen Hut auf dem Kopf, sondern zu ihren Füßen räkelt sich wohlig eine gutgebaute Katze. Allen war klar, was das zu bedeuten hatte.

Ja, damals hat man schon gewusst, dass wir Katzen einen unabhängigen, manche sagen sogar undankbaren Charakter haben. Wir beugen uns keinem aufgezwungenen Willen; wir tun nur das, was uns selbst vernünftig und nützlich erscheint. Wir sind auf niemanden angewiesen, wir bedürfen keiner Gesellschaft, wir sind uns selbst genug. Keine Sklaven, keine Diener. Nicht für uns selbst und erst recht nicht für den Menschen. Wir unterwerfen uns keiner Herrschaft, allenfalls weichen wir der puren Gewalt.

Wundert es Sie also noch, dass wir zu Zeiten der Französischen Revolution zum Symbol der Befreiung wurden? Dass uns die gebildeten Menschen zu ihren engsten und liebsten Gefährten gewählt haben? Ich will nicht übertreiben, aber man hat uns Katzen im Auge gehabt, als die Erklärung der Menschenrechte verfasst wurde. Und ganz sicher waren einige von uns dabei, als sie am 26. August 1789 von der Nationalversammlung in Paris verabschiedet wurde. Und ich bin stolz darauf, dass sie als Erste ihre Pfoten zur Zustimmung erhoben haben.

Von nun an, so haben damals die Katzen rund um die Welt gehofft, würden die Menschen endlich so leben können, wie wir Katzen es schon von Anfang an getan haben: in Freiheit und Respekt, in Glück und Zufriedenheit. Wie sehr haben wir uns gewünscht, dass die bösen Worte »Befehl«, »Gehorsam«, »Autorität« endlich für immer aus der Sprache der Menschen getilgt werden – so wie wir Katzen sie nie benötigt haben. Wie haben wir geträumt davon, dass den Menschen ein Leben in Frieden und Wohlstand vergönnt sein werde – zum Wohlgefallen von uns Katzen, denn wir sind nämlich nicht neidisch; wir wissen bloß sehr genau, was uns selbst am meisten nützt. Ja: Unsere besten Wünsche haben die Menschen stets begleitet.

Aber so groß die Hoffnung, so groß auch die Enttäuschung. Mit dem Versprechen der Freiheit war es schnell wieder vorbei: Die Tyrannei kommt meist mit den schönsten Kleidern daher. Und wer hat darunter als Erste zu leiden gehabt? Die Katzen. Sie glauben es nicht? – Dann will ich Ihnen eine sehr traurige Geschichte erzählen.

Es war nämlich einmal eine Katze, die lebte glücklich und zufrieden beim Marquis de Favras, in einem großen Haus, mitten in Paris. Jede Nacht lief sie durch Küche und Keller, um ein paar Mäuse zu fangen, damit die Menschen am nächsten Morgen genügend Wein und Brot zum Frühstück hatten. Dies war ihr Pflicht und Freude zugleich, denn sie hielt sich gerne an den uralten Vertrag zwischen Menschen und Katze.

War es ihre Schuld, dass der dumme Marquis sich in politische Händel verstrickte? Dass er verraten und verkauft wurde? Dass er eines Morgens im Februar 1790 am Galgen endete, weil die Guillotine noch nicht allfällig zur Verfügung stand? Nein, damit hatte die Katze rein gar nichts zu schaffen, denn uns gehen die Geschäfte der Menschen nichts an. Aber dass sie sein Grab sucht und findet, dass sie scharrt und gräbt, dass sie in ihrer Trauer über den verlorenen Freund jämmerliche Schreie ausstößt – das gehört sich doch wohl für eine anständige Katze.

Und was macht der Pöbel aus dieser noblen Geste? Ich sage es Ihnen: Die Katze wird bemerkt, ein toller Jakobiner packt sie trotz heftigen Widerstandes am Kragen (ich kann nur hoffen, dass sie ihm nach allen Regeln des Tatzwan-do Gesicht und Arme zerkratzt hat) und bringt sie ins Gefängnis.

Die Nachricht verbreitet sich wie die Pest in den schmutzigen Straßen der Stadt, und schon bald versammelt sich der Pöbel vor dem Gebäude. Und anstatt die Katze für die Treue über den Tod hinaus zu loben, für das leuchtende Beispiel der gelebten Brüderlichkeit zwischen Mensch und Katze, fordert man brüllend und tobend ihren Tod. Und was tun die Revolutionäre, denen ansonsten das so hehre Wort »Freiheit« bei jeder Gelegenheit von den Lippen tropft? Sie zerren die Katze vor ein Gericht, wo sie wegen »restaurativer Absichten« und »aristokratischer Umtriebe« für schuldig befunden und zum Tode verurteilt wird.

»Alles, was durch das Gesetz nicht verboten ist, darf nicht verhindert werden«, so heißt es in Artikel 5 der Menschenrechte. Und in Artikel 8: »Niemand darf anders als auf Grund eines Gesetzes bestraft werden.« Aber in welchem Gesetz, bitte schön, ist es einer Katze verboten, um einen Menschen zu trauern? Sagen Sie es mir! Aber das kümmerte wohl niemanden der fünftausend – soll ich sie »Menschen« nennen? –, die am Tag der Hinrichtung unserer tapferen Katze zum Gaffen kamen.

Und diese Katze blieb nicht die einzige, die der »Terreur«, jener blutigen Schreckensherrschaft, zum Opfer fallen sollte. Dutzende, ja Hunderte von uns wurden eingefangen und unter der Guillotine geköpft; ohne Gericht, ohne Urteil, nur zum derben Spaß der Gassenjungen. Fast hätte Goethe – ja, Goethe! – seinem Sohn ein solches Spielzeug geschenkt; wie gut, dass Mutter Goethe es verhindert hat, wären doch sonst Graps und Schnores noch in ernstliche Gefahr geraten.

Wir Katzen haben daraus bitter lernen müssen – dass man sich nämlich nicht auf die Menschen verlassen darf, wenn man diese Welt ein wenig besser machen will. Obwohl es eigentlich ihre Aufgabe wäre, waren es doch die Dummheit und die Dreistigkeit der Menschen gewesen (ich nenne hier in aller Offenheit die Namen: Adam und Eva), die uns damals alle miteinander, Tier und Mensch, ohne Ansicht der Person und Verdienste aus dem Paradies vertrieben haben.

Und weil es die Menschen allein nicht schaffen, die Cherubim zu überwinden und uns wieder Einlass in den Garten Eden zu verschaffen, weder durch Glauben, noch durch Fortschritt, noch durch Geld und gute Worte, erhebe ich hier und jetzt meine Stimme. Auf dass einmal und endlich gesagt wird, was zu sagen ist. Denn die Zeit ist reif, von mancherlei zu reden. So will ich die Menschen einweihen in die Geheimnisse der felinischen Weisheit, wie man gut lebt, auch wenn einem keine sieben Leben geschenkt sind. Also lassen Sie uns beginnen, bevor der Morgen naht.

»Schlafe, wann immer du kannst!«

Wie ich schon gesagt habe: Wir Katzen lieben die Ordnung. Deshalb beginnen wir stets mit dem Anfang. Was aber könnte es denn nun wohl wert sein, ganz am Anfang zu stehen? – Natürlich: nur das Wichtigste, so wie wir auch immer unseren Kopf zuerst durch die Tür stecken und dann erst den Hintern (der ja nicht von ungefähr so heißt, wie er heißt).

Und, was glauben Sie wohl, ist das Wichtigste für uns Katzen, so dass wir es für würdig erachten, es hier und jetzt an den Anfang zu stellen? Nein, es ist nicht das Essen. Nein, es ist nicht die Jagd. Nein, es ist auch nicht der Sex. Bei mir sowieso nicht, aber davon war ja schon einmal die Rede, so dass wir weder an dieser noch an einer anderen Stelle weiter darauf eingehen müssen. Und nein, es ist auch nicht, dass man uns mit Manier den Bauch krault – obwohl ich sagen muss, dass die meisten von uns darauf gehörigen Wert legen und sich auch zu allerlei Verrenkungen bereitfinden, auf die eine perfekte Gentlecat ansonsten allein schon aus Gründen des Anstands eher verzichtet.

Nein, nein, nein, das alles mag wichtig sein, ja sogar unverzichtbar – und wir werden daher von dem einen und dem anderen auch noch zu reden haben –, doch es ist eben nicht das Wichtigste, nicht das Absolutum allen Seins, nicht das Ziel allen animalischen Strebens, nicht das Summum Bonum, nicht der Telos unseres Lebens.

Nein, das Wichtigste für uns Katzen ist der Schlaf! Jawohl, Sie haben richtig gelesen: der *Schlaf*. Und wie einer der großen Felinosophen, der Kater Sören Kierkekaatz, es in schönster felinischer Poesie ausgedrückt hat: »zu schlafen, das ist die höchste Genialität«.

Viel wäre dem aus unserer Sicht eigentlich nicht hinzuzufügen, aber den Menschen muss man es wohl doch etwas ausführlicher erklären. Immerhin habe ich durch intensive Recherchen und in langen nächtlichen Gesprächen mit den anderen Katzen herausfinden müssen, dass die Menschen selbst kaum eine Ahnung vom Schlaf haben.

Nur nebenbei: Sie glauben doch nicht ernsthaft, dass wir nur Krach machen wollen, wenn wir in mondhellen Nächten miauen, maunzen und schreien! Oder dass es uns allein um Sex ginge – dafür wäre der ganze Aufwand wirklich viel zu groß, das bekommen wir Katzen auch anders hin. Nein: Das ist eben unser ureigener Catroom. Dort halten wir unsere Miezings ab. Wir unterhalten uns, debattieren, tragen neue Ideen vor, loben und kritisieren hin und her, sind manchmal einer Meinung, aber manchmal auch nicht, und dann kann es ab und zu schon einmal hoch hergehen.

Ich kann es nicht leugnen: Einige von uns sind eher körperlich als geistig begabt und argumentieren mit den Pfoten, wenn ihnen kein Miau mehr einfällt. Doch das sind glücklicherweise die Ausnahmen, auch wenn mir in jüngster Zeit aufgefallen ist, dass manche Jungkatzen immer häufiger dazu neigen, im Streit allzu schnell von der Tatze Gebrauch zu machen. Vielleicht aber kommt es mir auch nur so vor, weil mit dem Alter die Erinnerungen an die eigene Jugend und ihre Sünden allmählich verblassen.

Nun also: der Schlaf. Die »höchste Genialität«. Aber auch ein großes Mysterium, dessen Geheimnisse dem Menschen verborgen geblieben sind. Wir Katzen wissen natürlich, was es mit dem Schlaf auf sich hat, sind wir doch immerhin vor dem Menschen erschaffen worden und haben viel mehr vom gewaltigen Werk der Schöpfung (oder, wenn Ihnen als moderner Mensch ein anderer Begriff genehmer ist: von der »Evolution«) mitbekommen. Deshalb schlafen wir ja auch fast doppelt so viel wie die Menschen – und die müssen heutzutage sogar mit immer weniger Schlaf auskommen, gerade einmal sieben Stunden pro Nacht werden ihnen gegönnt.

Bei uns Katzen sind es mindestens vierzehn, wenn nicht sogar sechzehn Stunden pro Tag. Wie oft und wie lange genau wir schlafen, darüber sind sich die zweibeinigen Gelehrten nicht einig, aber uns erscheinen diese Debatten wie der Streit um des Katers Bart. Was uns aber keinen Disput wert ist, denn schließlich haben wir nur recht wenige Barthaare, genauer gesagt zwölf auf jeder Seite, so dass wir es uns nicht leisten können, auch nur ein einziges davon in nutzlosen Konflikten zu vergeuden. Wir Katzen kämpfen nur, wenn der Kampf sich lohnt; und das, so können Sie mir glauben, ist selten genug.

Wie auch immer, allein schon, dass wir die meiste Zeit des Tages mit Schlafen verbringen, macht doch vor aller Augen offenkundig, wie wichtig uns der Schlaf ist. Und das müssten dann eigentlich selbst die Menschen einsehen, auch wenn ihre Augen bei weitem nicht so gut sind wie unsere und sie seltsame Gerätschaften erfunden haben, nur um überhaupt etwas zu erkennen. Der Mensch ist und bleibt eben ein Mängelwesen.

Besonders absurd erscheint uns Katzen, dass der Mensch im Laufe des Lebens seine Fähigkeit zu schlafen nicht verbessert, sondern sie sogar wieder verlernt. Hört man die Menschen nicht oft sagen: »der schläft wie ein Baby«, wenn jemand besonders gut, tief und fest schläft? Und weiß man nicht, dass hingegen der alte Mensch kaum in den Schlaf findet, geschweige denn lange darin verharrt? –

Man hat auch noch nie etwas davon gehört, dass sich die Menschen in der »Kunst des Schlafens« üben, wo sie doch sonst immer und überall danach trachten, sich anzustrengen und die Dinge besonders gut zu tun – auch wenn sie oft genug an ihren eigenen Ansprüchen kläglich scheitern. Und wie stolz sind sie dann, wenn ihnen etwas gelingt, was andere Wesen schon von Anfang an in höchster Purrfektion beherrschen. Ich will nicht gerade sagen, dass ich es bewundere, aber es nötigt mir doch einen gewissen Respekt ab, wie die Menschen sich immer wieder bemüht haben, ihre vielfältigen Mängel, Fehler und Laster zu bekämpfen.

Gerade deshalb kann ich es auch nicht verstehen, dass sie ihre angeborene Fähigkeit zum Schlaf nicht weiter vervollkommnet haben. Welche großen, überragenden, ja gigantischen, phantastischen Leistungen hätten die Menschen darin erreichen können, wenn sie sich dabei nur die gleiche Mühe gegeben hätten wie beim Singen, Tanzen oder Reden.

Ehrlich gesagt tun mir die Menschen von Herzen leid, wenn sie nicht so recht schlafen können. Ich persönlich glaube ja, dass dieser bedauernswerte Umstand etwas mit dem Neid unter den Menschen zu tun hat.

Wie das? Ich will meine These kurz erläutern. Bereits vor vielen Jahren hat einer der ganz großen felinischen Denker festgestellt, dass es eine überaus enge Beziehung zwischen Intelligenz und Schlaf gibt. Man, so hat er gesagt, bedarf umso mehr Schlaf, je entwickelter der Quantität und Qualität nach und je tätiger das Gehirn ist. Anders ausgedrückt: Wer klug ist, schläft! Übrigens stammt dieser überzeugende Hinweis von Arthur Pfotenhauer, der dafür mit dem »Prix du Chat d'Or« ausgezeichnet wurde – dem wohl renommiertesten Preis für herausragende Leistungen des kätzischen Denkens. Er wird jedes Jahr am 8. August verliehen, und zu seinen Besonderheiten gehört es, dass sowohl Preisträger als auch Laudatoren und Publikum mit einem dunklen Tuch über dem Kopf erscheinen. Das aber nur nebenbei.

Nun hatte bereits der ursprünglich aus Köln stammende Kater Hobbes vor vielen Jahren erkannt, dass sich die Menschen überall und ohne Unterlass in einem verbissenen Kampf miteinander befinden. »Der Mensch ist dem Menschen ein Wolf«, heißt es bei ihm in der so präzisen Sprache der Katzen, und damit erklärt er dann auch das häufige Vorkommen jener so penetranten Hundemenschen, die alles anbellen und wegbeißen, was ihnen über den Weg läuft. Halten Sie sich bloß fern von solchen Menschen; mit denen ist nicht gut Mäuse essen.

Und wenn der Mensch ein Wolf ist, dann gönnt der eine dem anderen kein bisschen Schlaf – weil doch niemand will, dass der Geist des anderen tätiger und klüger sei als der eigene und er damit Macht über ihn erlangen könnte. Und so haben die Menschen sich auch gar nicht erst um die Kunst des Schlafens gekümmert, sondern ganz im Gegenteil subtile Techniken entwickelt, wie man den Schlaf der anderen stören kann.

Nach einigem Nachdenken bin ich inzwischen zu der festen Überzeugung gelangt, dass die meisten jener seltsamen Gerätschaften, die die Menschen erfunden haben, nur einem einzigen Zweck dienen: die anderen mit Lärm und Gestank in ihrer Ruhe zu stören.

Ich gebe ein Beispiel: Da bauen die Menschen mit viel Mühe und Kraft Mauern fast bis in den Himmel, so dass selbst athletische Katzen beim Klettern daran schier verzweifeln, so fest, dass kein Sturm und kein Hagel sie durchdringen können, so hart, dass unsere Krallen daran brechen – und dann, ja dann machen sie mit einem Gerät, das aussieht wie eine fette Ratte mit dünnem Schwanz, wieder Löcher in diese Mauern. Hätte man nicht schon vorher daran denken können? Mit ein wenig Überlegung und Voraussicht? Und wenn schon: Muss man so viel Staub und Lärm dabei produzieren? Es nützt auch nichts, wenn die Menschen dann ein anderes Gerät herbeischaffen, das aussieht wie eine noch dickere Ratte mit fetterem Schwanz, um den ganzen Schmutz wieder aufzuschlürfen. Der Dreck ist weg, aber der Lärm bleibt, und zum Schlafen kommt niemand.

Wundert es Sie, dass wir Katzen diese ekligen Schlürfmaschinen durch einmaunzigen Beschluss in aller Form und unwiderruflich zu unserem »Natürlichen Feind # 1« erklärt haben?

Wir Katzen hingegen sind schon von Natur aus die purrfekten Schläfer. Nachdem wir auf die Welt gekommen sind, lassen wir uns erst einmal zwei Wochen Zeit, bevor wir überhaupt unsere

Augen öffnen. Und so lernen wir zunächst einmal uns selbst kennen, bevor wir uns an die Entdeckung der restlichen Welt machen. Denn wie soll man etwas über andere und anderes erfahren, wenn man nichts über sich selbst weiß? Nur wer ganz bei sich selbst ist, kann auch den anderen nahe sein.

Wir Katzen wissen, dass es keinen besseren Weg gibt, zu sich selbst zu finden, als den Schlaf. Welch glücklichen Momente, da man Katze sein kann, ohne zu denken, ohne zu handeln, ohne zu fühlen – das reine, das pure, das wahre Sein! Und deshalb ist ein tiefer, ein traumloser Schlaf – so hat einmal jemand gesagt, ich glaube sogar, es war ein Mensch, aber ich habe den Namen vergessen, Tatzon oder Pfoton oder so ähnlich –, also jedenfalls hat er gesagt, dass der Schlaf einem jeden Tag, auch dem des glücklichsten Lebens, vorzuziehen sei.

Der Schlaf – so lautet eine der schönen, wahren und guten Weisheiten der Felinosophie – ist die natürliche Weise der Rückkehr der Seele aus der Differenz zur unterschiedslosen Einheit mit sich selbst. Im Schlaf kann man an sich sein, ohne für sich sein zu müssen. Sie mögen das für kompliziert halten, ist es auch, aber wenn jede Katze seit Tausenden von Jahren weiß, was damit gemeint ist, dann werden Sie schon noch dahinterkommen. Versuchen Sie es doch einmal selbst!

Schlaf ist die einzige Möglichkeit, die längst verlorene Unschuld, die paradiesische Unschuld wiederzuerlangen. Und im Schlaf sind wir uns alle gleich: die Starken und die Schwachen, die Klugen und die Dummen, die Großen und die Kleinen, die Guten und die Bösen. So hat schon Katzistoteles vor vielen, vielen Jahren in seiner »Miezomachischen Ethik« gesagt: Wer aber gut oder schlecht ist, das zeigt sich im Schlaf am wenigsten.

Wer schläft, sündigt nicht – daran kann es keinen Zweifel

geben. Und das ist nach einhelliger Meinung der Katzen eines der größten Geschenke der Natur.

Stellen Sie sich doch einmal vor, alle Menschen wären überall und im gleichen Augenblick wach und tätig. Gut, werden Sie mir antworten, dazu bedarf es gar keiner Phantasie, so ist das moderne Leben nun einmal, und dann werden Sie mir von Dingen erzählen, von denen ich gar nichts wissen will: Globalisierung, Finanzmärkte, Fortschritt, Wachstum.

Nun, dann sage ich Ihnen einmal etwas: All diese wachen und tätigen Menschen hätten besser ein paar Stunden mehr geschlafen, als in ihrer hektischen Betriebsamkeit das ganze Geld verzockt, das nun fehlt, um uns Katzen anständig zu ernähren und zu versorgen. Denn wenn die Menschen Fehler machen, gehören wir am Ende immer zu den Dummen. So wie einst im Paradies: Auch jetzt müssen wir wieder büßen, obwohl uns gar keine Schuld an dem ganzen Schlamassel trifft. Haben wir damals in irgendeinen Apfel gebissen? Haben wir gegen Gottes Verbot verstoßen? – Wie kämen wir dazu! Und bei uns jedenfalls sind die verlorenen Schätze nicht gelandet, nach denen die Menschen jetzt so verzweifelt suchen. Das kann ich Ihnen aber versichern – zumal wir, weiß Gott!, etwas Besseres damit anzustellen wüssten.

Nein, ich als Katze kann den Menschen nur raten, den Schlaf endlich als das so überaus gütige Geschenk der Natur zu akzeptieren: dass die Menschen auf diese Weise gezwungen sind, wenigstens ein paar Stunden am Tag untätig zu sein und nicht noch mehr Unsinn anzustellen, als sie es ohnehin schon tun. Und diese Gnade ist verbunden mit der eindringlichen Warnung Gottes, dass nämlich die Macht des Menschen immer ihre Grenzen findet in der eigenen Ohnmacht.

Wer schläft, sündigt nicht, so habe ich gesagt, und das ist gut so, wenn man bedenkt, wie viele Sünden auch so schon an einem jeden Tag begangen werden, den die Menschen wach und munter sind. Ob aus Dummheit oder Bosheit, das sei dahingestellt – das spielt aber auch gar keine Rolle, denn auf das Ergebnis der Tat und nicht die Absicht kommt es an.

Es ist eine Frage der simpelsten Mathematik: Je mehr Menschen es gibt, je weniger sie schlafen, je länger sie leben, desto mehr können sie sündigen. Ich sage nicht, dass *alle* Menschen *immer* nur sündigen, ja ich hoffe sogar, dass die Menschen allmählich aus ihren Fehler lernen (bitte beachten Sie, dass ich hier von »Hoffnung« spreche und nicht von »Erfahrung« oder gar »Gewissheit«). Aber selbst wir Katzen, die wir uns ansonsten nur wenig um die Mathematik scheren, weil wir nie und nimmer berechnend sind, kommen an der bedrückenden Einsicht nicht vorbei, dass mehr Menschen ganz einfach mehr Sünden begehen können. Jedenfalls so lange, wie die schiere Zahl an Menschen bei weitem schneller wächst als ihre Einsicht in das Gute, das Wahre und das Schöne, was doch so einfach wäre, würden sie uns Katzen nur genauer betrachten.

Gut, vielleicht bin ich hier den Menschen gegenüber ein wenig ungerecht. Denn uns Katzen ist diese Einsicht schon von Geburt an geschenkt. Man nennt diese natürliche Einsicht im Allgemeinen »Instinkt«, was nichts anderes bedeutet als »Eingebung« oder »Antrieb«. Darauf hat bereits der Felinosoph Tatzitus, der zu Zeiten des römischen Dichters Catull fernab der urbanen Hektik auf einem Landgut nahe Gattolica lebte, in seinem berühmten Werk »De origine et moribus cattorum« (»Über den Ursprung und die Sitten der Katzen« in der deutschen Übersetzung von Kornelis Krall, Katwijk, 1503) aufmerksam gemacht.

Doch wir sprachen über den »Instinkt«, das, was uns eingegeben ist und was uns antreibt. Wir Katzen jedenfalls haben eine Menge davon mitbekommen. Wenn wir etwas brauchen, dann kommt der Antrieb von innen; der Instinkt meldet sich von selbst und wir wissen, was wir zu tun haben.

Wie man so hört, sind auch den Menschen solche Instinkte von Natur aus gegeben – sie trauen ihnen aber nicht, was man ja schon daran bemerken kann, dass sie sich dem Schlaf zu entziehen suchen, selbst wenn sie müde sind.

Ich weise an dieser Stelle nur nebenbei darauf hin, dass der Begriff »hundemüde« in die völlig falsche Richtung weist – eigentlich muss es eher schon heißen »katzenmüde«, denn wenn es überhaupt jemanden gibt, der gut und gerne schläft, dann sind wir es nämlich. Dagegen sind Begriffe wie »hundsgemein«, »hundeelend« oder »hundsmiserabel« durchaus zutreffend. Auch von einem »Hundsfott« kann bei Bedarf die Rede sein. Ebenso die klassischen Wendungen: »vor die Hunde gehen« oder »auf den Hund kommen«, was nun gar nichts mit dem »Katzenjammer« zu tun hat, der ja meist nach nur kurzer Zeit wieder vergeht.

Der guten Ordnung halber mache ich an dieser Stelle noch mit Nachdruck darauf aufmerksam, dass man bei schlechtem Wetter auch keine Katze vor die Tür zu jagen hat – es sei denn, sie besteht aus eigenen guten Gründen darauf. Aber keine Sorge: Das wird sie Ihnen schon unmissverständlich deutlich machen.

Ich schweife ab, was bei uns Katzen aber gar nicht so selten vorkommt, haben wir doch einen so wundervollen Schweif, den wir auf das innigste pflegen. Wie auch immer: Ich glaube, es war wieder jener Tatzon oder Pfoton, jedenfalls ein Grieche, der gesagt hat, dass alle Menschen – so wie wir Katzen – mit den großartigen Ideen vom Guten, Wahren und Schönen geboren werden, sie dann aber vergessen, so dass man sich mit viel Mühe wieder daran erinnern muss.

Es hat jedoch niemand auf ihn gehört. Stattdessen haben sich die Menschen eine andere Lösung einfallen lassen, wo sie doch reich an immer neuen Erfindungen sind. An die Stelle der Natur mit ihren Instinkten haben sie etwas gesetzt, das sie »Kultur« nennen. Wenn ich das alles richtig verstanden habe, kommt es am Ende fast auf das Gleiche heraus: Nicht mehr die »Instinkte« sagen den Menschen, was sie wann zu tun haben, sondern eben jene »Kultur« und vor allem etwas, für das sie manchmal den Begriff »Moral« verwenden, sich aber nicht immer daran halten.

Wie gesagt: Oft funktioniert dieses System fast so gut wie die Instinkte, aber leider, leider nicht in allen Fällen. Denn während wir Katzen den Instinkten stets vertrauen können, lässt sich über Kultur und Moral diskutieren, so wie über alles, was vom Menschen gemacht ist.

Und weil man über Moral ausgiebig, aber ohne Ergebnis diskutieren kann, muss man sich auch immer wieder aufs Neue vergewissern, ob denn dieses oder jenes Tun gerade richtig oder falsch ist. Das wiederum macht die Menschen unsicher in ihrem Denken und Handeln – etwa bei der Frage, was sie uns Katzen zu essen geben sollen, wo doch im Zweifel eine ausreichende Menge an Thunfisch immer die richtige Antwort wäre, allenfalls die Kombination mit Muscheln, Huhn oder Makrele wäre noch zu überlegen, aber das ist dann eine Frage des Geschmacks, nicht der Moral.

Es war Theodor Katzorno, der große Anthropologe unter den Katzen, der festgestellt hat, dass die elementare Tragik des menschlichen Lebens darin besteht, dass sie unter einer unendlich scheinenden Zahl an Möglichkeiten wählen müssen. Dann ärgern sie sich ihr Leben lang darüber, dass sie sich nicht doch für eine der anderen entschieden haben. Und schließlich versuchen sie verzweifelt, alles wieder rückgängig zu machen, was jedoch nur selten gelingt: Ist die Maus einmal in ihrem Loch, kommt sie so schnell nicht wieder heraus.

Anstatt sich nun in der schönen, alten Kunst des Wartens zu üben, hetzen die Menschen von einem Loch zum anderen, und nur der Zufall beschert ihnen dann ab und zu einmal das Glück, die ersehnte Maus zu fangen. Dass sie in der Zwischenzeit ganz andere – und ich füge hinzu: wichtigere – Dinge hätten tun können, kommt ihnen überhaupt nicht in den Sinn: nach den Vögeln im Garten zu schauen, vor der Heizung zu liegen, das Fell zu pflegen, sich kraulen zu lassen oder vielleicht am wichtigsten – zu schlafen.

Die meisten Menschen, so meint Katzorno, gehören zur Spezies des »homo hecticus«, weil die »Hektik« nun einmal das prägende Merkmal ihres Lebens sei. Was beim Schmetterling noch durchgehen mag, wenn er rastlos von Blüte zu Blüte flattert, aber kaum der Würde eines intelligenten Wesens entspricht. Man darf eben Geduld nie mit Trägheit verwechseln.

Für uns Katzen ist diese Hektik immer noch das, was sie ursprünglich einmal gewesen war: das Symptom einer Krankheit der Brust, verbunden mit Kurzatmigkeit, ein Anzeichen für Schwindsucht und Auszehrung, also eigentlich und im Grunde etwas, weswegen man umgehend den Arzt aufsuchen sollte. Wobei wir Katzen durchaus großes Verständnis dafür haben, wenn Sie einen solchen Besuch für äußerst unangenehm und daher unnötig halten. Er ist für uns übrigens – wie ich aus eigener, leidvoller Erfahrung sagen muss – weit unangenehmer als für Sie, denn bei Ihnen wird die Körpertemperatur nicht auf eine solch entwürdigende Weise gemessen wie bei uns.

Dafür aber dient die Kiste, in welcher man uns aus dem Haus trägt, in den allermeisten Fällen nur dem temporären Transport zum Arzt, während sie bei den Menschen, wenn sie erst einmal in die Kiste gelegt werden, im Allgemeinen für einen endgültigen, irreversiblen Zweck verwendet wird.

Ich will Sie ja wirklich nicht miezionieren, aber Sie sollten schon etwas bedächtiger mit dem einen Leben umgehen, das Ihnen vergönnt ist. Ist das wirklich »Leben«, wenn man den lieben langen Tag tausend Dinge erledigen will? Ist das wirklich »Leben«, wenn man abends abgehetzt nach Hause hechelt? Und keine Zeit und Kraft mehr hat, sich um die anderen Menschen zu kümmern, schlimmer noch: um die Katze? Ist das wirklich »Leben«, wenn am nächsten Morgen alles wieder von vorne beginnt? Und man sich keinen Genuss gönnt?

Wir Katzen fangen wenigsten ab und zu eine Maus oder einen Vogel, oder wir schlecken sogar die Schnecke auf, wenn sie uns denn gerade einmal über den Weg läuft (nun ja, »laufen« ist im Fall einer Schnecke vielleicht nicht der ganz zutreffende Begriff, aber unsere wichtige Funktion im Rahmen der allgemeinen Gartenhygiene wird leider immer noch maßlos unterschätzt).

Ich kann es nicht oft genug sagen: Wenn man nur ein einziges Leben hat wie die meisten Menschen, dann müsste man doch eigentlich sehr sorgfältig damit umgehen; dann müsste man sich auf das Wesentliche konzentrieren und sich vor einer jeden Verschwendung von Zeit und Energie hüten.

Kommen Sie mir jetzt ja nicht mit dem Hinweis, dass Sie im nächsten Leben alles anders machen und besser auf Ihr Karma achten würden! Oder, dass Gott Ihnen am Ende aller Tage die

Gnade erweist, ein ewiges Leben ohne Leid und Tränen führen zu dürfen. Darauf kann ich nur antworten: Ich will es für Sie hoffen, aber erstens ist der Weg zurück zu einem menschlichen Dasein sehr, sehr lang, wenn Sie als Kellerassel wiedergeboren werden. Und zweitens sollte man die Gnade eines Gottes nie überfordern; auch bei Gott gibt es Grenzen der Besonnenheit.

Aber wenn Sie sich ein solches Leben ohne Leid, Schmerz und Trauer so sehr wünschen, warum nutzen Sie dann nicht die Chancen, die Ihnen im Hier und Jetzt angeboten werden? – Schlafen Sie! Wann immer Sie können, wo immer Sie können! Denn die Gnade des Schlafs wirkt noch auf eine andere, mindestens genauso beglückende Weise: Er umhüllt den Menschen mit einem schützenden Mantel, so dass er bewahrt ist vor all dem Leid und dem Elend dieser Welt – so hat es schon vor vielen Jahren der Spanier Sancho Catza gesagt. Und ich füge noch hinzu: Was haben Sie in den vielen Stunden Ihres Wachseins schon errungen, das Sie nicht in Schlaf und Traum schon längst besessen hatten?

Seine Träume zu verwirklichen, ist ein mühsames und meist auch sehr enttäuschendes Geschäft. Wir Katzen sprechen da aus Erfahrung, denn immerhin sind wir seit Tausenden von Generationen in nächster Nähe dabei gewesen, wenn die Menschen versucht haben, ihr Schicksal in die eigenen Hände zu nehmen – und es dabei nur selten haben festhalten können, so dass sie den größten Teil ihres Lebens damit beschäftigt waren, die Scherben ihres Glücks wieder wegzuräumen.

In der felinischen Anthropologie gibt es für das, was wir tun, einen sehr schönen, weil treffenden Begriff: Wir nennen es »teilnehmende Beobachtung«. Und nach unseren Beobachtungen stimmen wir bei den Debatten in unseren nächtlichen Catrooms weitgehend darin überein, in den Menschen wahrhaft tragische Gestalten zu sehen, deren Wollen größer ist als ihr Können. Oder wie anders als eine wahre Tragödie würden Sie es nennen, wenn der verzweifelte Versuch, das unschuldige Glück der Träume in die Wachheit des Tages zu retten, nur in Schuld und Versagen endet?

Wir Katzen können uns auf unsere Instinkte verlassen. Instinkte ändern sich nicht, allenfalls sterben sie aus. Aber nicht, weil die Instinkte falsch wären, sondern weil sich um sie herum irgendwie irgendwo irgendwas verändert hat. Was im Übrigen nur nicht die Schuld der Instinkte ist, wie ich einmal mit allem Nachdruck betonen will.

Wenn sich die Verhältnisse ändern, dann liegt die große Kunst darin, die Instinkte neu auszurichten. Gut, das mag nicht so einfach sein und seine Zeit dauern, das mag Opfer kosten und sogar die eine oder andere Gattung hart treffen. Aber sind wir Katzen nicht der lebende und schlagende Beweis dafür, dass es gleichwohl funktioniert? Ich meine, die Umwelt, in der wir heutzutage leben, unterscheidet sich doch fundamental von den Bedingungen, aus denen wir kommen. Man kann da zwar geteilter Meinung sein, aber die modernen Wohnzimmer, Balkone oder Gärten haben doch wohl nichts mehr gemein mit den früheren Katzotopen, den Kornspeichern und Bauernhöfen.

»Es muss nicht immer Maus sein« – auch das haben wir in der endlosen Folge der Generationen gelernt; Thunfisch oder Leberwurst erfüllt den gleichen Zweck, und an den Geschmack gewöhnt man sich mit der Zeit. Außerdem halte ich es für ein Zeichen von Eleganz und Ästhetik, wenn man sein Essen auf einem Teller serviert bekommt und ihm nicht stundenlang hinterherjagen und mit den eigenen Krallen sezieren muss. Wir Katzen sind schließlich keine Chirurgen!

Wobei man sich durchaus die Frage stellen kann, ob sich die Lebensumstände wirklich so sehr ändern, wie die Menschen offenbar annehmen. Die Berge sind da, wo sie immer waren; die Bäume wachsen wie ehedem in den Himmel; die Sonne dreht sich um die Erde (oder ist es umgekehrt? Und falls es tatsächlich so sein sollte: Ändert das irgendetwas? Ist doch egal, wer sich um was dreht!). Und auch der Mond geht jeden Abend aufs Neue auf, damit wir Katzen in seinem weißen Licht alles sehen können, was nötig ist, um geschmeidig durch die Nacht zu tigern.

Der Mensch ist ein Mängelwesen – das zumindest hat er eines Tages erkannt und versucht, sich zu bessern. Aber muss deshalb gleich auch die ganze Welt eine »Mängelwelt« sein? Das ist weder logisch noch richtig, sondern ein intellektueller Fehlschluss: denn zuerst müsste sich doch wohl der Mensch selbst ändern, seine eigenen Mängel abstellen, bevor er von anderen erwartet oder sie sogar zwingt, sich zu ändern. Ist das nicht richtig peinlich für jemanden, der sich sonst doch so viel auf seinen Geist und seine Intelligenz einbildet?

Gut: Ich kann mir so gerade noch vorstellen, dass die Welt nicht unbedingt so eingerichtet ist, wie der Mensch sie gerne hätte, aber dieser fromme Wunsch kann ja wohl kein Maßstab für die Qualität einer göttlichen Schöpfung sein – und erst recht nicht für die Evolution, die schließlich ihre eigentliche Aufgabe in dem Augenblick vollbracht hatte, als mit der Katze das purrfekte Wesen in der Welt erschien. Was danach noch entstanden ist, kann man allenfalls mit dem unerträglichen Gefühl der Langeweile Gottes erklären.

Es hat einmal jemand gesagt: »Die Zeiten ändern sich und wir mit ihnen.« Was den zweiten Teil des Satzes angeht, haben wir Katzen eine etwas andere Auffassung, aber über den ersten Teil lässt sich nicht streiten.

Ja, die Zeiten ändern sich, immer wieder und wohl auch immer schneller. Als Hamster im Rad könnte man sich vielleicht darüber freuen, aber wir Katzen haben dabei durchaus gemischte Gefühle. Erst verehrt man uns als Gottheit, dann hält man uns für die Ausgeburt der Hölle. Erst nutzt man uns als billige Arbeitskräfte, um Kornspeicher, Museen und Postämter vor der überbordenden Zahl räuberischer Nagetiere zu schützen, dann wieder werden wir zu Spaß und Spiel grausam getötet. Und schließlich macht man uns zu niedlichen Haustieren, zu einer Art von beweglichem Möbelstück, zum Fetisch beim Tanz um die Goldene Katz, zum Kindersatz, bloß weil es mit dem eigenen Nachwuchs bei den Menschen nicht mehr so richtig klappt.

Tatsächlich nehmen wir seit einiger Zeit mit einer gewissen Genugtuung zur Kenntnis, dass die Zahl jener kleinen Biester immer geringer wird, die uns mit offensichtlicher Wonne, aber ohne erkennbaren Grund am Schweif gerissen haben. Das kann dann selbst eine ruhige und gelassene Katze in Rage bringen; und wir wissen sehr wohl, wie wir unser Recht auf Selbstverteidigung gegen diesen juvenilen Terrorismus angemessen und wirksam zur Geltung bringen können.

Damit wir uns hier nicht missverstehen: *Wir* haben uns in all diesen Zeiten der Veränderung nicht verändert. Wir sind das geblieben, was wir stets gewesen sind: bescheidene, sympathische, intelligente, elegante und gutaussehende Wesen, die für sich nie mehr gefordert haben als Respekt (wenn es irgendwie geht, bitte in Verbindung mit ein wenig Sahne und Makrele, danke).

Geändert hat sich nur die Art und Weise, mit der die Menschen uns anschauen und wahrnehmen; man könnte sagen: Ihre Perspektive uns Katzen gegenüber hat sich verschoben. Oder – verstehen Sie es bitte nicht falsch – die Menschen sind im wahren Sinne des Wortes ständig »ver-rückt«. Diese Veränderungen in der Sichtweise, diese »Verrücktheiten« nennt man dann »Kultur« oder »Zivilisation«. Und weil der Mensch ja fest davon überzeugt ist, dass er mit jeder dieser Veränderungen die Welt zugleich besser gemacht hat, sagt er dazu mit stolztriefender Stimme auch: »Fortschritt«.

Obwohl wir Katzen trotz ausgiebiger Debatten im Feuilleton der »Miezeitung« bislang noch nicht herausgefunden haben, ob man mit diesem »fort« den Schritt weg von etwas oder hin zu etwas meint, Flucht oder Angriff (oder, wie wir sagen: Attatzke, getreu der alten Losung des Ostpfotenkönigs Tatzerich: »Mit den Krallen zeig ich's allen!«).

Wir haben im Übrigen auch den Eindruck gewonnen, ja eigentlich sogar die feste Gewissheit, dass die Menschen auch nicht so genau wissen, was sie da gerade tun. Sie verändern die Welt und sind stolz darauf; nur um sich danach zu wundern, dass sie sich darin nicht mehr zurechtfinden. Und genau deshalb sind sie rast- und ruhelos: stets erst auf der Suche nach etwas, das sich verändern lässt, und dann nach einem angemessenen Verhalten, wie sie mit der Veränderung umgehen sollen. Sie laufen hin und her und auf und ab, sie schnüffeln hier und dort, verabschieden sich schon, bevor sie sich begrüßt haben.

Wissen Sie, an was mich das alles erinnert? Genau: an Mäuse. Die sind auch immer in Bewegung, schrecken jeden Moment auf, immer auf der Flucht, immer hektisch, immer furchtsam, immer in der Angst, nur die kleinste Chance zu verpassen. Nun gebe ich zu, dass die Mäuse alle Gründe der Welt haben, sich nie lange an demselben Platz aufzuhalten; schließlich sagt man ja nicht von ungefähr: »mausetot«. Bei den Mäusen also mag man die Angst gelten lassen, auch wenn eine wohlerzogene Katze gerade nur so viele von ihnen jagt und frisst wie nötig (was in Relation zur ungeheuer großen Population und Fruchtbarkeit an Mäusen heutzutage sehr, sehr wenig ist).

Aber ist der Mensch eine Maus? Aus unserer Sicht jedenfalls nicht, denn vor allem ist er weitaus größer als eine Maus (und selbst als die fetteste Ratte) und eignet sich daher nicht als potenzielle Beute. Allenfalls, dass man ein wenig an seinen Fingern knabbern kann oder ihm die Haut aufritzt, nur um zu sehen, was sich darunter verbirgt, also aus rein wissenschaftlichen Gründen.

Aber wenn der Mensch keine Maus ist – wovor hat er dann so viel Angst, dass er in seinem Leben immer hin und her huscht, von einem Ort zum anderen, jeden Tag aufs Neue ein anderes Fell überstreift, so dass man ganz genau hinschnüffeln muss, um ihn wiederzuerkennen? Wir Katzen haben lange darüber nachgedacht, und ich könnte Ihnen jetzt Hunderte, ja Tausende von Felinosophen aus aller Kater Ländern nennen, die sich auf intensivste Weise mit dieser Frage beschäftigt haben. Leider, wie ich hinzufügen muss, ohne dabei zu einer endgültigen Antwort zu gelangen.

Ich für meinen Teil weiß es auch nicht besser, glaube aber, dass die Menschen sich immer wieder etwas Neues einfallen lassen, vor dem sie Angst haben können. Darin sind sie wahrlich kreativ, das muss man ihnen neidlos zugestehen. Erst sind es Blitz und Donner, dann diverse Götter, dann Krankheiten und Technik; und wenn alle Ängste besiegt zu sein scheinen, haben sie voreinander Angst. Was ja nicht unbedingt ein Fehler sein muss, aber davon wird noch ausführlich zu maunzen sein.

Doch wovor sie auch immer Angst haben mögen, ob berechtigt oder nicht, sie warten nicht einfach ab, dass die Gefahr vorübergeht; sie verstecken sich auch nicht, damit die Gefahr sie gar nicht erst entdeckt. Nein: Sie kennen nur zwei mögliche Antworten – sie fliehen, oder sie greifen an.

Und dort – so glaube ich – liegt der Hund begraben. Nun soll man selbst Hunde in Frieden ruhen lassen, also sagen wir besser: Das ist des Pudels Kern. Der Mensch sieht überall in der Welt Gefahren; vor den Gefahren hat er Angst; um diese Angst zu überwinden, will er die Welt verändern.

Die Welt zu verändern ist jedoch eine wahrhaft gigantische Aufgabe. Ich meine, wir reden, wenn es um die Ambitionen des Menschen geht, um »die Welt«, also um alles und jedes. Kein Wunder, dass der Mensch ständig in Bewegung sein muss, immer wach und aktiv, sich keinerlei Ruhe und Rast gönnen darf. Stets gibt es jetzt noch etwas zu tun, bald noch etwas zu verbessern; immer ist hier jemand unzufrieden, dann quengelt dort ein anderer.

Nur nebenbei: Unser Miauen und Maunzen hat damit rein gar nichts zu tun. Wir Katzen nörgeln nicht herum, weil wir die Welt verändern wollen; wir machen nur in aller Höflichkeit darauf aufmerksam, dass wir hungrig sind. Aber wenn es gar nichts gibt, dann warten wir eben ab, bis es etwas gibt.

Der Mensch aber ist ungeduldig. Immer ist er unzufrieden, am liebsten mit der ganzen Welt, aber auch mit sich selbst, wenn er gar nichts anderes findet.

Ich wiederhole: »unzufrieden« – das heißt doch wohl, dass er niemals in Frieden lebt, dass er nicht zum Frieden findet. Und so ist sein Leben ein ständiger Kampf, ein Krieg ohne Ende, wobei uns Katzen nie so recht klargeworden ist, um was es dabei eigentlich geht und wer die Sieger und wer die Besiegten sind.

Doch wollen wir nicht zu streng mit den Menschen sein! Vielleicht würden wir Katzen uns auch nicht anders verhalten, wenn wir nur sieben Stunden am Tag schlafen könnten. Vielleicht würden wir dann auch unruhig hin und her laufen, hinaus in den Garten, wieder hinein ins Haus, dann einmal um den großen Tisch und wieder im Galopp hinaus ins Grüne, nur um zu prüfen, ob sich in der Zwischenzeit nicht doch irgendetwas verändert hat. Was sagen Sie? Genauso verhält sich Ihre Katze? Mag sein. Aber sie will damit doch nur sicherstellen, dass die Dinge noch in Ordnung sind; alles so, wie es sich gehört; die Stühle am rechten Ort, ebenso wie Schrank und Teppich.

Ich will Ihnen einmal ein Geheimnis verraten: Genau das ist die eigentliche, die heilige Aufgabe der Katzen. Wir sind die Hüter der Ordnung. Aber wir hüten die Ordnung, wir verändern sie nicht – dann wäre es ja auch keine Ordnung mehr. Oder hat man schon einmal von einer Katze gehört, die den Garten neu arrangiert? Oder das Wohnzimmer umräumt? Oder irgendwelche Stöcke und Steine anschleppt, nur damit der Mensch sie wieder fortwirft? Niemals!

Wir Katzen beherrschen die Kunst des »Seinlassens«, des »Nicht-Handelns«, ja, wenn Sie so wollen, des »Aussitzens«. Wir wissen, dass sich alle Probleme durch gelassenes Abwarten von selbst erledigen: »Kommt Zeit, kommt Maus.« Denn auch Probleme haben ein Verfallsdatum, so wie die Milch oder der Thunfisch.

Gut, ich gebe zu, vielleicht nicht alle Probleme dieser Welt, aber eben doch die meisten. Und wenn man sich nicht in heller Aufregung um ein jedes Problem kümmert, das einem gerade über den Weg läuft, hat man nachher viel mehr Zeit, sich mit Ernst und Anstand denjenigen Fragen des Lebens zu widmen, die wirklich und drängend einer Antwort bedürfen. Glauben Sie mir: Die meisten Fragen beantworten sich bei den allermeisten Fällen von selbst, wenn man nur lange genug gelassen abwartet.

Gestatten Sie mir, dass ich an dieser Stelle, da es um die wesentlichen Fragen des Lebens geht, ein wenig felinosophisch werde. Es ist auch gar nicht so schwierig, man muss nur seine Hektik vergessen und einmal tief durchatmen.

Dem Menschen geht es um das Werden und Haben, der Katze um das Sein. Damit ist eigentlich alles gesagt, oder? Nein? Dann erkläre ich es etwas ausführlicher:

Ist der Mensch arm, will er reich werden; ist der Mensch reich, will er gesund werden; ist der Mensch gesund, will er alt werden. Und bei all dem will er geliebt werden. Er ist aber zutiefst davon überzeugt, dass er nur geliebt wird, wenn er viel von allem hat: einen schönen Körper, einen witzigen Geist, große Schätze. Darum ist er ständig unzufrieden, weil andere mehr von allem haben, sie reicher, gesunder, älter und damit geliebter sind. Sie schauen nicht zuerst auf sich selbst, sondern mit scheelem Blick immer nur auf die anderen; und wenn einer zu viel von irgendetwas hat, sind sie neidisch und gönnen es ihm nicht.

Aber haben Sie schon jemals eine Katze gesehen, die einer anderen das Futter vom Teller gegessen hat, die Maus aus den Klauen gerissen, sich vorgedrängt hat, wenn es darum geht, dass der Bauch gekrault wird? Eine Katze kämpft nicht mit sich und anderen, sie ist mit sich und der Welt zufrieden. Sie will nichts anderes sein als die Katze, die sie ist. Wir Katzen häufen keine Reichtümer an – nicht zuletzt, weil wir genau wissen, dass erlegte Mäuse ein höchst verderblicher Reichtum sind. Vielleicht kann man sie am folgenden Tag noch essen, aber dann – ich bitte Sie, allein schon dieser Geruch!

Wir Katzen sind deshalb so zufrieden, weil wir nie mehr wollen, als wir können: nicht mehr sein, nicht mehr werden, nicht mehr haben. Denn das größte Übel und Unglück ist es, wenn man mehr will, als man kann. Das hat schon vor vielen, vielen Generationen der große Gelehrte Abu al'Qazz aus Katar gesagt, und wie recht hatte er damit!

Nur zwei Wege gäbe es, sich aus diesem Dilemma zu befreien: mehr zu können und weniger zu wollen. Der eine Weg ist das Lernen, der andere die Bescheidenheit. Am besten wäre es natürlich, sagt Abu al'Qazz, das eine mit dem anderen zu verbinden, also beizeiten zu lernen, sich zu bescheiden in einer Welt, in die man ungefragt und ungebeten geworfen wird (nicht von ungefähr sprechen wir Katzen ja nicht von »Geburt«, sondern vom »Wurf«).

Diese Welt hat nicht auf mich gewartet und nicht auf Sie – selbst wenn Ihre Eltern Ihnen etwas anderes erzählt haben sollten. Und als jemand, der zu seinem großen Glück über sieben Leben verfügt, darf ich Ihnen auch verraten, dass die Erde sich nach Ihrem Hinscheiden unbehelligt weiterdrehen wird. Deshalb sollte man von dieser Welt nicht zu viel erwarten oder gar fordern, eben nicht zu viel wollen. Bedenken Sie, der Mensch ist ein Mängelwesen; da sollte man sich von seinem Können auch nicht allzu viel erhoffen. Vor allem nicht, wenn man alles gleichzeitig haben will: Reichtum, Liebe, Gesundheit, Glück, Ruhm, Macht und was nicht sonst noch alles.

Wenn die Menschen ihre Kräfte und Fähigkeiten wenigstens auf eines allein davon konzentrieren würden, vielleicht hätten sie dann eine bessere Chance, zu bekommen, was sie wollen – oder zumindest: was sie brauchen.

Aber neuerdings ist eine ganz neue Mode aufgekommen, die man – so habe ich es zumindest verstanden – »Multi-Tatzing« nennt. Dabei geht es darum, wenn schon nicht alles, so doch so viel wie möglich zugleich zu tun: Essen, Arbeiten, Musikhören, Kommunizieren – fragen Sie mich bitte nicht nach Details.

Vielleicht, so denke ich mir, hat es etwas damit zu tun, dass der Mensch zwei Pfoten hat, die er zum Gehen offenbar nicht benötigt und für die er ständig nach neuen Aufgaben sucht, damit sie nicht so nutzlos den Körper entlangbaumeln. Wie auch immer, wir Katzen haben den sicheren Gang auf vier Tatzen nie verlernt und gleichwohl seit Tausenden von Generationen gut und gerne überlebt. Eben die pure Purrfektion! In unseren Genen steckt auch die unermessliche Fähigkeit, warten zu können und dabei gelassen zu bleiben.

Wie der große Meister Eckkatz gesagt hat: »Sei für alle Dinge ein Schlafender.« Man muss nicht alles tun, nicht alles wissen, erforschen, erkennen; man kann die Dinge auch auf sich beruhen lassen; man muss sich nicht in alles einmischen; man muss nicht alles beherrschen wollen. Und das wird möglich, wenn man willens und in der Lage ist, das Wichtige vom Unwichtigen zu unterscheiden.

Ja, aber, wie soll das denn nur gehen?, werden Sie fragen. Man kann doch vorher nicht wissen, was wichtig ist und was nicht. Doch, das kann man. Und zwar, indem Sie selbst die Entscheidung treffen.

Ich will Ihnen ein Beispiel geben: Manche Menschen halten

uns Katzen für arrogant, weil wir nicht immer das tun, was sie gerade von uns wollen. Ja, vielleicht mag es ihnen tatsächlich so vorkommen – vor allem, wenn sie sich selbst für die »Herren der Schöpfung« halten, denen alle anderen Wesen Untertan sein sollen. Und dann gibt es solch ein kleines, zartes Wesen wie die Katze und will dem Herrn nicht gehorchen? Aufruhr, Chaos, Anarchie!

Aber nein! Wir sind dann meist nur gerade mit etwas anderem beschäftigt, das uns eben wichtiger vorkommt, als den Anweisungen der Menschen zu folgen. Vielleicht lauschen wir gerade andächtig dem Gesang der Amsel und denken dabei an ihr leckeres Brustfilet. Oder wir warten im Herbst geduldig darauf, dass die Eiche von gegenüber ihr letztes Blatt abwirft. Oder wir denken intensiv darüber nach, wie man den Zaun zum Nachbargarten überwinden kann (die Frage, ob es sich lohnt, kann man später immer noch beantworten, getreu dem guten, alten Motto einer wahren Gentlecat: »first things first«). Bei diesen Dingen wollen wir uns nicht stören lassen, ja, wir sind sogar bereit, auf die flehentlich dargereichte Forelle zu verzichten, wenigstens für den Moment, später sehen wir dann weiter.

Diese kleine Freiheit nehmen wir uns, und eigentlich sollte ein jeder Verständnis haben, wenn wir Katzen sagen: Gebt dem Kater, was des Katers ist – und seien es diese Augenblicke der nachdenklichen und gelassenen Ruhe. Schauen Sie genau hin, wenn Sie beim nächsten Mal eine Katze sehen: Sie setzt in jedem Moment ihres Lebens, hier und jetzt, Prioritäten – und was eine Katze kann, das sollte Ihnen doch auch möglich sein.

Wenn Ihnen das alles zu felinosophisch klingt, dann versuche ich es einmal auf eine andere Weise: Ich bediene mich dabei einer Argumentation, die vor vielen Jahren von Gastone Zampano, den man auch den »Großen« nennt, entwickelt wurde, und zwar die »ökonomische«. Ach, du meine Güte!, werden manche von Ihnen jetzt wieder denken. Was verstehen die Katzen denn schon von der »Ökonomie«? Sehr viel, antworte ich Ihnen, kommt doch dieser Begriff vom griechischen Wort »oikos«, und das bedeutet nicht mehr und nicht weniger als »Haus« – und wir als »Haus«-Tiere sollen davon keine Ahnung haben? Also wirklich, das meinen Sie nicht ernst!

Über all die unzähligen Generationen von Katzen hinweg haben wir genügend Zeit und Gelegenheit gehabt, die Menschen in ihrer »Ökonomie« genau zu beobachten und unsere Schlüsse daraus zu ziehen. Nur ein Beispiel aus der häuslichen Wirtschaft der Menschen – die Küche. Es kann kein gutes Mahl daraus werden, wenn man sich nicht auf das Kochen konzentriert, die Qualität der Zutaten auf das genaueste prüft, sie präzise abwägt, die Garzeiten auf den Punkt einhält, umrührt, abschmeckt und noch ein wenig würzt, wenn es denn nötig ist. Und all das kann nicht gelingen, wenn man versucht, es nur nebenbei zu erledigen, wenn man sich mit anderen über etwas anderes dabei unterhält; oder versucht, die Wäsche aufzuhängen oder die Kinder zu wickeln. Bestenfalls hat man am Ende eine kaum noch genießbare Pampe produziert – und wer muss dann alles auslöffeln? Wir Katzen natürlich!

Nein, selbst so einfach erscheinende Tätigkeiten wie das Kochen erfordern allerhöchste Wachsamkeit, sofern man es darin auch nur zu ersten Graden einer gewissen Meisterschaft bringen will.

Und wem das noch nicht genug mit der Ökonomie ist, dem sei gesagt, dass wir Katzen das »ökonomische Prinzip« offenbar besser verstanden haben als die Menschen, weshalb wir auch so lange und tief schlafen können. Wir benötigen einfach weniger Zeit, um die wichtigen Dinge der Welt zu erfassen und zu begreifen und dann noch angemessen zu handeln. Wir gehen eben mit der wachen Zeit effektiver um, wir konzentrieren uns, wir sind scharfsinnig, wir vertrauen auf unsere Instinkte.

Manche von uns gehen sogar so weit, daraus ableiten zu wollen, dass wir Katzen intelligenter seien als die Menschen, aber ich lasse mich auf solche schnöden Wettbewerbe nicht ein. Lieber weise ich darauf hin, dass es vor allem unser Sinn für Ordnung ist, der uns so klug und ökonomisch mit der Zeit umgehen lässt – der, wie man so sagt, »knappen« Zeit, denn auch wenn sieben Leben eine ganze Menge mehr sind als nur eines, so gehen doch auch uns eines Tages die Lebenssäfte endgültig aus.

Bis dahin aber leben wir diese Ordnung, ja, man könnte sagen: Wir haben den Rhythmus im Blut. Was auch gut so ist, hat man doch früher einmal mit dem Rhythmus das Strömende und Fließende gemeint, und was wäre das Blut schon wert, wenn es nicht fließt.

Bei den Menschen, so erzählt man sich unter uns Katzen, fließt es allerdings nicht immer so, wie es sollte, manchmal zu schnell, manchmal zu langsam, und das macht die Menschen dann krank. Das scheint mir plausibel zu sein: Was kann schon Gutes dabei herauskommen, wenn man arbeitet, obwohl man schlafen müsste? Wenn man sich aufregt, obwohl man gelassen sein sollte? Wenn man isst, obwohl man keinen Hunger hat? Wenn man alles zugleich tun will und daher jedes zur unpassenden Zeit?

Dabei hat doch ein jegliches seine Zeit, und alles Geschehen unter dem Himmel hat seine Stunde: geboren werden und sterben, weinen und lachen, suchen und verlieren, schweigen und reden, lieben und hassen. Denn das eine darf man nicht zu sehr fürchten und das andere nicht zu sehr wünschen. Es kommt, wenn es kommt, und ist es nicht bisher immer gutgegangen? – Für uns Katzen auf alle Fälle, denn wir wissen, dass nichts besser ist, als fröhlich zu sein und sich gütlich tun in seinem Leben. Wisset daher, Ihr Menschen: Man arbeite, wie man will, man hat doch keinen Gewinn davon, wenn man sich nicht Zeit zur Ruhe gönnt.

Entschuldigen Sie: Ich habe mich wohl einen Moment lang gehenlassen. Eigentlich finde ich diesen miezionarischen Ton selbst völlig unerträglich. Zumal er in die moderne Welt gar nicht mehr reinpasst. Heutzutage müssen Fakten auf den Tisch, nur Fakten, wie immer die auch aussehen mögen, Hauptsache: Fakten.

Deshalb will ich nur ein letztes Argument vortragen, dessen Überzeugungskraft sich jedoch niemand wird entziehen können. Wir Katzen sind nämlich das beste Beispiel für etwas, das man in Menschenkreisen ein gelungenes »Marketing« nennen würde, also die Kunst, ein Produkt unter allen Umständen zu verkaufen, was im Fall der Katze auf den ersten Blick nicht ganz einfach erscheint.

Ich meine, welchen unmittelbaren Nutzen haben wir Katzen heutzutage noch für die Menschen? Wer hat noch einen Kornspeicher im Haus, der mausfrei gehalten werden muss? Oder eine Bibliothek, deren unersetzliche Bücher vor den hinterhältigen Angriffen unersättlicher Nager geschützt werden müssen? Wenn man es ganz genau rechnet, findet man schnell heraus, dass wir weitaus mehr Kosten verursachen, als dass wir irgendeinen materiellen Nutzen bringen. Wir Katzen sind – das hat einmal ein Mensch gesagt, und damit hat er vollkommen recht – das einzige Tier mit vier Pfoten, das vom Menschen ernährt und gehegt und gepflegt wird, ohne auch nur zu irgendetwas nützlich zu sein – wir tun nichts, und wir haben auch nichts. Und trotzdem wächst überall und stetig auf der Welt die Zahl der Katzen, die von den Menschen freiwillig in ihre Häuser eingeladen werden. Erstaunlich, nicht wahr?

Mit einer gewissen Genugtuung weise ich an dieser Stelle darauf hin, dass es von uns inzwischen mehr gibt als Hunde – auch wenn wir den Menschen nicht so sehr zu Diensten stehen wie jene schwanzwedelnden und sabbernden Kreaturen.

Wie würden Sie es nennen, wenn es gelingt, ein Produkt ohne Sinn und Zweck wie die Katze auf den internationalen Märkten durchzusetzen? Ich nenne es: einen Erfolg!

Eigentlich wollte ich doch nur ein paar Dinge klarstellen: dass es vielen Menschen guttun würde, wenn sie ein wenig mehr Ordnung in ihr Leben brächten, und sie sich endlich aufraffen könnten, das Wichtige vom Unwichtigen zu scheiden, damit man das Wichtige mit aller Kraft tun kann und das Unwichtige den anderen überlassen. Dass man zu sich selbst finden muss, um mit sich und der Welt zufrieden sein zu können. Dass man sich in der Kunst des Wartens ebenso üben muss wie in der Kunst der Gelassenheit. Dass allein in der Ruhe die Kraft liegt.

Na gut, werden Sie vielleicht sagen, das habe ich schon einhundertmal gehört, das ist mir nichts Neues. Sicher, wir Katzen bilden uns nicht ein, dass nur wir allein den Weg zur Erleuchtung gegangen sind; nur dass wir die besseren Augen haben und die Wahrheit meist schon erkennen können, wenn sie für die Menschen noch im Dunkeln liegt.

Ja, antworte ich also, das haben Sie alles schon oft genug gehört; aber dann frage ich zurück: Haben Sie es auch schon getan, wenigstens einmal? Haben Sie sich dagegengestemmt, wenn alle anderen Sie treiben und ziehen? Nein, ich will Sie nicht verärgern, ich frage ja nur. Und weise mit allem nötigen Respekt darauf hin, dass wir Katzen es mit Schlafen und Ruhe und Müßiggang, ja, wenn Sie so wollen, mit Faulheit auch recht weit gebracht haben. Wir existieren noch, es geht uns gar nicht so schlecht und man mag uns (nun ja, die Mäuse nicht unbedingt, aber auf Einzelschicksale können wir keine Rücksicht nehmen, es kommt letztlich auf das Große und Ganze an).

Wenn schon vor Tausenden von Jahren die Mönche in den ägyptischen Wüsten die Gesellschaft von uns Katzen schätzten, weil wir sie mit unserer Geduld und Ruhe bei ihrer Suche nach Gott unterstützten, warum sollen wir nicht genauso hilfreich sein, wenn Sie heute den Fragen Ihres Selbst nachgehen? Glauben Sie mir: Wir sind äußerst erfahrene Therapeuten.

Und bitte kommen Sie mir nicht damit, dass Sie allergisch auf Katzenhaare reagieren. Denn wissen Sie nicht, dass Allergien nur die gravierenden Symptome der allgemeinen Hektik und Nervosität in der modernen Welt sind? Nicht wir Katzen sind schuld daran, dass Sie bei unserem Anblick niesen müssen. Vielleicht sind wir die Auslöser Ihrer pathologischen Reaktion, aber ganz sicher nicht die Ursache. Die müssen Sie schon woanders suchen – bei sich selbst, Ihrem eigenen Denken, Handeln und Ihren eigenen Gefühlen, kurz: Ihrem Leben.

Wir können Ihnen bei dieser Suche gerne helfen; Sie müssen es nur zulassen. Versuchen Sie es doch einmal selbst, folgen Sie uns Katzen auf die sanften Wiesen der Ruhe und der Rast, und Sie werden sehen, wie schnell Sie in den Bann einer schnurrenden Katze gezogen werden. Ihr Atem wird langsamer, Ihr Herz schlägt gleichmäßig, Sie spüren das Strömen Ihres Blutes, Ihnen wird wohlig warm, Ihre Lider werden schwer, Sie werden müde, Ihr Körper vibriert im sanften Rhythmus der Katze, alle Last fällt von Ihnen ab, und Sie fühlen sich frei.

Versuchen Sie es einmal und zieren Sie sich nicht, lassen Sie sich verführen von der felinischen Miezitation, erleben Sie selbst, wie gut Ihnen das schnurrogene Training der angewandten Felinosophie tut. Aber zuerst: Schlafen Sie einmal darüber!

Kapitel 2

»Sei stets wachsam und vorsichtig, sei immer auf das Schlimmste gefasst!«

*I*ch hoffe, Sie sind nach Ihren ersten Übungen in der felinischen Miezitation ausgeruht und entspannt und warten nun in aller Gelassenheit darauf, wie es weitergeht. Es ist nämlich wirklich wichtig, dass man sich ab und zu eine kleine Rast gönnt, ein wenig vor sich hin döst und den Rhythmus des Lebens genießt. Und dabei nie vergisst, dass zu einem guten Rhythmus auch die Pausen gehören – sonst wäre er ja nichts wert.

Ich will Ihnen heute Nacht aber noch mehr Geheimnisse verraten. Wir Katzen haben niemals gegen, sondern stets mit der Evolution gekämpft, haben die Mutationen ebenso akzeptiert wie die Selektionen, sind klein und groß, rot und schwarz, wild und zahm, so wie es gerade gebraucht wird. Es gibt eben Katzen für alle »Felle«. In Japan nennt man diese Technik »neko-dō«, den »Weg der Katze«, und einige der berühmtesten Samurai haben sie für sich übernommen, sehr erfolgreich übrigens.

Vor allem aber – und das war vielleicht die klügste Entscheidung in unserer Geschichte – haben wir uns mit demjenigen Wesen auf das Beste arrangiert, das uns im Moment und auf absehbare Zeit am nützlichsten sein kann – dem Menschen. Wir bewegen uns sozusagen in seinem Bugwasser und Windschatten; und dabei sparen wir sehr viel Kraft und Energie, die wir anderweitig gut nutzen können. Auch das ist ein wesentlicher Bestandteil jenes »neko-dō«, der im Laufe von unzähligen Generationen von Katzen in der Abgeschiedenheit der buddhistischen Klöster von Kyūshū zur Purrfektion entwickelt wurde. Und bevor Sie kritisch nachfragen, von wegen »Bug« und »Windschatten«: Da einige von uns schon seit ewigen Zeiten auf Schiffen gearbeitet haben, verstehen wir auch eine ganze Menge von der Seefahrt, doch das nur am Rande.

Ich will allerdings nicht leugnen, dass die Welt auch ziemlich viele Gefahren für uns bereithält. So ist das nun einmal: Selbst wir Katzen müssen uns anstrengen, um am Leben zu bleiben (von einem angenehmen Leben einmal ganz zu schweigen). Schließlich sind wir recht kleine und zarte Wesen.

Gut, ich gebe zu, dass die allermeisten Geschöpfe auf dieser Welt noch kleiner sind als wir, etwa die Mäuse oder – um einmal von etwas anderem als immer nur vom Essen zu sprechen – die Flöhe, wahrhaft verflixte kleine Biester, deren Sinn und Zweck mir noch nie so recht eingeleuchtet hat.

Wer ernährt sich eigentlich von denen? Oder gibt es noch viel kleinere Flöhe, die auf den Flöhen sitzen und deren Blut schlürfen? Und haben die ihrerseits winzig kleine Flöhe, die von ihrem Blut saufen? Das ja eigentlich und ursprünglich Katzenblut ist und daher sicherlich äußerst schmackhaft. Aber wie viele von diesen grausamen Flohhorden ernähre ich auf diese Weise, von einem Flohniveau zum anderen? Wie klein ist der kleinste Floh, der auf dem kleinsten Floh sitzt? Wie viele dieser Flöhe passen auf eine Nadelspitze? Ist der kleinste Floh irgendwann so klein, dass es ihn gar nicht mehr gibt, oder existiert immer noch ein kleinerer? So dass wir uns bis in alle Ewigkeit hinein vorstellen könnten, wie klein er denn nun wäre, nur damit die nächste Katze kommt und stolz verkündet, dass sie sich einen noch noch noch kleineren Floh vorstellen könne.

Sie verstehen, was ich meine: Fragen über Fragen, die man debattieren kann, bevor man wieder sanft einschläft. Doch Antworten wird man keine finden, so dass wir uns damit begnügen müssen, die Fragen zu stellen. Das allerdings macht Spaß genug. Lesen Sie bei Franz Katzka nach!

Katzen also sind kleine Wesen, wenn auch nicht so klein wie der Floh und erst recht nicht wie der Floh des Flohs (ich erspare mir an dieser Stelle weitere Beispiele). Allerdings können wir uns unter gar keinen Umständen damit trösten, dass es ja noch so viele noch so viel kleinere Wesen gibt als uns Katzen. Eher im Gegenteil: Wir müssen stets darauf gefasst sein, dass genauso größere Wesen existieren, sogar sehr viel größere, als uns lieb sein kann. Und wir müssen ständig gewahr sein, dass diese großen Wesen in uns armen, kleinen Katzen nichts anderes sehen als wir in den Mäusen – nämlich Beute!

Ich spreche jetzt nicht vom Menschen, jedenfalls nicht vom heutigen. Aber das ist vorbei, die Menschen sind zivilisiert, zumindest die meisten von ihnen. Achten Sie bitte nur beim Kauf Ihrer nächsten Jacke auf entsprechende Hinweise! Danke!

Gleichwohl: Wir haben gelernt, den größeren Wesen mit größtem Respekt zu begegnen und stets jene Distanz zu wahren, die ihnen zukommt. Ich will nichts mit einem Adler zu tun haben, noch nicht einmal mit einem Habicht und auch nicht mit einem Luchs, obwohl der doch irgendwie zur Verwandtschaft gehört. Aber die Ehre der Familie zählt für diese Burschen überhaupt nichts, erst recht nicht, wenn sie hungrig sind.

Um eine lange Geschichte kurz zu machen: Wir Katzen haben nicht nur deshalb so komfortabel überlebt, weil wir so gut und gerne schlafen. Sich seine Kräfte gut einzuteilen ist eine notwendige, aber beileibe keine hinreichende Bedingung. Es ist gut, wenn man genügend Energie in Reserve hat, aber man muss sie dann auch im geeigneten Moment einsetzen können. Es kommt wie immer und bei allen Dingen des Lebens auf den richtigen Rhythmus an, yeah, beat it!

Wir Katzen sind darüber hinaus noch sehr, sehr wachsam. Und das müssen wir als arme, kleine Wesen auch sein, denn wer will schon gern im Schlaf gefressen werden, geschweige denn überhaupt. Schauen Sie beim nächsten Mal genau hin, wenn Sie eine schlafende Katze sehen.

Nur am Rande: Wenn sie schnarcht, ist sie ein guter Mäusejäger, und zwar je lauter, desto besser. Das sage nicht ich, das sagen die Chinesen, fragen Sie sie bei Gelegenheit einmal – oder besser nicht, denn sonst geht es möglicherweise doch wieder nur um Felle und Braten. Wie auch immer: Selbst wenn Sie nach intensiver Beobachtung glauben sollten, dass die Katze sich wohlig im tiefsten Tiefschlaf befindet, so wird sie doch von dem einen zum anderen Moment in höchster Wachsamkeit aufspringen, wenn sie ein interessantes Geräusch hört oder einen neuen Geruch riecht. Was in einem Moment noch schnarcht, ist im nächsten voll konzentriert. Bringen Sie der schlafenden Katze einen Teller Thunfisch nahe, oder knistern Sie mit einem Stück Papier – sofort wird die Katze blitzschnell aus ihrem Schlaf erwachen, sich kurz recken und dann ohne weitere Umstände bereit sein, sich ins volle Leben zu werfen.

Dabei ist es uns völlig gleichgültig, ob es um Flucht oder

Fressen geht, je nachdem kann beides wichtig für das Überleben sein. Darum geht es ja schließlich in der Evolution: Kein Ziel, kein Zweck, kein Sinn, nur auf das Überleben kommt es an. Also: allzeit bereit!

Was kleiner ist als wir, das können wir mit Fug und Recht als Beute ansehen. Was hingegen genauso groß ist wie wir, das können wir zunächst einmal außer Acht lassen, denn als Beute wäre es zu schwierig und als Gefahr nicht bedrohlich. Außerdem könnte man in dieser Gruppe Freunde, Partner und Liebhaber finden; das kann man aber immer noch bei einem zweiten Blick genauer prüfen. Was schließlich größer ist als wir, das müssen wir sehr, sehr ernst nehmen und fortan höchst wachsam sein, denn – wie gesagt – wer wird schon gerne gejagt und gefressen.

Aus Ihrer Sicht ist das vielleicht eine simple Anschauung der Welt, doch wenn Sie einmal ganz ehrlich mit sich selbst sind: Haben Sie eine andere Sicht auf die Dinge? Teilen Sie nicht auch die Welt in die gleichen Katzegorien ein, nämlich in das, was Ihnen nützt und was Ihnen schadet? Herzlich willkommen, Sie befinden sich in bester Gesellschaft!

Natürlich sind Katzen nicht »wach«, während sie schlafen – das wäre ja auch ein ziemlicher Blödsinn, wenn man nicht mehr zwischen dem einen und dem anderen unterscheiden kann. Aber sie sind »wachsam«, das klingt zwar ähnlich, ist aber lange nicht dasselbe.

»Wachsam« ist – so hat es der polnische Felinosoph Kasimir Katzowski vor vielen Jahren treffend formuliert –, wer seinem ganzen Wesen nach geeignet, befähigt und geneigt ist, sich überall, wo es nötig ist, als wach zu bewähren. Ein wackerer Bursche also, jemand, der Wache hält, der auch in Zeiten der Ruhe immer bereit ist, kurz gesagt: der sich im »Stand-by-

Modus« befindet. Oder noch anders: der, wann immer möglich, »Vor-Sicht« walten lässt.

Gut, werden Sie sagen, wozu sind Katzen auch mit einigen der besten Augen dieser Welt ausgestattet, wenn nicht zur »Vor-Sicht«? Richtig! Aber es kommt im Leben nicht darauf an, was man hat, sondern was man damit anfängt. Was nützen die besten Sensoren, wenn man die Informationen nicht angemessen verarbeitet? Schließlich kann niemand bedingungslos darauf vertrauen, dass man seine Fehler später, wenn das Unglück längst seinen Lauf genommen hat, mit »Nach-Sicht« behandelt. Meines Wissens jedenfalls besteht kein Anrecht auf Gnade – und bei wem wollte man dieses Recht auch einklagen? Da müssten doch selbst die gewieftesten Advokater ihre Tatzen strecken.

Nehmen Sie sich lieber ein Beispiel an uns Katzen! Auch wenn wir schon tausendmal den gleichen Raum betreten haben, auch wenn der Stuhl schon seit Jahren an der gleichen Stelle steht, auch wenn es immer wieder Thunfisch ist, den man uns anbietet – wir bleiben wachsam und vorsichtig, wir prüfen scharfsinnig, ob uns Lust verheißen ist oder Leid droht.

Ja, wir Katzen haben nicht nur scharfe Krallen, sondern auch scharfe Sinne. Wir können besser riechen, sehen und hören als die Menschen; uns macht man so leicht nichts vor. Ist Ihnen schon einmal aufgefallen, dass wir unsere Ohren in alle Richtungen drehen können, um besser zu hören? Sie können das nicht! Und lieber halten wir einen Moment lang inne, als dass wir tollkühn nach vorne stürzen. Obwohl wir uns das im Zweifel durchaus leisten könnten, denn »stürzen« können wir weitaus besser als die Menschen, weshalb man zu Recht sagt: »Die Katze fällt immer auf ihre Füße.«

Aber, sehen Sie, genau das macht uns Katzen aus: Wir verlassen uns nicht darauf; wir wollen es gar nicht erst so weit kommen lassen, dass wir zu Fall kommen könnten. Daher lautet auch eine der wichtigsten Katzen-Regeln: »Handele immer so, dass du nie den letzten Trumpf aus dem Ärmel ziehen musst.« Woraus sich dann im Umkehrschluss die nächste Regel ableitet: »Sei stets auf das Schlimmste gefasst.« Wenn es nämlich eintritt, ist man darauf vorbereitet, und wenn nicht, dann kann man sich wenigstens darüber freuen, dass wieder einmal alles gutgegangen ist. Und – einmal ehrlich – wie oft haben Sie sich in letzter Zeit schon so richtig über etwas freuen können? Na also!

Wegen dieser Wachsamkeit wurden wir oft verspottet. Man hat sie für »Angst« gehalten und, wenn man diesen Begriff noch steigern wollte, hat man von »Katzenangst« gesprochen, vor allem, wenn die Katze sich für die sofortige Flucht und nicht für den Angriff entscheidet (was sie im Zweifel immer tun wird, wenn sich nur irgendeine Chance dazu bietet).

Wir sind diesen Anfeindungen gegenüber stets gelassen geblieben, denn wir haben das Prinzip der Evolution begriffen: Der tote Held kann sich nicht fortpflanzen, deshalb nehmen wir lieber Reißaus und überleben. Es ist die Vorsicht, man kann auch sagen die Klugheit, durch die sich die Tapferkeit von der Verwegenheit unterscheidet. Auch steckt schon im Wort »bedächtig« der Begriff »denken«, und das heißt hier, Chancen und Gefahren abwägen, mit Sinn und Verstand prüfen und dann erst handeln.

Gut, werden Sie sagen, aber wie kann sich ein Wesen seiner Vernunft rühmen, das nur vor wenigen Augenblicken aus vollem Herzen behauptet hat, von seinen Instinkten gesteuert zu sein? Ja, jetzt glauben Sie wohl, Sie hätten mich erwischt! Aber gemach: Sie sollten nie eine Katze im Sack kaufen, deshalb sage ich Ihnen jetzt etwas. »Vernunft« kommt von »vernehmen«, etwas wahrnehmen, etwas verstehen, etwas begreifen. Wir Katzen haben die weitaus besseren Sinne, mit denen wir viel mehr als Sie hören, sehen, riechen und fühlen können (wussten Sie eigentlich schon, dass wir durch unsere Pfoten hindurch sogar die feinen Magnetströme der Erde spüren können, von denen die Menschen lange Zeit gar nicht wussten, dass sie überhaupt existieren?). Also haben wir auch mehr »Vernunft« als Sie, so einfach ist das.

Was Sie im Sinn gehabt haben mögen, sind »Reflexe« und nicht »Instinkte«, und das ist ein gewaltiger Unterschied. Wenn jemand unter Ihr Knie schlägt und Ihr Bein streckt sich unwillkürlich, dann ist *das* ein »Reflex«, nämlich ein Handeln, auf das Bewusstsein, Wille, Denken, ja sogar Fühlen keinerlei Einfluss haben. Da können Sie machen, was Sie wollen: Ein sanfter Schlag und das Bein streckt sich.

Wenn diese spontane Reaktion allerdings einmal ausbleibt, dann ist das kein Beweis für die Stärke Ihrer Willenskraft; eher sollten Sie sich Sorgen machen, wirklich, und umgehend einen Arzt konsultieren.

»Instinkte« hingegen sind etwas ganz anderes, nämlich eher so etwas wie eine unbewusste, emotionale Intelligenz, ein hochkomplexes Programm von Reiz und Reaktion, auf das sich auch Erfahrung und Lernen auswirkt. Man wird mit dem Instinkt zwar geboren, aber wann man ihm vertraut und wann nicht, wie man ihm folgt, was man aus ihm macht – das ist wiederum eine Frage der Lebenserfahrung. Mir sind zum Beispiel Katzen bekannt, die aufgrund frühkatzlicher Traumata eine panische Angst vor Zeitungen haben, was höchst bedauerlich ist, müssen sie doch nun sehen, wie sie auf andere Weise das Weltgeschehen verfolgen können.

Ja, wir Katzen sind vorsichtig, aber bitte verwechseln Sie diese Haltung nicht mit Furcht oder gar Angst, denn es handelt sich dabei um eine »Vorsichtigkeit der durch Erfahrung gewitzigten Urteilskraft« – ich zitiere hier Immanuel Katz, den bekannten und bei allen beliebten Felinosophen aus Königsberg, und zwar aus seiner phänomenalen »Kritik der reinen Vernunft«.

Ein anderer aufgeweckter Kater hat einmal formuliert: »Bewundert mir die Vorsichtigkeit der Katze. Sie eilt nicht, sie lässt den Apfel reif werden, bevor sie den Ast schüttelt.« Nur nebenbei bemerkt zeigt sich an diesen Worten die eindringliche pfoetische Kraft einer gebildeten Katze: Obwohl der Apfel als solcher nicht unbedingt katzentauglich ist (vor allem mangels Fleisch), weiß der Dichter doch gleichwohl – wahrscheinlich instinktiv – um dessen symbolische Bedeutung, nämlich als Zeichen sowohl der Schönheit als auch der Sünde, also um seine Ambivalenz, die sich erst dann auflöst, wenn der Apfel vom Ast zu Boden gefallen und damit der Katze überhaupt zugänglich geworden ist. Erst dann nämlich kann sie entscheiden, ob und wenn ja, wie der Apfel überhaupt zu nutzen wäre. Bis dahin allerdings gebietet es die Vorsicht, sich weder für die eine noch für die andere Option zu entscheiden. Die Gelegenheit muss erst reif sein, bevor man sie in der einen oder der anderen Weise ergreift.

Ist das nicht die wunderbarste Pfoesie, wie sie nur dem Geist einer weisen Katze entstammen kann? – Ich bin Ihnen jetzt nur noch den Namen der Katze schuldig: Sie hieß Micou und lebte lange Jahre mit dem Neffen eines gewissen Rameau zusammen, der seinerseits wiederum in der damaligen Zeit ein ziemlich berühmter Musiker gewesen sein soll.

Wenn es sich ergibt, werde ich einmal die Drei Tenöre danach befragen, einer von ihnen wird es schon wissen: entweder Luciano Catzarotti, Catzido Domingo oder José Catzeras.

Weil wir gerade dabei sind, will ich mich an dieser Stelle etwas ausführlicher zur »Katzenmusik« äußern. Auch so ein Thema voller Missverständnisse in der interkulturellen Kommunikation zwischen Katze und Mensch. Was hat man da nicht für furchtbare und grauenhafte Dinge gehört, wie schräg der Gesang der Katzen klinge, wie schmerzhaft in den Ohren, jenes »Miaulement«, das nächtliche »Charivari«.

Sie werden verstehen, dass wir andere ästhetische Ansprüche an die Musik stellen als die meisten Menschen und dass wir Katzen auch nicht viel von der Humanmusik halten – jenes ständige Buff-Buff-Buff und Quietsch-Quietsch, das unserem feinen Gehör so viel Ungemach bereitet. Wie viel harmonischer und verlockender klingen da doch die alten Weisen des philharmonischen Katzenvereins, wenn er sich des Nachts zum gemeinsamen Gesang auf der Wiese versammelt.

Aber ich will nicht ungerecht sein: Manche der Humanmusiker haben durchaus die Qualität unseres Gesangs zu schätzen gewusst, auch wenn man sie manchmal mit der Nase darauf stoßen musste. Ein Italiener zum Beispiel – ich glaube, er hieß Rossini – hatte einst eine Oper komponiert, die nach Einschätzung der ansässigen Katzen zwar recht gut, aber noch nicht perfekt war.

Als nun diese Oper das erste Mal zur Aufführung kam, wurde eine Katze auf die Bühne geschickt, um dem Publikum unsere Meinung zu präsentieren. Sie lief in aller den Katzen eigenen Eleganz und mit gerecktem Schweif zweimal über die Bühne, um dann wieder in den Kulissen zu verschwinden. Das Publikum war begeistert, spendete frenetischen Beifall, und jener Komponist schrieb kurz darauf das wunderschöne »Katzenduett«, das »Duetto buffo di due gatti«, das selbst heute noch so beliebt ist, nicht nur, weil der Text für jeden verständlich nur aus »Miau, Miau, Miau« besteht.

Ein anderer Italiener wiederum, Scarlatti war sein Name, komponierte eine veritable »Katzenfuge« und nahm dabei jene Melodie auf, die seine Katze präsentiert hatte, als sie leichtpfotig über die Tasten des Klaviers lief.

Ich darf aber hier jene obskure Erfindung nicht verschweigen, deren erste Anwendung glücklicherweise im puren Chaos endete, so dass sie ganz schnell wieder in Vergessenheit geriet: das »Katzenklavier«. Ein kluger Mensch hatte bemerkt, dass wir Katzen in unterschiedlicher Tonhöhe miauen. Wenn man nun – so dachte er sich – genügend Katzen findet, deren Stimmen jeweils genau einem Ton der menschlichen Tonleiter entsprechen, könnte man mit ihnen gemeinsam Musik machen.

Wie aber die stets zurückhaltenden Katzen dazu bringen, genau im rechten Moment den richtigen Ton von sich zu geben? Nichts einfacher als das, meinte der Mensch und ließ eine Anzahl von kleinen Kisten aus Holz bauen, gerade groß genug, dass eine Katze darin Platz fand. Man musste ihnen nur weismachen, dass es sich um eine Versammlung des »Jung-Katervereins für Poesiemusik« handele, dann würden sie schon von selbst hineinschlüpfen. Wenn man nun unten in die Kisten ein Loch bohrte, damit eine feine Nadel hindurchpasste, würde man den Katzen mitteilen können, dass es an der Zeit sei, ihren Ton von sich zu geben. Wie viel an Angst und Schmerz man dabei bei den unglückseligen Katzen auslösen würde, spielte für die Menschen offenbar keine Rolle – so wie wir ja oft genug für die Narrheiten der Menschen büßen mussten, aber das hatten wir ja schon einmal.

Als diese Maschine zum ersten Mal ausprobiert werden sollte, hatten die Katzen längst die Scharlatanerie entlarvt, konnten sich in einer mutigen Aktion aus den Kisten befreien und flohen auf Nimmerwiedersehen in alle Richtungen.

Damit war die kurze Geschichte des Katzenklaviers für immer zu den Akten gelegt.

Das aber hinderte manche Menschen nicht daran, sich die hohe Qualität der Katzenmusik für ihre eigenen Zwecke zunutze zu machen. Etwa indem sie sich entsprechende Namen gaben, um von der allgemeinen Wertschätzung der Katzen zu profitieren. Während es sich also bei Cats Domino tatsächlich um eine musikalisch hochbegabte Katze handelt, die auf dem Klavier mit ihrer speziellen Pfotentechnik zu begeistern weiß, ist Cat Stevens keine Katze. Da er aber nicht einsichtig war, mussten wir daher vor einigen Jahren ein Verfahren in Sachen Urheberrecht gegen ihn einleiten, das vor dem Amtsgericht in Catford, England, verhandelt wurde, wo jener Stevens lange Zeit gelebt hatte.

Für uns hatte es nie in Frage gestanden, dass unsere Advokater in der Sache recht behalten sollten, und so kam es dann auch tatsächlich. Das Gericht untersagte jenem Mr. Stevens (von dem sich bei dieser Gelegenheit herausstellte, dass er eigentlich ganz anders hieß), sich weiterhin so zu nennen, und verlangte, das »Cat« aus seinem Namen zu streichen. Angesichts der hohen Strafandrohung, die das Gericht aussprach, entschied sich der Herr Stevens, seinen Namen völlig zu ändern, nannte sich von da an »Yussuf Islam« und zog sich für eine geraume Zeit aus dem Musikgeschäft zurück. Ja, mit uns Katzen ist nicht gut Mäuse essen, wir wissen unsere Rechte sehr wohl zu verteidigen, und sei es, dass wir vor Gericht ziehen. Ich sage das nur zur allgemeinen Warnung, falls jemand auf irgendwelche unausgegorenen Ideen kommen sollte.

Aber zurück zum Thema: Wenn wir Katzen wachsam und vorsichtig sind, dann bedeutet das noch längst nicht, dass wir gegen alles und jeden Argwohn hegen. Wenn wir uns nicht

Schwanz über Kopf in jedes Abenteuer stürzen, so vermuten wir doch trotzdem nicht, dass immer und überall das Böse lauert – und wenn, erst recht nicht auf uns. Wir sind nicht so eitel wie die Menschen, die immer alles auf sich beziehen.

»Zeige dich nicht argwöhnisch gegen alle, sondern vorsichtig und fest«, hat schon der griechische Felinosoph Ailurokrit vor langer, langer Zeit gesagt, und wir halten uns immer noch daran. Denn Argwohn ist keine Tugend, sondern zweifellos ein Laster, und zwar ein ziemlich schlimmes: Selbst wenn in der Welt nicht alles zum Besten eingerichtet ist, so herrscht doch auch nicht stets nur das Böse.

Wir Katzen sind Realisten: Wir wissen, dass wir uns vorsehen müssen – aber nur vor Gefahren, die tatsächlich existieren und uns bedrohen können. Wir haben mit unserem Leben weitaus Besseres anzufangen, als an das geheime Walten böser Mächte zu glauben und stets eine Verschwörung zu vermuten, wenn einmal doch nicht alles so kommt, wie wir es gerne hätten.

Diese Welt – so glauben wir Katzen zumindest – ist nicht dazu da, es allen immer nur recht zu machen; aber auch nicht, so füge ich mit Bedacht hinzu, um uns zu schaden. Sie ist einfach da, Punktum; und ob sie uns gefällt oder nicht, hängt zum großen Teil davon ab, was wir daraus machen. Angst und Argwohn jedenfalls sind dabei keine guten Ratgeber.

Wenn überhaupt, dann lassen wir es uns gefallen, als »skeptisch« bezeichnet zu werden. Das hören manche Menschen auch nicht gern, wo es doch eigentlich nichts anderes bedeutet, als dass wir ganz genau hinschauen, was die Welt uns bietet. Das Erste, das uns über den Weg läuft, ist nämlich meist nicht das Beste, man muss warten können – umso mehr, wenn man gewisse Ansprüche an das Leben stellt wie wir Katzen.

Man muss also seine Sinne und seinen Verstand beisammenhalten, wenn man vernünftig sein will. Falls man dann als scheu oder gar ängstlich gilt, dann muss man diese Kritik wohl zulassen, sollte sich allerdings nicht weiter darum kümmern. Kritiker gibt es immer und böswillige allemal. Aber wie wir Katzen zu sagen pflegen: Ein jeder eben so, wie er es für richtig hält. Nur dann darf man sich nachher auch nicht beschweren, wenn es nicht so kommt, wie man es gerne gehabt hätte.

Wir Katzen, in unserer Wachsamkeit und Vorsicht, in unserer Scheu und Skepsis, sind stets darauf gefasst, dass alles auch ganz anders sein kann, als wir es erwartet haben. Es gehört zu den ganz großen Mängeln vieler Menschen, dass sie annehmen, immer Erfolg zu haben, bloß weil sie einmal Erfolg gehabt haben – aus welchen zufälligen Gründen auch immer. Und dass – wenn sie scheitern – die anderen Schuld daran tragen oder die Umstände oder das Walten des allgegenwärtigen Bösen.

Wessen Überleben jedoch über die meisten Generationen davon abhängig war, eine der ziemlich flinken Mäuse zu erjagen oder einen Vogel (die bedauerlicherweise auch noch in der Lage sind zu fliegen, jedenfalls meistens), dem sind die Wechselfälle des Lebens nicht fremd. Man fängt keine Maus zweimal auf die gleiche Weise; man muss ihre Bewegungen genau beobachten; man muss ihre Pläne ahnen; man muss das Scheitern klaglos hinnehmen; man muss eben auf alles gefasst sein – erst dann kann man auf längere Sicht damit rechnen, ab und zu Erfolg zu haben.

Nun muss ich zugeben: Wir Katzen sind nicht besonders mutig. Warum auch? Mut ist ein Akt der Verzweiflung, der erst dann akzeptabel wird, wenn nichts anderes mehr möglich ist. Soll man wegen einer einzigen Maus sein Leben riskieren, auch wenn man sieben davon hat? Soll man seine Gesundheit aufs Spiel setzen, nur um einer einzigen Katze zu gefallen? Ich habe es übrigens einmal getan, und alles, was mir davon blieb, ist ein blindes Auge. Schlimm, ja sogar tragisch für unsereinen, dessen Leben doch so sehr vom guten Sehen abhängt. Aber zum Glück sind unsere Systeme mehrfach gesichert: Was wir nicht sehen können, das hören wir oder riechen wir oder nehmen es durch unsere empfindlichen Pfotenballen oder Schurrbarthaare wahr.

Wir Katzen sind also beileibe nicht mutig – man kann sogar sagen: Wir sind schreckhaft, und zwar umso mehr, je älter wir werden. Das hat wohl etwas damit zu tun, dass man in der Jugend die Tücken des Lebens noch nicht kennt, im Alter hingegen sehr wohl. Und dass man gelernt hat, den möglichen Gefahren, Verlusten und Enttäuschungen so weit wie möglich aus dem Weg zu gehen. Wenn man nur ein wenig nachdenkt, dann findet man tausend gute Gründe, das Abenteuer zu meiden. Oder wie es einmal ein kluger, alter Kater gesagt hat: Wenn man zum zweiten Mal durch den Schnee läuft, soll man die Stapfen vom ersten Mal benutzen.

Recht hat er, denn wir Katzen tun uns schwer mit Veränderungen, wir gewöhnen uns nur sehr langsam daran. Zumal wir aus der Geschichte gelernt haben, dass nicht alle Veränderungen unbedingt etwas Positives bedeuten. Wie sagte schon der Kater einst zu Mephistopheles? – Das ist die Welt, sie steigt und fällt. Und rollt beständig, sie klingt wie Glas; wie bald bricht das!

Wir sind – wenn Sie so wollen – konservativ; wir wissen, dass das Neue nur aus der Not geboren ist. Kommen Sie mir jetzt nicht damit, dass wir Katzen dem Fortschritt feindlich gegenüberständen: Das stimmt nun ganz und gar nicht. Ohne »Fortschritt« wären den meisten von uns solche exquisiten Delikatessen wie Lachs, Makrele oder Jakobsmuscheln für immer fremd geblieben, was schon für sich genommen eine große Schande gewesen wäre.

Gleichwohl bleibt die Frage, ob das den »Fortschritt« schon

wert gewesen ist. So angenehm es für uns Katzen sein mag, dass sich unser Speiseplan im Laufe der letzten Jahre erheblich erweitert hat: Fragen Sie doch bei Gelegenheit einmal die Thunfische, was die davon halten, dass sie ein wesentlicher Teil der Katzennahrung geworden sind. Und beeilen Sie sich, solange es überhaupt noch genügend Thunfische gibt. Sie können natürlich auch die Mäuse fragen, und die werden sicherlich eine andere Meinung dazu haben. Die Sache mit dem »Fortschritt« ist nun einmal sehr, sehr kompliziert.

Ich bin mir auch wirklich nicht sicher, ob man es tatsächlich als »Fortschritt« bezeichnen kann, wenn viele von uns heutzutage nicht mehr mit Knüppeln totgeschlagen oder im Brunnen ertränkt, sondern von diesen stinkenden und lärmenden Blechkisten überfahren werden. Doch wie schon einmal gesagt: Die Dinge ändern sich und uns armen, kleinen Katzen bleibt nichts anderes übrig, als uns den Verhältnissen anzupassen. Was gehen uns letztlich auch die Thunfische oder die Makrelen oder die Muscheln an, wo uns schon das Schicksal der Mäuse von jeher gleichgültig gelassen hat? »Survival of the fattest« – so lautet doch die Regel, oder?

Und gerade weil sich die Dinge stetig verändern, möchten wir auch immer genau wissen, wie die Dinge laufen; am besten so, wie sie immer schon gelaufen sind, und wenn das nicht möglich ist, wollen wir doch wenigstens früh genug wissen, was sich wann verändert. Weil wir aber zugleich wissen, dass sich die Welt nicht nach unseren Wünschen richtet, sind wir vorsichtig und prüfen auf das genaueste, ob wir uns noch sicher in ihr bewegen können.

Es ist daher die geballte Erfahrung aus sechs Katzenleben, die uns im siebten so skeptisch und wachsam sein lässt. Man spricht ja nicht von ungefähr von der Katze, die um den heißen Brei schleicht. Sie weiß eben, dass man nichts so heiß isst, wie es gekocht wurde, dass selbst das köstlichste Essen nichts nützt, wenn man sich daran die Schnauze verbrennt – da stehen Lust und Leid in keinem angemessenen Verhältnis mehr zueinander. Also besser, man wartet ein wenig, bis sich der Brei abgekühlt hat.

Zumal die Speisen und Getränke ohnehin weder zu heiß noch zu kalt sein sollten, denn man will ja seinem Körper nicht die Mühe zumuten, alles erst auf die richtige Temperatur zu bringen. Das kostet viel zu viel an Energie, und damit muss man ja in einem jeden Fall sparsam umgehen. Verschwendung ist nämlich immer eine Sünde, und da wir Katzen tugendhafte Wesen sind, konsumieren wir gerade einmal das, was wir unbedingt brauchen, um ein angemessenes Leben zu führen.

Wobei ich Ihnen unumwunden zugestehe, dass man lange darüber debattieren könnte, was unter einem »angemessenen« Leben zu verstehen ist. Wem angemessen, müsste man als Erstes fragen, den Wünschen, Fähigkeiten oder Neigungen? Da hat der eine ganz andere Vorstellungen als der andere: Der eine wünscht sich den Himmel auf Erden, der andere ist schon damit zufrieden, wenn er sein Leben nicht in der Hölle führen muss, und der Rest bewegt sich irgendwo dazwischen.

Wir Katzen haben in langen nächtlichen Diskussionen unsere Schlussfolgerungen gezogen: Wir stellen keine großen Ansprüche an die Welt – wir wollen nicht hungern, wir wollen nicht dürsten, wir wollen nicht frieren. Das wäre es dann aber auch im Großen und Ganzen. Was darüber hinausgeht, nehmen wir gerne und dankbar entgegen (wenn man uns vor dem warmen Kamin krault, wenn man uns des Nachts ins Freie lässt, wenn man uns ab und zu eine Schale Milch anbietet – am liebsten bitte recht sahnig als Latte Catziato), aber wir können auch sonst und ohne die Fürsorge des Menschen ein erfülltes Leben führen.

»Lass den Wunsch nie Kater des Gedankens sein«, das hat schon vor langer, langer Zeit der japanische Mönch Ōneko Katzumi gesagt, bevor er sich für immer in das ersehnte Nirwana nahe Osaka zurückzog.

Er war es im Übrigen auch, der die sieben Leben der Katze als Zeit der Vorbereitung auf das achte, das immerwährende Leben im Nichts bezeichnete. Das war seiner Meinung nach das göttliche Geschenk an die Katzen, dass sie nämlich im zweiten oder dritten Leben das wiedergutmachen können, was sie im ersten verpfuscht haben – den Menschen sei diese Chance nicht vergönnt. Ōneko lässt die Frage offen, weshalb die Menschen nur ein einziges Leben haben, um sich darin zu bewähren. Können sie mit dem Leben besser umgehen als wir (so dass sie weniger Fehler machten und weniger Buße tun müssten – eine völlig absurde Vorstellung), oder ist es die gerechte Strafe für ihren Verrat im Paradies, dass sie nach dem Ende ihres Lebens wieder ganz von vorne anfangen, als Amöbe oder Kakerlake oder Floh oder Maus, oder in alle Ewigkeit in den Feuern der Hölle schmoren müssen?

Nur für den Fall, dass Sie als Maus wiedergeboren werden sollten: Nehmen Sie es nicht persönlich, wenn die Katze hinter Ihnen herjagt. Das gehört nun einmal zu unseren Instinkten, die Gene, wissen Sie. Dafür haben Sie alle Chancen, Ihre eigenen Instinkte zu entwickeln – wie man sich versteckt, wie man flieht oder wie man sich über alle Maßen fortpflanzt. Vielleicht tröstet es Sie, dass auch die Mäuse trotz aller Anfeindungen die Herausforderungen der Evolution recht erfolgreich bestanden haben. Aber sagen Sie auf jeden Fall Bescheid, falls eine Katze hinter Ihnen her ist; wir können dann ja ein anregendes Gespräch beim Essen führen.

Aber keine Angst – es ist noch sehr weit bis dahin. Und wer weiß schon, was in der Zwischenzeit noch alles geschehen wird; vielleicht schaffen Sie es ja auch, die Reinkarnation als Maus zu vermeiden und kommen als Libelle oder als Igel oder als Schabrackenschakal zurück oder – nicht auszuschließen – auch als Hund. Nicht dass ich es Ihnen wünsche, denn man spricht ja schließlich nicht ganz zufällig von einem »Hundeleben«, wenn es einem besonders schlecht- und miesgeht. Nun ja, wie gesagt, wir Katzen haben sieben Leben, um uns für ein besseres Jenseits zu qualifizieren. Und in den allermeisten Fällen reicht das völlig aus, zumal einige von uns schon in ihrem dritten oder vierten Leben die Aufnahmeprüfungen zum Paradies mit Bravour bestehen und es sich die verbleibenden Leben lang gutgehen lassen können.

Ganz sicher gehörte Mussa, die Katze des Propheten, zu diesen glücklichen Katzen: Weshalb sonst hat der Prophet ihr und allen anderen Katzen einen Platz im Paradies versprochen? Und heißt es nicht zu Recht in den Worten des Propheten: »Die Katzen sind nicht unrein und sie stören nicht das Gebet. Sie gehören vielmehr zu den Dienern und Hütern.« Ja: zu den Hütern, und zwar deshalb, weil wir so vorsichtig und so wachsam sind, wie es andere Tiere im Haushalt der Menschen – ich will in diesem Zusammenhang keine Namen nennen – wohl nie sein werden.

Lieber will ich davon erzählen, dass wir Katzen eben aus diesen Gründen der Vorsicht und Wachsamkeit sehr, sehr neugierig sind. Nun ja, vielleicht nicht so sehr gierig nach dem Neuen (ich sagte ja schon, dass man uns durchaus als »konservativ« bezeichnen kann), aber wir wollen eben alles wissen. Was immer zum ersten Mal in unserer Umgebung auftaucht, wird auf das genaueste geprüft. Wir schnüffeln daran, wir berühren es

mit der Pfote (wussten Sie übrigens, dass es links- und rechts-
pfötige Katzen gibt?), wir laufen drum herum, wir schnüffeln
wieder – und wenn wir zu einem Ergebnis gekommen sind,
versehen wir das Ding mit unserem Gütesiegel nach den drei
Katzegorien: nützlich, gefährlich oder gleichgültig.

Wenn wir das nächste Mal daran riechen, wissen wir, woran
wir sind, was uns aber nicht davon abhält, es noch einmal genau
zu untersuchen. Sie wissen ja: Die Zeiten verändern sich, und
man kann nie ganz sicher sein, ob jenes Ding heute noch das
ist, was es gestern gewesen war.

Neugierde – das muss ich zugeben – galt einst unter den
Menschen als eine große Sünde. Gott, so meinten sie, habe
ihnen all das klar und deutlich vor die Augen gelegt, was sie
überhaupt wissen dürfen; mehr sei nicht nötig, und wer sich
der Neugierde hingebe, verstoße gegen Gottes Gebot.

Nun, wir haben das nie so verstanden, und uns ist das auch
nie so gesagt worden. Ganz im Gegenteil, wir gehen davon aus,
dass die felinische Neugier eine der schönsten Gaben ist, mit
denen wir Katzen ausgestattet sind. An allem sind wir interessiert, alles wollen wir kennenlernen, alles erkunden und erforschen. Wir sind dabei weit herumgekommen: Mit fast jedem
Schiff, das einen Hafen verlassen hat (nicht bei Odysseus, der
uns an Trojas Strand schnöde zurückgelassen hatte, weshalb seine Heimfahrt nach unzähligen Irrungen und Wirrungen auch
zehn Jahre dauerte), mit Flugzeugen und Raketen.

Es würde zu weit führen, wenn ich hier all die Katzen auf-
zählen würde, die gemeinsam mit den Menschen mannigfache
Abenteuer bestanden und oft genug ihr Leben geopfert
haben.

Nur an den Kater Nansen will ich erinnern, der auf einer
der gefährlichen Reisen in die Antarktis sein Leben lassen
musste. Ihm zu Ehren hat sich dann ein gewisser Mensch na-

mens Frithjof ebenfalls so genannt und das Werk des Katers am anderen Ende der Welt fortgeführt.

Ich könnte auch Félix und Félicette nennen, die berühmten Astrokatzen, wobei es allerdings dem Kater Félix im letzten Moment gelang zu entfliehen, bevor er ins All geschossen werden sollte, und durch die Katze Félicette ersetzt werden musste – so wie die Frauen oft für die Fehler der Männer geradestehen müssen. Aber vielleicht war jener Félix als ehemaliger Pariser Straßenkater einfach nur vorsichtig genug, sich nicht auf ein solches, unüberschaubares Abenteuer einzulassen. Das ist nun einmal das ewige Dilemma von uns Katzen: Vorsicht oder Neugierde.

Dieses Dilemma lässt sich allein auf mialektische Weise lösen: indem man sich nämlich weder auf die eine noch auf die andere Seite schlägt, also das eine tut, ohne das andere zu lassen. Will maunzen: Man kann auch auf eine vorsichtige Art neugierig sein. Oder: Man soll bei seiner Neugierde Vorsicht walten lassen. Noch anders: Man sollte sich bei seinen Abenteuern immer eine Möglichkeit zum schnellen Rückzug offenhalten. Deshalb erfordert ein Leben zwischen Vorsicht und Neugierde stets ein hohes Maß an Wendigkeit – und sei es nur, um sich auf der Stelle drehen und so schnell wie möglich fliehen zu können.

Man sagt zwar »Katzensprung«, wenn man eine nur geringe Entfernung meint, und tatsächlich können wir nicht sehr weit springen, dafür aber aus dem Stand heraus sehr, sehr hoch. Ist ein Baum oder ein Zaun in der Nähe, sind wir vor fast jeglicher Gefahr gerettet. Zumindest für den Moment, denn das eigentliche Problem beginnt dann, wenn wir wieder nach unten klettern müssen. Wenn ich eine Kritik an unserem ansonsten purrfekten Körperbau anbringen darf, dann hier: Unsere Krallen müssten dazu ein wenig anders geformt sein.

Andererseits begibt sich die kluge Katze gar nicht erst in eine solch gefährliche Situation. Woraus wir wiederum ein für alle Mal gelernt haben, dass man immer und überall wachsam und vorsichtig sein muss, vor allem dann, wenn einen die Neugierde in die weite Welt hinaus treibt. Aber auch, dass wir nicht auf ein angemessenes Maß an Neugierde verzichten dürfen, denn bekannten Gefahren kann man leichter ausweichen als den unbekannten.

Wir Katzen sind also skeptisch, wir schauen genau hin, wir wollen selbst sehen, was los ist, und wir lassen uns nichts vormachen. Ja, wir stehen zu unseren Zweifeln. In diesem Begriff steckt – wie man unschwer erkennen kann – das Wort »zwei« (nein, es hat nichts damit zu tun, dass wir unser Äußeres ständig ändern, kommt also nicht von »zwei Fell«; aber das nur am Rande).

»Zweifeln« bedeutet, nie auszuschließen, dass es noch eine andere Möglichkeit als das Offensichtliche geben kann. Wer annimmt, dass nichts so ist, wie es aussieht, wird nicht überrascht sein, wenn es dann doch anders kommt.

Nur wer Erwartungen hegt, kann enttäuscht werden. Wir Katzen erwarten nichts von der Welt. Wir sind Realisten. Wir wissen, dass wir uns vor allem um uns selbst kümmern müssen.

Vielleicht hat sich das Zimmer nicht verändert, seitdem wir das letzte Mal hineingekommen sind. Vielleicht stehen Stuhl und Couch noch an der gleichen Stelle wie zuvor. Vielleicht ist es tatsächlich die gleiche Decke wie gestern Abend. Das wäre schön, aber ist es auch wahr? Nein, als kleine, schwache Katze muss man auf alles gefasst sein, auch dass sich die Welt von einem Moment zum anderen um sich selbst gedreht hat. Man nennt das übrigens »Revolution«, wenn sich alles dreht, so dass einem schummrig vor Augen wird. Ob die Welt dann allerdings auf dem Kopf oder auf den Füßen steht, muss man erst einmal auf das genaueste prüfen, bevor man sich darauf einlässt.

Das unterscheidet uns Katzen dann von den Menschen – und führt zu mancherlei Missverständnissen: Die Katze will wissen, *wie* es ist, der Mensch, *warum* es so und nicht anders ist. Wir wollen die Welt erkunden, aber nicht herausfinden, was sie im Innersten zusammenhält.

Dieses Wissen erscheint uns nicht notwendig, um mit den Verhältnissen, so wie sie sind, zurechtzukommen. Wir wollen überleben, und damit haben wir schon genug zu tun, als dass wir uns noch allen Ernstes darum kümmern könnten, irgendwelche Geheimnisse zu lüften. Wir belassen es dabei, dass ein Geheimnis geheim bleiben soll, dass man eben nicht weiß, warum und wieso und wozu.

Das mag der Mensch nicht verstehen, aber ich gebe Ihnen zwei gute Gründe für diese Haltung der Katzen. Erstens: Wir geben unumwunden zu, dass man mit ein wenig Mühe ergründen kann, wie die Welt funktioniert, wie das eine zum anderen führt und was man tun muss, um zu bekommen, was man sich wünscht (nun ja: zwar nicht immer, aber so oft, dass es sich am Ende lohnt).

Eine jede von uns Katzen hat durch vielfältige Experimente herausgefunden, wie man Maunzen muss, um ihr Essen zu erhalten oder in den Garten gelassen zu werden. Aber das ist nicht mehr als Technik, letztlich nicht mehr als eine simple Fertigkeit, die eine jede Katze früher oder später erlernt. Doch den »Sinn des Lebens« findet man – ob Katze oder Mensch – auf diese Weise nicht.

Es war nämlich einmal eine Katze, die hatte gehört, dass sich hinter dem Schleier im Tempel die Wahrheit verberge. Also schlich sie vorsichtig dorthin, doch hinter dem Schleier befand sich nur – sie selbst. Und sie erkannte, was die Wahrheit in Wahrheit ausmacht.

Zweitens: Selbst wenn man in Erfahrung gebracht hat, wie die Welt funktioniert, sollte man doch alle vier Pfoten davon lassen, sie zu verändern. Wir Katzen haben das zwar nie selbst ausprobiert, aber wir hatten genügend Gelegenheit, die Menschen dabei zu beobachten. Wie sie morgens damit begannen, den großen Stein den Berg hinaufzuwälzen, und all ihre Kraft darauf verwendeten und schließlich am Abend außer Atem und schwitzend es fast geschafft hatten, nur dass der Stein dann doch wieder den Berg hinunterpurzelte und sie am nächsten Morgen von vorne beginnen mussten, bloß damit der Stein des Abends wieder hinunterrollte.

Manche haben gesagt, dass dies die Strafe für den Hochmut der Menschen sei, dass man Gott nicht herausfordern soll. Andere wiederum meinen, dass es gerade den Stolz der Menschen ausmache, sich vom Misserfolg nicht beirren zu lassen und es jeden Tag unverdrossen aufs Neue zu versuchen.

Wir Katzen jedenfalls haben uns immer gefragt, warum man den Stein überhaupt auf den Berg hinaufschleppen muss, wo er doch genauso gut unten liegen bleiben kann. Denn – wie der berühmte Katzonom Anselmus von Catbury schon vor unzähligen Generationen präzise nachgewiesen hat – gehört der Stein ganz offenkundig genau dorthin; am Fuße des Berges zu liegen ist seine natürliche Bestimmung. Und diese Bestimmung zu leugnen – wie es die Menschen tun –, wäre dann ebenso offenkundig eine Sünde, die mit nichts anderem als mit der sofortigen Katzastrophe bestraft wird.

Wir Katzen jedenfalls hätten es uns im Schatten dieses Steins, am Fuße des Berges, gemütlich gemacht und das Glück gepriesen, dass der Stein genau dort und nirgendwo anders liegt. Wir hätten dann ein paar Stunden geschlafen und wären danach glücklich und zufrieden, vielleicht sogar ein wenig hungrig wieder aufgewacht, und hätten uns dann mit aller Kraft um das

Notwendige – in diesem Fall unser Essen – gekümmert. Und wenn die Menschen kommen, um den Stein fortzurollen, dann suchen wir uns eben einen anderen Stein – es gibt ja genügend am Fuße des Berges.

Während der Mensch also in seiner Dickköpfigkeit die Welt verändern will, geht es uns Katzen darum, in dieser Welt zu überleben. Das jedoch erfordert wache Sinne, denn man muss unter allen Umständen die Gefahr genauso erkennen wie die Chance.

Wir haben gelernt, nicht auf das Beste zu hoffen, sondern mit dem Schlimmsten zu rechnen. Und dass alles, was nur irgendwie schiefgehen kann, irgendwann einmal auch tatsächlich schief-geht. Und wenn, dann alles auf einmal. Deshalb müssen wir stets auf die kleinsten Veränderungen achten, die allerkleinsten, denn wie man so sagt: Der Sprung des Flohs auf einer Katze in China kann hierzulande ein Erdbeben auslösen. Deshalb bewegen wir uns auch stets so leise auf sanften Pfoten; wir wollen schließlich kein Erdbeben in Gang setzen, dessen Folgen niemand überse-hen, geschweige denn verantworten kann.

Wenn man uns deswegen für furchtsam oder gar ängstlich hält, dann soll es eben so sein; damit haben wir bisher sehr gut gelebt, und wir werden uns auch alle Mühe geben, damit wei-terhin gut zu leben.

Man kann es auch ganz anders ausdrücken: Wir Katzen haben tiefsten Respekt vor der Welt, in der wir leben. Das fängt schon damit an, dass wir keine Katze aus unserer Gemeinschaft aus-schließen – welches Fell auch immer sie tragen mag. Vielleicht gefällt uns das eine oder andere Muster nicht, vielleicht hält sich die rote Katze für edler als die schwarze (oder auch umge-kehrt), doch das alles sind bloß Fragen des Geschmacks. Denn wie man zu sagen pflegt: Spätestens bei Nacht sind alle Katzen grau. Will maunzen: Unter dem Fell sind und bleiben wir Katzen, und für alle Felle haben wir die gleichen Rechte und – ich füge hinzu – Pflichten.

Auch wenn ich weder in diesem noch in irgendeinem anderen Zusammenhang den Begriff »Art*genossen*« sonderlich mag; da schwingt dann immer so eine gewisse Attitüde der Gleichmacherei mit, so etwas Proletarisches, Sozialistisches. »Genosse« – meine Güte, am besten noch mit geballter Pfote. Wenn wir die Tatze in die Höhe recken, dann nur, um beim Putzen nicht das Gleichgewicht zu verlieren.

Dieses Gerede vom »Genossen« kommt uns Katzen als Individualisten ziemlich merkwürdig vor, wo wir doch noch nicht einmal bei der Jagd zusammenarbeiten wie die Hunde oder Wölfe. Gut, bei den Löwen mag das so sein, aber in jeder Herde gibt es schwarze Schafe, belassen wir es dabei.

Nein, wir haben im Jahr 1789 in der »Allgemeinen Erklärung der Rechte der Katzen« festgelegt, und zwar an vornehmer Stelle, schon in Artikel 1: »Die Katzen werden frei und gleich an Rechten geboren und bleiben es.« Dass manche von uns immer noch darum kämpfen müssen, wenn es um ihren fairen Anteil an Huhn, Makrele oder Lachs geht, ist ein zutiefst bedauerlicher Umstand, aber es lohnt sich, für dieses hohe Ziel mit allen Krallen und Zähnen seine Katze zu stehen. Und wie viele von uns haben dafür stolz und frohgemut ihre sieben Leben hingegeben, damit es die folgenden Generationen dereinst besser haben. Was im Übrigen auch immer besser gelingt, seit die Menschen unsere Bedürfnisse besser erkennen – und sich auch die notwendige Mühe geben, darauf einzugehen. Ich danke Ihnen aus vollem Herzen dafür. Lassen Sie mir nur ein wenig Thunfisch übrig!

Manchmal will ich sogar daran glauben, dass die Menschen von uns Katzen gelernt haben und mehr Rücksicht walten lassen – mit uns, mit sich selbst, vielleicht sogar mit der ganzen Welt. Zumindest achten sie jetzt darauf, dass die Katzen so leben können, wie es ihnen zusteht. Mit genügend Essen, Schlaf und ein wenig Sport und Bewegung.

Vielleicht kennen Sie ja unsere bevorzugte Sportart: Trikathlon, der Dreikampf aus Laufen, Jagen und Bäumeklettern. Viele von uns haben es darin zu einer bewundernswerten Meisterschaft gebracht – Athleten wie Katz Schmeling oder Fritz Kater oder Michael Katzmacher sind unvergessen.

Dass die Menschen für sich selbst noch längst nicht die gleichen Maßstäbe gelten lassen wie wir, ist schade, aber zumindest nicht in einem einzigen Katzensprung zu ändern. Es wird wohl noch ein wenig dauern, bis alle Menschen nicht nur erkannt haben, wie wichtig Wachsamkeit, Achtsamkeit und Respekt sind, sondern auch ihr tägliches Handeln danach ausrichten. Sich nicht immer Hals über Kopf in neue Abenteuer stürzen, ohne auf alles gefasst zu sein; sich nicht rücksichtslos vordrängeln, ohne auf die Würde der anderen zu achten; sich endlich zufriedenzugeben mit dem, was sie haben und was ihnen diese Welt auch ohne Mühen anbietet.

Das klingt nach dem verlorenen Paradies? – Ja, sicher! Aber auch ohne zum wiederholten Male darauf zu verweisen, wer denn damals dafür verantwortlich gewesen war, dass das Paradies verloren ging, verrate ich Ihnen das große Geheimnis der Katzen: Das Paradies ist da, wo man sich wohl fühlt und zufrieden ist; das Paradies ist, wenn man schnurrt.

Kapitel 3

»Wenn du handelst, dann handele schnell und entschlossen!«

*W*ussten Sie eigentlich, dass selbst der klügste Mensch der Welt keine Ahnung davon hat, wie wir Katzen schnurren? Mit Hilfe welcher Organe? Oder zumindest Körperteile?

Manche sagen, es sei der Kehlkopf. Andere meinen das Zungenbein. Einige sind sich sicher, es habe etwas mit der Wallung des Blutes zu tun, wenn das Blut in der hinteren Hohlvene das Zwerchfell durchläuft und Schwingungen erzeugt, die durch die Bronchien und den Kehlkopf verstärkt werden (was – und ich verrate kein Geheimnis – ein ziemlicher Unsinn ist, denn dann könnten ja auch Menschen und Hunde schnurren, und davon hat man ja noch nie etwas gehört). Und dann gibt es noch welche, die sagen, dass wir mit den sogenannten »falschen Stimmbändern« schnurren, zwei Hautfalten, die sich direkt hinter den echten Stimmbändern befinden – ebenfalls eher ein Witz, denn wir Katzen haben nichts Falsches an uns, das kann ich Ihnen aber sagen.

Wir wissen natürlich, wie das mit dem Schnurren geht, aber wir sagen es niemandem, weil uns dieses schnurrogene Training in die Lage versetzt, im steten Kampf ums Überleben besser klarzukommen. Unser tiefes, ruhiges Schnurren lässt – beispielsweise – unsere Knochen und Muskeln sehr viel schneller heilen als bei der lästigen Konkurrenz, was uns auf einfachste Weise wichtige Vorteile verschafft. Und da wir keine egoistischen Wesen sind, bewirken wir mit dem Schnurren auch bei anderen nur Gutes. Achten Sie beim nächsten Mal darauf, wie wohl Sie sich fühlen, wenn Sie eine Katze bis zum ekstatischen Schnurren kraulen. Denn wie sagte schon Oblomow: Ich schaffe mir einen Kater an – die Kater sind zutraulich und schnurren.

Also, ich fasse einmal zusammen. Erstens: Schlafen ist gut, nicht nur weil es Energie und Kraft spart, sondern weil man darin eins wird mit sich selbst – das höchste Glück, das ein Wesen hier auf Erden erreichen kann (was später kommt, weiß man nicht; es ist noch nie einer zurückgekommen).

Zweitens: In einer Welt, die sich ständig verändert, die immer neue Gefahren und Chancen mit sich bringt, muss man stets vorsichtig und wachsam sein – sonst nimmt es mit dem süßen Schlaf bald wieder ein jähes Ende. Deshalb genießt die Ruhe, solange sie euch vergönnt ist, doch seid stets vorbereitet und wachsam für das, was noch kommt.

Doch denkt immer daran, dass die Maus nicht auf euch wartet, wenn ihr sie fangen wollt. Und falls sie einmal tatsächlich auf euch warten sollte, dann seid umso vorsichtiger, denn das verheißt wahrlich nichts Gutes – vielleicht ist sie krank oder vergiftet, und auf solche Geschenke sollte man getrost verzichten. »Timeo mures, et dona ferentes«, ich fürchte die Mäuse, wenn sie Geschenke bringen, heißt es schon bei Kratzil.

Obwohl es überhaupt in dieser gleichgültigen Welt eigentlich nie Geschenke gibt; immer muss man etwas anderes dafür hergeben, und sei es nur, dass man sich anstrengen muss. »Mit jedem Wunsch kommt auch ein Fluch«, hat schon der weit weg in Amerika lebende Bruce Catsteen gesagt, und daran lässt sich nicht zweifeln.

Übrigens lautet einer der wichtigen Lehrsätze der felinischen Ökonomie: »Es gibt keine Einladung zum Essen; irgendwie muss man danach immer bezahlen.« Na ja, werden Sie jetzt wohl denken, aber was tut denn eine Katze schon dafür, dass sie Tag für Tag mit den feinsten Köstlichkeiten durchgefüttert wird? In welcher Währung entgilt sie all die Annehmlichkeiten, die der Mensch ihr bietet?

Nun, das mag auf den ersten Blick so aussehen, und man hat uns Katzen daher auch oft genug »undankbar« genannt. Aber – und das muss an dieser Stelle in aller Deutlichkeit gesagt werden – es ist nicht unsere Schuld, dass wir unsere Schulden längst nicht mehr in der altbewährten Form gutmachen können. Wo, bitte sehr, gibt es denn in den modernen Haushalten noch Kornspeicher, die wir unter Einsatz unserer Leben gegen Mäuse und Ratten zu verteidigen hätten? Wo sind die Felder und Wiesen geblieben, die wir frei von hungrigen Vögeln halten sollen? Wir jedenfalls haben unseren Teil des bislang ungekündigten Vertrages zwischen Katze und Mensch immer peinlich genau eingehalten und tun es bis heute, soweit man uns die Möglichkeit dazu lässt.

Aber was geschieht, wenn wir heutzutage ordentlich und vertragsgemäß die erlegten Ratten, Mäuse und Vögel an der

Schwelle des Hauses niederlegen? Werden wir gelobt? Nein, man jagt uns unter spitzen Schreien und Einsatz eines Besens davon und manchmal müssen wir sogar in tiefster Traurigkeit erleben, wie man diese Schädlinge wieder in die Freiheit entlässt, wo sie dann weiterhin ihr Unwesen treiben können.

Dieses Verhalten der Menschen hat viele Katzen empört; sie waren zutiefst verzweifelt und haben ihrer Entrüstung auf eine subtile Art Ausdruck verliehen, wie eben nur wir Katzen es können: Sie haben ihre Betroffenheit in unzählige Duftmarken gegossen, so dass es auch ein jeder riechen kann. Soll man uns nicht vorwerfen, dass wir unsere Meinung nicht deutlich genug kundgetan hätten. Ein wahrhaftes Menetekel: »Und sieh! Und sieh! An weißer Wand, da kam's hervor wie Katzenhand.« Und wie sagte es Mimi, die kluge Katze aus Paris: »Ich pisse es an jede Wand und nicht nur in den Katzensand!«

Das wäre die eine, die rechtliche Seite der Angelegenheit. Aber damit wollen wir uns hier nicht aufhalten. Lieber weise ich darauf hin, dass wir den Menschen so viel an Gutem tun, im Stillen und Heimlichen, so wie es nun einmal unsere Art ist.

Dass wir therapeutische Fähigkeiten besitzen und den Menschen jene Ruhe schenken, der sie doch so sehr bedürfen, habe ich wohl schon erwähnt. Und auch, dass wir die Hüter der kosmischen Ordnung sind. Würde man uns mehr Aufmerksamkeit schenken, könnte der Mensch viel eher erkennen, wann und wo diese Ordnung ins Wanken gerät, und würde nicht erst dann auf die Katzastrophe aufmerksam, wenn die Katze schon längst auf den höchsten Baum gesprungen ist. Aber dass wir einen jeden Abend und einen jeden Morgen die Häuser, in denen wir wohnen, daraufhin überprüfen, ob sich nicht schon wieder irgendein Dämon eingenistet hat – das wird von den meisten Menschen überhaupt gar nicht mehr wahrgenommen, geschweige denn gedankt.

Was glauben Sie denn, weshalb wir systematisch alle Räume durchkämmen, alle Schränke auf das genaueste untersuchen, uns schnüffelnd, horchend und schauend einer jeden Pflanze im Garten oder auf dem Balkon widmen? Weil es uns Spaß macht? Weil wir nichts Besseres zu tun haben? Ich versichere Ihnen: Wir *haben* Besseres zu tun. Aber doch erst, wenn unsere Pflichten restlos erfüllt sind, und dazu gehört es eben, unsere Wohnstatt sorgfältigst auf das unselige Wirken von Dämonen hin zu überprüfen.

Was sagen Sie? Bei Ihnen gibt es gar keine Dämonen? Da können Sie doch einmal sehen, wie ernst wir Katzen unsere Aufgabe nehmen und wie erfolgreich wir dabei sind! Kommen Sie also nie wieder auf die Idee, uns Katzen als »undankbar« zu bezeichnen. Wir leisten Dienste, von denen Sie gar nicht ahnen, wie wichtig sie für Ihr Leben sind. Und Sie haben nur ein einziges davon.

Irgendeinem Schlaumeier wird es jetzt vielleicht einfallen, darauf aufmerksam zu machen, dass wir Katzen uns nicht der Menschen wegen um die Dämonen kümmern, sondern nur, weil wir selbst ein Eigeninteresse daran hätten, sie loszuwerden. So wie wir auch nicht der Menschen zuliebe die Mäuse jagen, sondern weil wir uns selbst daran gütlich tun.

Zumindest was die Dämonen angeht, ist dieser Einwand völlig abwegig, und ich weise ihn in aller Schärfe zurück: Wir Katzen haben von den Dämonen nichts zu befürchten. Was meinen Sie denn, wer die Zauberer und Hexen überhaupt mit den Dämonen bekannt gemacht hat? Und wenn Sie es nicht glauben wollen, dann müssen Sie nur in den alten Prozessakten nachlesen. Und ist Ihnen eigentlich schon einmal aufgefallen, dass es keinen einzigen Heiligen gibt, der sich gemeinsam mit einer Katze hat abbilden lassen? Und auch keinen Engel, der für uns Katzen zuständig wäre? Eigentlich eine Schande, aber wer über sieben Leben verfügt, hat keinen großen Bedarf an Nothelfern. Also wollen wir uns auch nicht beklagen, zumal Heilige und Engel genug damit zu tun haben, die Menschen zu beschützen. – Aber so gern ich mehr davon erzählen würde, so muss ich doch davon schweigen. Ich habe ohnehin schon fast zu viel gesagt! Sie erinnern sich doch sicher noch daran: Miezislaus der Große und das Schweigegebot der Katzen, das »Silentium et Reticentia Cattorum«, an das ich mich zumindest an dieser Stelle strikt halten werde. Auch wir Katzen legen Wert auf unsere Geheimnisse!

Bei den Mäusen allerdings sieht die Sache – das muss ich zugeben – ein wenig anders aus. Tatsächlich haben wir schnell gelernt, dass die Mäuse dort sind, wo die Menschen wohnen. Und es wäre ja unvernünftig gewesen, wenn wir im Interesse des Überlebens unserer Gattung diese Chance nicht hemmungslos wahrgenommen hätten.

Auch wenn es anfangs ein wenig an Anpassung erforderte (die Menschen sind nicht immer ganz einfache und zuvorkommende Nachbarn): »Die Zukunft gehört unseren Kindern«, haben unsere edlen Vorfahren gesagt und sich immer einen Schritt näher an die Menschen herangeschlichen. Natürlich mit aller gebotenen Vorsicht (Katzen können nicht anders), aber letztlich doch unaufhaltsam. Auch wenn man uns immer wieder davongejagt hat, wir sind doch stets zurückgekommen; wenn man uns zur Tür hinauswarf, kamen wir über das Dach wieder hinein – wir hatten eben eine Miezion. Hätten wir denn das alles den debilen Frettchen und Mardern überlassen sollen? Das kann doch niemand von uns erwarten!

Damit kommen wir schnurrstracks zu dem, was ich Ihnen eigentlich erzählen wollte: Dass nämlich die größten Reserven an Energie und die höchste Wachsamkeit nichts nutzen, wenn man nicht einen jeden Moment bereit ist, sie im Fall der Fälle auch entschlossen anzuwenden.

Es waren einmal vor vielen, vielen Generationen ein paar kluge Katzen, die zogen auf der Suche nach Nahrung vierzig Jahre lang durch die Wüste. Sie waren müde und hungrig, und fast hätten sie sich klaglos in ihr Schicksal ergeben und auch noch das siebte Leben geopfert. Doch eines Abends, der Mond war gerade aufgegangen, erblickten sie am Horizont im fahlen Licht das Gelobte Land.

Tatzan der Weise war auserwählt, das Land zu erkunden. Er reckte den Schwanz gen Himmel und ging auf den Hügel, um es sich genauer anzuschauen. Es dauerte nicht lange, da kam Tatzan zurück und trug eine fette Maus im Maul und auch ein so großes Stück Fleisch, wie man es noch nie gesehen hatte, und er legte es den anderen vor die Pfoten, auf dass sie es selbst versuchten.

Tatzan erzählte von seinen Erlebnissen: Es ist ein Land, in dem Milch und Honig fließen, und die Mäuse laufen einem geradewegs ins Maul. Nur leben dort Wesen, große Wesen, von denen man nicht sagen kann, ob sie gut oder böse sind, stark oder schwach. Die Katzen hörten Tatzans Worte, probierten von dem Fleisch, und sie sagten: Lasst uns hinaufziehen und in dem Lande wohnen, das werden uns unsere Kinder und noch die Kinder unserer Kinder danken. So geschah es, und der Tag, an dem sie in das Gelobte Land aufbrachen, heißt seitdem »Katertag« (oder, wie unsere englischen Freunde sagen: »caturday«), und überall auf der Welt gedenken wir dann des mutigen und weisen Tatzan, der die Katzen aus der Wüste geführt hat.

So jedenfalls erzählt es die Legende, und es gibt keinen Grund, daran zu zweifeln. Es spielt auch keine Rolle, ob dieser Tatzan tatsächlich existiert hat oder nicht, denn irgendeine Katze wird es gegeben haben, die eines Nachts vorsichtig und wachsam um die Häuser der Menschen geschlichen ist und sich dann entschlossen hat, nicht mehr in die Wüste zurückzukehren.

Selbst wenn die stramme Felinistin Gunda Mausetöter-Schnurrenberg glaubt, plausibel nachweisen zu können, dass es sich eher um eine weibliche Katze gehandelt hat, und zwar auf der Suche nach Futter für den quengelnden Nachwuchs, so ist es doch letztlich völlig ohne Belang, wer wann und wo die tapfere Entscheidung getroffen hat, die Nähe der Menschen zu suchen und dort zu bleiben.

Wichtig daran ist nur, *dass* sich einmal in grauer Vorzeit eine Katze so und nicht anders entschieden hat und sie damit den Weg öffnete für alle anderen Katzen nach ihr. Wie hat es der Felinosoph Friedrich Mietze einmal ausgedrückt: Der Sinn großer Taten besteht vornehmlich darin, den Katzen zu zeigen, dass sie einmal möglich waren – und es daher nicht ausgeschlossen ist, dass sie auch jetzt noch einmal möglich sind. Oder wie man so sagt: »catta magistra vitae est« – »die Katze ist die Lehrerin des Lebens«.

Aber egal, ob nun Weiblein oder Männlein, ob in Ägypten, Syrien oder Zypern oder sonst wo in der großen, weiten Welt, vielleicht auch hier direkt nebenan: Die Katzen haben eine Entscheidung getroffen, eine Entscheidung mit weitreichenden Konsequenzen.

Wir haben uns den Menschen angeschlossen, zwar nicht so bedingungslos wie die Hunde oder so wehrlos wie die Rinder und Schafe, aber hier sind wir nun, und wir haben nicht die Absicht, so schnell wieder zu gehen, obwohl – und das füge ich nicht ohne Stolz hinzu – wir es jederzeit könnten. Denn uns macht es kaum Probleme, ohne den Menschen zu überleben. Sicherlich nicht ganz so bequem, nicht ganz so angenehm, nicht ganz so einfach, aber letztlich würden wir es doch schaffen – daran gibt es nun gar nichts zu deuten.

Achten Sie einmal darauf: Wenn eine Katze das Haus verlässt und den Garten betritt, dann wird ein anderes Wesen aus ihr. Der Körper strafft sich, die Muskeln spannen sich an, die Ohren drehen sich in alle Richtungen, die Schnurrbarthaare zittern vor Erregung, sie reckt den Kopf in die Höhe, sie lässt sich durch nichts und niemanden beirren. Mag sie bestens ernährt sein oder noch so müde, jetzt schlägt in ihr wieder das alte Jägerherz, die Instinkte sind geweckt, die Katze ist Katze, so wie einst im Wald oder in der Steppe.

Nun will ich hier nicht gleich übertreiben: Keine von uns Katzen wird freiwillig das angenehme Leben in der Gemeinschaft mit den Menschen aufgeben. Zumindest nicht, solange wir anständig behandelt werden – darauf haben Sie mein Miau. Machen Sie sich also keine Sorgen, wenn Ihre Katze an einem lauen Sommertag verschwindet und stundenlang nicht zu Ihnen zurückkehrt. Sie macht sich nur einen schönen Tag und wird wieder auftauchen, wenn ihr danach ist. Und irgendwann wird ihr schon danach sein, denn Thunfisch und Sahne sind in der freien Wildbahn nur äußerst selten aufzutreiben.

Dass man durchaus ohne die Annehmlichkeiten der Zivilisation überleben könnte, muss nämlich noch lange nicht bedeuten, dass man es auch gerne täte oder sich gar danach sehnte. Ich meine: Wir haben schließlich die Gemeinschaft mit den Menschen nicht gesucht, nur um sie dann bei der ersten, besten Gelegenheit wieder aufzugeben. Dass man uns aus dem Paradies geworfen hat, war schon schlimm genug; aber aus dem Gelobten

Land lassen wir uns jetzt nicht wieder vertreiben. Da mögen die Hunde jaulen und die Mäuse fluchen: Wir sind, wo wir sind, und da bleiben wir auch! Sie sollten wissen, dass wir Katzen Volumen und Gewicht unseres Körpers um mindestens das Fünfzehnfache steigern können, wenn wir auf der Couch liegen. Versuchen Sie es also gar nicht erst, uns wegzuscheuchen!

Was ich Ihnen aber eigentlich mit dieser Geschichte sagen will: Man muss die Chancen wahrnehmen, die sich einem bieten. Nicht die erstbeste, nein beileibe nicht; man muss auch warten können, bis die passende Gelegenheit an die Tür klopft. Aber dann, ja dann, muss man die Tür aufreißen und sie beim Schopfe packen. Es geht natürlich auch der Schwanz, wenn die Gelegenheit dabei ist, sich wieder aus dem Staub zu machen.

Wussten Sie eigentlich, dass die Menschen früher etwas Scharfes oder Spitzes gemeint haben, wenn sie das Wort »schnell« verwendeten? Woraus man lernen kann, dass die Menschen damals ganz genau hingeschaut haben, denn sind nicht auch unsere Krallen scharf und spitz, wenn wir blitzschnell zuschlagen? Ja, das tun wir, das gehört zu unseren Instinkten, zu unserer Natur. Falls eine von uns Sie einmal damit getroffen hat, dann bitte ich hiermit im Namen aller Katzen um Verständnis; einige von uns wollen immer noch nicht wahrhaben, dass die Menschen so viel langsamer reagieren als wir – ein Missverständnis, ein Missgeschick, eine Herausforderung in der interkulturellen Kommunikatzion.

Und für den Fall, dass Sie es auch verdient haben sollten, wenn eine Katze sie gekratzt hat, denken Sie immer daran, dass wir Katzen unter den Menschen meist mehr zu leiden gehabt hatten als umgekehrt. Ein wenig Jod auf die Wunde, ein Pflaster darauf und die Sache ist bald wieder vergessen.

»If you see a chance, take it«, so heißt es bei den englischen Katzen. Aber, wie Anton Katermann, ein prächtiger grauer Kater, nach der dritten Schale Milch zu seinem Kumpel Katzmarek zu sagen pflegte: »Chancen sind wie Mäuse: Es gibt so viele davon, und sie laufen überall herum. Aber fangen muss man sie trotzdem selbst.«

Dass es Thunfisch vom Himmel regnet, kann nicht ausgeschlossen werden, und auch auf diesen – unwahrscheinlichen – Fall sollte man als kluge Katze vorbereitet sein. Nur verlassen darf man sich nicht darauf, weder auf Wunder noch auf Zufälle. Man sollte sie genießen, wenn sie einem widerfahren, aber ansonsten tut man gut daran, sich selbst um sein Schicksal zu kümmern. Natürlich gibt es da eine Instanz, die einem von Zeit zu Zeit ein Häppchen Glück zuschickt, aber meistens ist man gerade nicht zu Hause, und so muss man es am Ende doch selbst abholen.

Unter uns Katzen sagen wir – und sicherlich haben Sie dieses Maunzwort schon einmal gehört –: »Wenn der Thunfisch nicht zur Katze kommt, dann muss die Katze eben zum Thunfisch gehen.« Wir warten nicht auf das Schicksal, sondern darauf, dass uns die Chance gegeben wird, das Schicksal zu nutzen.

Nun habe ich schon hundertmal gesagt, dass man vorsichtig und wachsam sein muss, denn das Schicksal kündigt nicht mit Pauken und Trompeten an, dass es uns demnächst eine einmalige Chance bieten will. Doch jene Wachsamkeit, von der man gar nicht oft genug sprechen kann, ist nur eine notwendige, keinesfalls aber eine hinreichende Bedingung, um sich im Leben zu bewähren. Denn nicht nur taucht die Chance plötzlich auf, ohne sich anzukündigen, sondern meist auch dort, wo man sie überhaupt nicht vermutet hätte. Was nutzt es also, wenn man die Chance zwar bemerkt, aber zu langsam und zu unbeweglich ist, um sie mit allen vier Pfoten zu ergreifen? – »Schnelligkeit« und »Mobilität«, das sind nämlich die Fähigkeiten, die wir Katzen zur absoluten Purrfektion entwickelt haben.

Aus den Augenwinkeln die Beute erahnen, sich auf dem Schwanz umdrehen und dann in einem einzigen Sprung zuschlagen – so ist es die allerbeste Katzenart. Und wenn man, was immer wieder geschieht, dabei einmal danebenhaut, dann nützt kein Maunzen und kein Miauen, denn wie sagt es Saul Maunzow: »Bedauern ist nur eine andere Form von Müßiggang.«

Gut und schön, wenn man es sich leisten kann, weil um die Ecke schon die nächste Schale Milch wartet. Wenn das aber nicht der Fall ist (und auch das soll vorkommen), dann schüttelt man das Fell aus, atmet einmal tief durch, leckt sich die Pfote und jagt die nächste Maus, die einem über den Weg läuft. Vielleicht muss man ein wenig darauf warten, doch diese Zeit kann man dann wenigstens nutzen, um im Schlaf neue Kraft zu sammeln oder die Krallen am nächsten Ledersessel zu schärfen (dazu sind sie ja schließlich da, oder?). Man weiß nie, wann man davon wieder Gebrauch machen muss.

Natürlich: Man kann und man soll Pläne machen, beizeiten alle Möglichkeiten durchdenken, sich immer wieder üben in der uralten »ars falculae«, der »Kunst der Krallen«. Das gehört nun einmal dazu, wenn man stets vorbereitet sein will.

So gab es einmal zehn Katzen, die gingen aus, eine Maus zu fangen. Fünf unter ihnen waren töricht, und fünf waren klug. Die klugen hatten ihre Krallen geschärft, so dass sie im Mondschein glänzten wie Sterne, die törichten aber nicht. Als sich die Maus verzogen hatte, wurden sie alle schläfrig und schliefen ein. Zu Mitternacht aber weckte sie ein lautes Miauen: Die Maus kommt, geht ihr entgegen! Da standen die Katzen alle auf und liefen der Maus entgegen.

Doch die törichten Katzen sagten: Halt, wartet auf uns, wir müssen noch unsere Krallen schärfen! Sie blieben stehen, um an einem Stein ihre Krallen zu wetzen.

Als dann aber die Maus kam, fingen die Katzen sie ein, die scharfe Krallen hatten, und aßen sie auf. Später kamen die anderen dazu und fragten sie: »Wo ist die Maus? Wir wollen unseren Teil davon.« Die anderen antworteten ihnen: »Wir kennen euch nicht. Aber wir sagen euch: Seid wachsam, denn ihr wisst weder Tag noch Stunde, in der die Maus kommen wird. Darum haltet eure Sinne und eure Krallen stets scharf, damit ihr immer bereit seid. Bis dahin aber schweigt stille und lasst uns im Schlafe die Maus verdauen.«

Eine schöne Geschichte, oder? Jedenfalls steht sie so und nicht anders geschrieben im Evangelium des Katzäus, Kapitel 25, Duftnoten 1 bis 13. Und wer's nicht glauben will, der schnüffle selbst nach! Ist ja an jeder Ecke zu finden!

Was uns aber diese Geschichte eigentlich sagen will, ist klar und eindeutig: Man muss auch wirklich tun, was man geplant und wozu man sich vorbereitet hat. Wenn man sich zu etwas »ent-schließt«, dann öffnet man die Schleusen, dann löst man die Ketten, dann macht man sich auf, aber dann muss auch etwas in die Welt hinausströmen, selbst wenn es links und rechts über die Ufer tritt. Von »hätte« und »würde« ist jedenfalls noch keine Katze satt geworden – und ich habe auch noch von keinem Menschen gehört, der auf diese Weise überlebt hätte.

Mir ist es immer wie die große Tragik der Menschen vorgekommen, dass sie, wenn es erst zu spät ist, genau und ausführlich erklären können, warum es nicht geklappt hat – es regnete, man hat sich verspätet, man war noch nicht bereit, es kam zu überraschend, man war gerade anderweitig beschäftigt.

Das mag wohl so sein und kann immer wieder passieren. Aber dass die Menschen trotzdem nichts daraus für das nächste Mal lernen und sei es nur, einen Schirm bei sich zu tragen oder rechtzeitig auf die Uhr zu schauen – das nenne ich tragisch (um hier kein schlimmeres Wort zu verwenden).

Wir Katzen brauchen solche Hilfsmittel nicht. Wir tragen keine Uhr, wir kümmern uns nicht um das Wetter, und wir leben pünktlich und ordentlich nach unserem inneren Rhythmus. Aber wenn der Mensch als Mängelwesen schon solche Gegenstände erfinden muss, um im Leben zu bestehen, warum nutzt er sie dann nicht? – Manchmal glaube ich, dass wir das »Rätsel Mensch« niemals lösen werden; aber damit müssen wir dann wohl auch leben.

An dieser Stelle erlauben Sie mir erneut einen kurzen Hinweis auf die klassische Felinosophie. Ich weiß, der moderne Mensch will mit der Vergangenheit nichts zu schaffen haben, weil er doch alles besser weiß, oder, wie es Josef Schmitz-Katze aus Katzenheim am Niederrhein immer gesagt hat: Der moderne Mensch hat von nichts Ahnung, kann aber alles erklären.

Wir Katzen haben ein anderes Verständnis von unserer Geschichte und Tradition. Sicher hat sich die Welt seit den Zeiten der Vorkater verändert, ja: Vielleicht ist sie auch besser geworden. Aber dass die Alten dumm gewesen seien, kann man ihnen nun wahrlich nicht vorwerfen. Immerhin haben sie ihre Mäuse noch selbst gefangen, was nicht ohne ein gewisses Maß an Klugheit und Beharrlichkeit möglich ist, wie ein jeder weiß, der es selbst schon einmal probiert hat.

Gut, wir modernen Katzen mögen uns heute mit anderen

Problemen auseinandersetzen (wie man den Platz auf der Couch verteidigt oder welche Reihenfolge von Lachs und Sahne die angemessene sein mag), und wir mögen jetzt auch unseren Miaus eine andere Bedeutung geben, als es die Katzen damals getan haben. Aber die Grundfragen der sieben Leben sind heute immer noch die gleichen: Wie man nämlich ein gutes, anständiges und erfülltes Leben führt, dessen man sich nicht zu schämen hat. Das ist weiß Gott nicht einfach, und deshalb darf man keinen Ratschlag außer Acht lassen, so alt er auch sein mag. Man muss ihn natürlich nicht unbedingt befolgen, aber bedenken sollte man ihn schon, bevor man ihn verwirft.

Jedenfalls: Es war der Felinosoph Katzokles, der durch lautes Maunzen auf die Bedeutung des glücklichen Moments aufmerksam gemacht hat. In seiner Sprache bezeichnete er diesen Moment als »kairos« und meinte damit jenen günstigen Zeitpunkt für eine Entscheidung, dessen Verpassen in höchstem Maße ärgerlich, wenn nicht gar nachteilig sein kann.

Dabei ging es ihm überhaupt nicht um Fälle von besonderem Glück oder irgendwelche Wunder, mit denen man gar nicht mehr gerechnet hatte. Ich sagte Ihnen ja bereits, dass wir Katzen nicht daran glauben, dass wir das Schicksal per Post geschickt bekommen.

Nein, Katzokles hatte etwas anderes im Sinn, nämlich das Leben im Alltag, die tagtäglichen Situationen, in denen wir wählen, entscheiden und handeln müssen. Denn auch für das Jagen, Essen und Schlafen gibt es günstige und ungünstige Momente, Augenblicke, in denen man besser das eine tut und das andere lässt. Es geht Katzokles um die Harmonie im Leben, um den angemessenen Rhythmus, darum, den passenden Moment abzupassen, um das zu tun, was man ohnehin vorhatte.

Der russische Kater Michel Kotyschoff hat es vor kurzem

treffend so ausgedrückt: »Wer zur richtigen Zeit kommt, den belohnt das Leben.« Man muss eben wissen, wann man beginnt und wann man aufhört – alles andere wäre Chaos, und damit wollen wir Katzen nun rein gar nichts zu schaffen haben.

Gerade wenn man nur ein einziges Leben hat, sollte einem daran gelegen sein, jene kurze Zeitspanne so harmonisch wie möglich zu verbringen, im Einklang mit sich selbst und den anderen (und zu jenen anderen gehören auch wir Katzen!).

Wie Sie wissen, sind wir Katzen geborene, bekennende, praktizierende und begabte Musiker. Deshalb stelle ich mir manchmal das Leben wie ein großes Orchester vor: Manche sind hervorragende Solisten, andere beherrschen ihr Instrument so gerade mit Mühe und Not. Aber alle tragen sie ihren Teil dazu bei, dass das Orchester »harmonisch« klingt, dass ein jeder Ton in der richtigen Höhe und Länge, vor allem aber zum richtigen Zeitpunkt gespielt wird. Und hat man einmal gepatzt, kann man diesen Teil der Melodie nicht so einfach wiederholen, bis man den richtigen Ton trifft, denn die anderen sind längst weiter fortgeschritten.

Nun kann man sich darüber streiten, ob das Orchester überhaupt die richtige Musik im richtigen Rhythmus spielt. Man kann auch damit hadern, dass man sich an der Violine versuchen muss, wo man doch viel lieber Posaune spielen würde – nur um dann nach dem ersten Versuch festzustellen, dass einem dazu der lange Atem fehlt und man mit der Fiedel im Arm die wenigsten Fehler macht.

Nur nebenbei: Wen hat der Maler neben die nackte Frau mit der Geige in der Hand plaziert? Natürlich eine Katze, sogar eine weiße, als Symbol der Vollkommenheit. Doch egal wie: Immer wird es darauf ankommen, seinen Part im richtigen Augenblick zu spielen, und sei es, dass man einmal im Leben nur kurz auf die Triangel schlägt – auch das will gelernt und geübt sein.

Wenn es Ihnen gelingt, in Ihrem Leben jenen »kairos« nicht zu verpassen, dann haben Sie schon viel erreicht. Wenn Sie erfahren haben, dass »Glück« bedeutet, zum richtigen Zeitpunkt am richtigen Ort zu sein, dann können Sie damit auch sehr, sehr glücklich werden. Sie leben dann im Einklang mit sich selbst, was wahrscheinlich nur die wenigsten Menschen von sich sagen könnten.

Es ist nämlich beileibe nicht die Schuld des Universums, wenn Sie morgens schlaftrunken gegen den Stuhl stoßen und sich den Fuß verletzen. Es ist auch nicht die Tücke des Objekts, das Ihnen eine Falle gestellt hat. Der Stuhl hat wahrscheinlich schon seit Wochen genau an dieser und keiner anderen Stelle im Raum gestanden, und weder hat er die Absicht, Sie zu verletzen, noch wird er Ihnen freiwillig aus dem Weg gehen. Sie selbst tragen nämlich die Verantwortung für dieses bedauerliche Unglück, Sie waren nicht aufmerksam, nicht achtsam, nicht wachsam, nicht konzentriert.

Sie haben die falsche Entscheidung getroffen. Sie haben Ihren Fuß im falschen Moment an die falsche Stelle gesetzt, dorthin, wohin er weder jetzt noch jemals gehört. Und da der Stuhl seine Position nicht verändert, ist Ihr Fuß die einzige Variable in diesem Spiel. Oder felinosophisch ausgedrückt: Wenn Sie nach dem Einklang mit dem Universum streben, müssen Sie sich anpassen, nicht das Universum.

Also: Auch wenn der Zeh noch so sehr schmerzt, halten Sie für einen Moment inne, atmen Sie tief ein und aus, gehen Sie vorsichtig zurück zum Bett, und beginnen Sie in aller Ruhe Ihren Weg noch einmal von vorn. Dann klappt es vielleicht auch wieder mit der Harmonie.

Sicherlich ist Ihnen schon einmal aufgefallen, dass uns Katzen derartige Unglücke nur sehr, sehr selten widerfahren. Das hat etwas damit zu tun, dass wir uns als purrfekte Wesen fast immer im Gleichklang mit dem Universum bewegen. Und auch damit, dass wir so wendig und behende sind, selbst wenn wir keine Hände, sondern äußerst praktische Pfoten haben, die mit Krallen bewehrt sind und sich bewährt haben.

Aber damit nicht genug! Wir Katzen leben nach der Maxime: »Wenn du schon unbedingt etwas tun musst, dann kannst du es auch gleich stilvoll erledigen!« Wir legen – und ich sage das ohne Übertreibung und Hochmut – in allem, was wir tun, höchsten Wert darauf, elegant zu sein.

Dass eine Handlung oder eine Bewegung sich als erfolgreich erweist, wenn man nur die Kosten mit dem Nutzen vergleicht, ist unserer Meinung nach eine pure Selbstverständlichkeit: Warum etwas tun, was von vornherein keinen angemessenen Erfolg verspricht?

Schwester Reinecke hat recht, wenn sie sich nicht nach den Trauben streckt – solange die Trauben noch hoch am Stock hängen, sind sie tatsächlich viel zu sauer; also abwarten, bis sie herunterfallen, dann kann man sie immer noch probieren und entscheiden, ob man sie essen mag. Wenn man aber schon seine Kraft und Energie einsetzt, dann muss es auch gut aussehen.

Es geht um Effizienz *und* Ästhetik; das Nützliche soll auch das Schöne sein. Nicht für die anderen, wobei wir es natürlich durchaus zu schätzen wissen, wenn jemand uns zusieht, bemerkt und lobt. Die Katze aber ist zuerst und vor allem elegant für sich selbst, und zwar gemäß ihren eigenen – und ich füge hinzu: hohen – Maßstäben. Es kann für ein freies Wesen wie die Katze auch keine anderen gültigen Maßstäbe geben.

Muss ich darauf hinweisen, dass »Eleganz« etwas mit »Elite« zu tun hat? Etwas, das fein, anständig und schicklich zugleich ist? Nein, es gibt kaum andere Worte, um das Verhalten einer Katze besser zu beschreiben!

Aber was muss ich da hören? Wir Katzen sind »wählerisch«? Wir essen nicht alles, was man uns vorsetzt? Wir schlafen nicht dort, wo man uns das Lager bereitet hat? Wir lassen uns nicht kraulen, wenn der Mensch gerade Zeit dafür hat? Ja, das stimmt wohl. Und wir Katzen bekennen uns auch rückhaltlos dazu, dass wir in unserem Leben stets unsere eigenen Maßstäbe setzen wollen. Wie gesagt: Sollte es etwa noch andere geben?

Vielleicht für die Hunde, die sich ganz und gar dem Menschen unterworfen haben, aber doch nicht für uns Katzen. Wenn man dieses Verhalten für »wählerisch« hält, dann können wir sehr gut damit leben; wir fühlen uns dadurch nicht kritisiert, sondern bestärkt.

Manche nennen uns sogar »extravagant«, und auch dagegen haben wir im Grunde nichts einzuwenden. Schließlich bezeichnet es nichts anderes als diejenigen, die »draußen umherschweifen«, und genau das tun wir, und zwar mit viel Spaß, hier und da ein wenig verweilend, dort drei schnelle Sprünge nach vorn, jetzt wieder mitten in der Bewegung verharrend, nur um dann gemütlich den Weg fortzusetzen. Fragen Sie uns nicht, wohin der Weg führt – das werden wir schon feststellen, wenn wir angekommen sind, und das ist früh genug.

Es ist also kein Wunder, dass wir vor gar nicht so langer Zeit die besten Freunde eines ganz besonderen Typus von Mensch geworden sind: jener Menschen, die großen Wert auf Eleganz und Stil legten. Eine der Beschäftigungen, die sie sehr liebten, war das Flanieren, das langsame Bewegen, scheinbar ohne Ziel und Zweck. Manche von ihnen führten eine Schildkröte an der Leine mit sich, nur um gar nicht erst in die Verlegenheit zu geraten, zu schnellen Schrittes zu gehen. Nun ja: Ein jeder, wie er es für richtig hält. Aber alle, ohne Ausnahme, hatten die Katze zu ihrem Lieblingstier auserkoren – weil sie in ihr das purrfekte Vorbild für das eigene Leben erkannten.

Beobachten Sie doch einmal eine Katze, wenn sie durch die Nachbarschaft spazieren geht; nein, eigentlich »geht« sie nicht, sie schleicht, bleibt hier stehen, wartet dort, geht ein Stück weiter und wieder zurück. Sie ist der geborene Flaneur, elegant gekleidet in feinstes Fell.

Mit diesen vornehmen und gebildeten Menschen haben viele Katzen damals ein wunderschönes Leben verbringen können, und die meisten von uns (mich eingeschlossen) trauern diesen Zeiten immer noch ein wenig nach, wenn heutzutage die allgemeine Hektik wieder überhandnimmt. »Tempi passati«, wie man so sagt, diese Zeiten sind vergangen, ein für alle Mal; schade, aber eben nicht zu ändern.

Dass wir elegant, ja manchmal auch extravagant sind, bedeutet allerdings noch lange nicht, dass wir uns den ständig wechselnden Moden unterwerfen. Zumindest nicht freiwillig, denn manchmal können wir uns nicht dagegen wehren, dass man uns ein glitzerndes Halsband von Catzier umlegt. Ich persönlich halte so etwas für weit übertrieben, zumal diese seltsamen Steine unseren wunderschönen, glänzenden Augen Konkurrenz machen, so dass unsere natürliche Schönheit nicht unterstützt, sondern geschmälert wird.

Wen wundert's, dass sich die betroffenen und unglücklichen Katzen viel Mühe damit geben, jene Sklavenbänder so schnell wie möglich zu entfernen, denn unter uns ernten sie dafür nur Spott und Hohn. Ich für meinen Teil finde es gerade noch akzeptabel, ein Halsband mit einer roten Plakette zu tragen, auf der mein Name eingraviert ist – man nennt mich daher auch in gewissen Kreisen »Baron Rothschild«, aber das nur am Rande.

Jedenfalls haben wir überhaupt keinen Bedarf an irgendwelchen Stofffetzen, und seien sie auch entworfen von Coco Chatel oder Karl Krallenfeld; die »Haute Chature« ist nicht unser Ding. Wer will als anständige Katze schon so aussehen wie der bekannte bunte Hund? Uns reicht die schlichte Schönheit unseres Fells, ganz gleich, ob es nun schwarz, rot oder grau ist, gepunktet, gestreift oder einfarbig.

Nie, ich betone: nie und nimmer, hat man jedoch eine Katze gesehen, die sich plump, derb oder unbeholfen bewegt hat. Was immer man Ihnen über uns erzählt haben mag: Wir sind keine Trottel, wir laufen nicht mit schwerfälligem, torkelndem Gang, und auch wenn wir stets vorsichtig den Weg vor uns prüfen, kommen wir nicht täppisch daher, denn wir Katzen tappen nicht im Dunkeln.

Nein, unsere Bewegungen sind immer voller Kraft, voller Energie, voller Sicherheit, voller Rhythmus, immer wie ein beschwingter Tanz. Wir wissen genau, was und wie wir es zu tun haben. Das kann man nicht aus Büchern lernen, sondern das wird aus den Erfahrungen des Lebens gewonnen.

Immerhin und trotz aller Instinkte werden selbst wir Katzen nicht mit jener Purrfektion geboren, deren man uns von jeher so sehr und zu Recht rühmt: Schon die Ägypter wussten um unsere zierliche Geschmeidigkeit und die anmutigen Bewegungen unseres Körpers.

Als kleine Kätzchen sind wir allerdings noch ziemlich hilflos, fallen über unsere eigenen Pfoten, wissen nichts so recht mit uns anzufangen. Aber zum Glück tragen wir die Anlagen zur Purrfektion in uns, und ein gütiges Schicksal lehrt uns in wenigen Wochen, wie wir das Beste daraus machen.

Dazu gehört in allererster Linie auch, dass wir uns zu unseren Schwächen bekennen: Mit Wasser zum Beispiel oder mit Kälte können wir nicht allzu viel anfangen, so dass wir uns alle Mühe geben, den unmittelbaren Kontakt mit ihnen zu meiden. Keine Katze springt freiwillig ins Wasser oder wird draußen umherschweifen wollen, wenn es regnet oder schneit. Igitt! Dann sich doch lieber gleich vor der Heizung zum Schlafen niederlegen.

Nun werden Sie sagen: Wer nicht ins Wasser geht, kann keine Fische fangen. Und wie wollen die Katzen dann an die Forellen, Makrelen, Lachse oder gar Thunfische kommen, die sie doch so sehr begehren? Kein schlechter Einwand, wie ich zugeben muss, aber eben auch kein guter!

Tatsächlich haben wir Katzen viele, viele Generationen lang weitgehend auf jene Delikatessen verzichten müssen, allenfalls, dass der eine oder andere von uns einen abgenagten Hering im Müll fand. Furchtbare Zeiten müssen das gewesen sein, entbehrungsreich, kläglich, entsetzlich. Dabei haben wir vieles ausprobiert, uns zum Beispiel in der Nähe von Fischmärkten niedergelassen oder uns freitags neben die Kirchen gestellt, doch nichts hat geholfen, außer dass ein paar von uns Glück hatten, die meisten aber nicht.

Dann aber kamen einige kreative Katzen auf eine Idee, die sich bis heute als höchst wirksam erwiesen hat – sie haben die Menschen durch ihren wunderschönen Gesang so sehr verzaubert, dass man ihnen zum Dank den Fisch auf dem goldenen Teller servierte. Übrigens ein gutes Beispiel dafür, wie man seine Stärken – in unserem Fall die Musikalität – gezielt einsetzt, um zu bekommen, was man will.

Und man muss dafür gar keine Oper von Maunzart und keine Symphonie von Miezhoven singen; man muss auch kein begnadeter Cazzmusiker wie Miez Davis oder Louis Catstrong sein, um Erfolg zu haben. Einige wenige Töne, gesungen mit der klaren und reinen Schönheit unserer Stimmen, reichen schon aus, um Schrank und Dosen zu öffnen.

Nun mag man es für einen Fehler halten, aber wir Katzen haben uns nun einmal entschieden, unsere Schwächen zu meiden und uns auf die Vervollkommnung unserer Stärken zu konzentrieren. Schon vor mehr als 1000 Jahren hatte der große alte Pfotin in seinem epochalen Werk »Consolatio sapientiae felinae« (»Tröstung der felinischen Weisheit«) gefordert: »Stärkt mir die Stärken, wenn ihr Katzen seid.«

Er lebte in einem Kartäuserkloster in Trecazzo am Lago di Gatto in der Lombardei, und als Haustier eines Abtes hatte er seine Forderung pragmatisch begründet: Versucht man seine Schwächen auszugleichen, kommt im günstigsten Fall Mittelmaß dabei heraus; man ist kaum besser als der Durchschnitt und kann nichts Großes im Leben erreichen. Macht man sich jedoch daran, seine Stärken auszubilden, dann schreitet man stetig voran zu jener Purrfektion, die in jeder Katze angelegt ist.

Anders gesagt: Energie (zugeführt durch Sahne oder Mäuse) bringt die höchste Rendite (gemessen im gleichen Maßstab), wenn man sie in das investiert, was man ohnehin gut kann. Und eben nicht in das, worin man stets ein Dilettant bleiben wird, der etwas zwar gerne, aber nicht gut macht – was nach Meinung der Katze übrigens die schlimmste Kritik überhaupt ist, die man sich je einhandeln kann.

Denn wenn man sich in Künsten versucht, die man nicht beherrscht, bedeutet das, dass es nie ästhetisch, geschweige denn elegant sein wird. Man böte nicht nur den anderen einen höchst armseligen Anblick, sondern man müsste sich auch zutiefst seiner selbst schämen. Und das wäre für eine wahre Gentlecat völlig unakzeptabel.

Entschlossenheit und Schnelligkeit – das sind also die Tugenden der Katze. Denn darin haben wir es in den vielen Generationen unseres Daseins in dieser Welt zur Meisterschaft gebracht. Wenn wir uns entschlossen haben zu handeln, dann führen wir unser Vorhaben in aller Konsequenz aus; so schnell und so energisch wie möglich, damit wir es hinter uns haben.

Immerhin bedeutet »handeln« auch, dass man damit ein gewisses Risiko eingeht; man setzt sich den Gefahren aus, die überall in der Welt auf so arme, kleine Wesen wie uns Katzen lauern. Nicht dass wir dahinter irgendeine böse Absicht vermuten – so wenig wie man uns Bosheit vorwerfen kann, wenn wir eine Maus schnappen. Eine Katze muss eben tun, was eine Katze tun muss.

Wir sind uns schon dessen bewusst, was die Mäuse von den Katzen halten; aber zum einen fragen wir sie nicht danach, und zum anderen ist das eben der Lauf der Dinge: Wenn wir uns nicht mehr von den Mäusen ernähren, dann müssen die Thunfische herhalten, worüber die wiederum auch nicht sonderlich erfreut sind.

Man mag es bedauern, dass dem einen genommen wird, um dem anderen zu geben, aber ändern können wir Katzen nichts daran. Das Leben hat nie nach unserer Meinung gefragt, also schweigen wir und nutzen die Gelegenheiten, die sich bieten. Wäre der Welt damit gedient, wenn wir uns von heute auf morgen völlig aus ihr zurückzögen?

Wäre die Welt ohne die Katzen besser, dann wären wir anständig genug, sofort daraus die Konsequenzen zu ziehen. Aber das hat uns erstens noch niemand beweisen können, und zweitens würden wir erwarten, dass alle anderen Gattungen, denen man die gleichen Vorwürfe macht, auch die gleichen Konsequenzen zögen – zu allererst der Mensch, der ja von Anbeginn an nicht ganz unschuldig daran ist, dass die Zustände in dieser Welt alles andere als paradiesisch sind. Nicht dass wir keinen Thunfisch mögen, aber wir können auch ohne ihn leben; das haben wir über lange Zeiten bewiesen.

Weil wir darum wissen, dass ein jegliches Handeln Verantwortung, ja manchmal sogar Schuld gebiert, ist es uns so wichtig, stets den richtigen Moment zu finden, um möglichst wenig an Risiken und Nebenwirkungen für andere Wesen zu verursachen. Dass man sich dafür in der Kunst des Wartens üben muss, habe ich ja bereits ausführlich dargelegt.

Ist Ihnen eigentlich schon einmal aufgefallen, dass man mit dem Wort »warten« auch meint, mit einer Sache schonend und pfleglich umzugehen? Man muss seine Umwelt gut behandeln, dann wird man selbst gut behandelt. Oder andersherum: Man darf von seiner Umwelt nur so viel fordern, wie man auch bereit ist zu geben.

Aus dieser so einfach erscheinenden Maxime hat der große Felinosoph Katerino von Siena schon vor langer Zeit eine wichtige Schlussfolgerung abgeleitet: »Nur nicht übertreiben!«, heißt es in »De artibus expectationis et manentiae« (»Von der Kunst des Wartens und des Harrens«). Und zwar in beide Richtungen; zum einen sollte man nie mehr tun, als unbedingt nötig ist, um sein Ziel zu erreichen, und zum anderen sollte man nie mehr erwarten, als man fairerweise bekommen wird.

Doch wenn einem, durch welch glücklichen Zufall auch

immer, mehr beschieden ist, dann kann man sich immer noch von Herzen darüber freuen. Denn, wie es an einer anderen Stelle bei Katerino heißt, »unverhofft kommt oft«.

Man muss eben nur warten können. Man muss nur seine Schwächen ebenso akzeptieren, wie seine Stärken nutzen. Man muss entschlossen zugreifen, wenn sich die Chance bietet, und man muss bereit sein für die Erkenntnis, dass das Leben selbst dann weitergeht, wenn der richtige Moment lange nicht kommen mag. Es lohnt sich auf jeden Fall, denn wenigstens vergeudet man in der Zwischenzeit keine Energie mit unnötigen, ja vielleicht sogar schädlichen und gefährlichen Aktivitäten.

Einige von uns haben früher beim Militär gedient, und zwar so erfolgreich, dass man das eine oder andere Kriegsgerät nach ihnen benannt hat (eine Kanone, eine Belagerungstechnik, ein Rammbock). Darauf sind wir als friedliebende Wesen nicht unbedingt stolz, aber jedenfalls stammt von diesen Katzen der schöne Spruch, dass man sein Pulver nicht zu früh verschießen dürfe. Soll heißen: Man muss sehr genau vorher prüfen, wann man seine Kraft und Energie einsetzt, um die größtmögliche Wirkung zu erzielen. Wie schlimm, wenn einem das Pulver gerade dann ausgeht, wenn es darauf ankommt. »Warten«, das bedeutet eben auch, seine eigenen Ressourcen und sich selbst schonend und pfleglich zu behandeln, sich nicht zu verausgaben und kein Schindluder mit sich zu treiben. Denn wer will schon allen Ernstes ein »Schindluder« sein, ein gefallenes Vieh, ein Stück Aas, das niemandem mehr nutze ist als den ekligen Krähen?

Wenn ich mir allerdings manche Menschen betrachte, dann glaube ich, dass es ihnen völlig egal ist, vielleicht weil sie fest daran glauben, dass vor dem Ende des Tages doch noch jemand kommt, um sie rechtzeitig von der Straße zu holen. Von mir können sie eine solche Solidarität jedoch nicht erwarten: Ich bin eine Katze und nicht Lassie!

Wenn Sie hingegen meinen Rat hören wollen: Machen Sie es wie wir! Seien Sie stets wachsam, und prüfen Sie sorgfältig, welche Chancen und Gefahren Sie erwarten. Wägen Sie die Kosten und den Nutzen Ihres Handelns ab. Warten Sie auf den richtigen Moment. Handeln Sie dann aber schnell und entschlossen, ja, wenn es sein muss, auch rücksichtslos (bei Bedarf können Sie sich später immer noch entschuldigen). Sobald sich nämlich eine Katze entschlossen hat, etwas zu tun, kann nichts und niemand mehr sie davon abbringen.

Tun Sie nur das, was Sie wollen – oder doch zumindest nur das, dessen Sie sich nicht schämen müssen. Und niemand muss sich schämen, der im Einklang mit sich selbst und seinen eigenen Maßstäben handelt. Denken Sie stets daran, dass nicht die Schwächen, sondern die Stärken im Leben entscheidend sind. Und wenn Sie das nicht glauben wollen, dann erinnere ich Sie daran, dass selbst blinde Katzen lernen können, Mäuse zu fangen. Sie orientieren sich dann nämlich vorzüglich durch ihren Geruchssinn und an den Vibrationen, die sie durch ihre Schnurrbarthaare empfangen.

Sie werden vielleicht nicht jede Maus fangen, die ihnen über den Weg läuft (doch wer schafft das schon, selbst wenn die Augen auf das beste funktionieren?), aber auch diese Katzen überleben heutzutage.

Kapitel 4

»Genieße den Tag, denn du weißt nicht, was noch kommt!«

K ommen wir nun zu etwas völlig anderem, zu etwas, das kompliziert und wunderschön zugleich ist: die Lust.
Na endlich, wird sich der eine und die andere denken, jetzt geht es um die wahre Natur der Katzen. Nachdem wir so viel über ihre Tugenden haben hören müssen, lernen wir nun ihre Laster kennen. Es sind also doch nicht so purrfekte Wesen, wie sie uns glauben machen wollen. Ich aber antworte: gemach! Dazu gibt es nämlich viel zu sagen, und erst danach kann man sich ein angemessenes Urteil bilden. Hier wäre also die Gelegenheit, sich in der schönen und alten Kunst des Wartens zu üben.

Nehmen wir uns also ein paar Augenblicke Zeit, auch wenn sie knapp und kostbar ist, und versuchen das Wesen der Lust ein wenig genauer zu erkunden. Ich verspreche Ihnen: Das wird ganz lustig werden.

Was nun Lust und Laster angeht, hat man uns Katzen ja schon so einiges vorgeworfen, vor allem: wir seien lasziv und gefräßig. Oder – noch schlimmer – wir könnten unsere Lüste nicht zähmen und würden uns ihnen hingeben, wann und wo immer sich die Gelegenheit dazu böte.

Vor mir liegt der Brief eines gewissen Schnauzer oder Chaucer, ich kann es nicht genau entziffern, die Klaue ist wirklich furchtbar, wahrscheinlich ein Hund. Soweit ich es lesen kann, schreibt er: »Nehmt eine Katze, nährt sie noch so reich mit Milch und zartem Fleisch, macht seidenweich ihr Lager und dann zeigt ihr eine Maus, sofort ist Milch und Fleisch, und was im Haus es sonst an Leckerbissen gibt, vergessen aus Gier und Sehnsucht, diese Maus zu fressen.« Und er fährt fort: »Seht, unsere Neigung hat die Oberhand, und unsere Lust bewältigt den Verstand.«

Entsetzlich, nicht wahr? Nun, nach den hohen Maßstäben, die die Menschen nicht an sich selbst, sondern vornehmlich an andere anzulegen pflegen, handelt es sich bei Lust tatsächlich um das, was man seit jeher »Sünde« nennt. Und zwar nicht um irgendeine kleine, lässliche Sünde, sondern um das Schlimmste, was es nur geben kann: Eine »Todsünde«, die den sofortigen Verlust der Gnade und der ewigen Seligkeit zur Folge hat und noch nicht einmal ausreichend im Fegefeuer zu büßen wäre.

Welch eine Aussicht – aber vielleicht hat uns ein gütiges Schicksal gerade deshalb sieben Leben vergönnt, damit wir genügend Zeit und Gelegenheit haben, unsere vielen Sünden zu bereuen und zu büßen.

Ja, so hätten sie es wohl gerne. Dass die Menschen nicht die einzigen wären, die mit der Sünde zugleich Schuld auf sich laden. Die in ewiger Verantwortung für ihre üblen Taten die schlimmsten Strafen in der Hölle erleiden müssten. Dass sie dort doch wenigstens die Gesellschaft von uns Katzen hätten.

Aber, wie ich schon sagte: gemach! Wenn die Informationen zutreffen, über die wir verfügen, dann wird man dort recht wenige Katzen finden. Zumindest ist in den einschlägigen Reiseführern über die Hölle nie von Katzen die Rede (am allerwenigsten in jenem sehr präzisen und ausführlichen Reiseführer, der von einer gewissen Tante geschrieben wurde, wobei wir allerdings bislang noch nicht herausgefunden haben, um wessen Tante es sich dabei handelt; wir nehmen jedoch an, dass ihr Neffe, ein Türke namens Ali Gjeri, den größten Teil des Texts verfasst hat). Kommen Hunde dort vor: ja! Hirsche: auch! Adler: natürlich! Frösche: unglaublich, aber wahr! Jedoch Katzen: nein und niemals!

So sieht es nämlich aus in der Hölle, eine katzenfreie Zone. Woraus man lernen kann, dass entweder den Katzen alle Sünden vergeben werden, oder aber dass die Katzen erst gar keine Sünden begehen, für die sie in der Hölle bestraft werden müssten.

Es wird Sie überraschen, aber wir sind nach langen und höchst kontroversen Debatten schließlich zu der Auffassung gelangt, dass wir als purrfekte Wesen wenn überhaupt, dann nur kleinere Sünden begehen, die man uns aber schnell und gerne verzeiht, weil wir doch ansonsten so sympathisch und so liebenswert sind. Man kann uns einfach nicht böse sein, selbst Gott nicht, weil er doch wohl am besten weiß, dass wir schon von unserer Natur her gar nicht böse und gemein sein können, noch nicht einmal eine gemeine Hauskatze wie ich.

Doch offenbar ist es dem Menschen nicht vergönnt, das zu wissen, und so halten sich hartnäckig die übelsten Vorurteile über uns Katzen. Wie gut, dass ich hier und jetzt die Gelegenheit habe, darauf mit einigen Tatsachen zu antworten – und Sie wissen, dass wir Katzen stets die passenden Gelegenheiten zu nutzen wissen, ob bei Milch oder Argumenten.

Schauen wir uns doch einmal jene bösartige Propaganda im Einzelnen genauer an. Katzen – so sagt man zumindest – seien der »Leckermäuligkeit« und der »Genäschigkeit« verfallen. Und wenn man ein passendes Beispiel für die Unmöglichkeit einer Sache sucht, dann heißt es, dass eine Katze den vollen Milchtopf bewachen soll – das wäre dann so, als mache man den Bock zum Gärtner oder würde einem Banker sein Geld anvertrauen.

Nun will ich nicht leugnen, dass die meisten von uns (mich eingeschlossen) einen guten Schluck Milch nicht ablehnen, ganz gleich, zu welcher Gelegenheit er uns angeboten wird. Und ich kann auch nicht bestreiten, dass ein jeder von uns dabei im Laufe der Zeit gewisse Vorlieben entwickelt hat: der eine für fettarme und der andere für fettreiche Milch und manche sogar für pure Sahne, und dass die Gourmets unter uns die falsche Milch entrüstet zurückweisen. Das kann man – wenn man will – »Leckermäuligkeit« nennen, und wir würden uns gegen eine solche Bezeichnung auch gar nicht verwahren. Nur sie als eine »Sünde« zu bezeichnen, halten wir für eine typisch menschliche Heuchelei, wo der Mensch es doch selbst für ein Zeichen von Bildung und Tugend hält, wenn er nicht alles isst und trinkt, was man ihm vorsetzt.

Wer sich selbst für einen Feinschmecker hält, sollte andere nicht als Leckermaul diffamieren. Aber ganz offensichtlich haben die meisten Menschen den katzegorischen Imperativ noch nicht verstanden: »Handle nur nach derjenigen Maxime, durch die du zugleich wollen kannst, dass sie ein allgemeines Gesetz werde.« So jedenfalls steht es geschrieben bei Immanuel Katz in seiner »Grundlegung zur Miezaphysik der Sitten«, und so halten wir Katzen es seit jeher.

Für die Menschen allerdings gilt wohl eher eine andere Maxime: »Pflicht ist, was man von anderen erwartet.« Doch was ist eigentlich so falsch daran, nur nach dem Besten, dem Vollkommenen zu streben? Wir Katzen jedenfalls leben nach dem simplen Motto, wie es schon vor vielen Jahren Kater Oskar der Wilde aus England formuliert hat: »Ich habe einen einfachen Geschmack. Ich bin mit dem Besten zufrieden.«

Ja, bescheiden sind wir immer schon gewesen, sonst hätten wir uns ja auch nicht den Menschen angeschlossen. Kleiner Katzenscherz, aber nun einmal im Ernst: Auch wenn es das Schicksal einem nicht vergönnt, immer und überall nur das Beste zu erreichen, so lohnt es sich doch allemal, stets mit ganzer Kraft danach zu streben.

Wonach auch sonst? Soll man etwa das Dürftige, das Armselige, das Geringe akzeptieren? Soll man in Schmutz und Dreck leben, wenn man es doch anders haben kann? Sicher, nicht jeder kann alles, weder sein noch haben, wäre ja auch noch schöner; und keiner ist vollkommen in dem, was er tut. Das heißt, vielleicht doch die Katzen in ihrer natürlichen Purrfektion, aber keinesfalls der Mensch als notorisches Mängelwesen.

Aber, wie hat vor ein paar Jahren einmal der kluge Kater Bertold B. gesagt: »Wer nicht alles kann, dem soll man nicht das wenigere erlassen.« Wie ich schon sagte: Nicht auf die Schwächen, sondern auf die Stärken kommt es an. Und irgendeine Stärke hat wohl jeder, in der er sich üben und zum Virtuosen werden kann. Und sei es nur in der Auswahl seiner Speisen und Getränke – das wäre dann doch auch schon etwas, oder?

Mehr muss ich dazu wohl nicht sagen, so dass ich unvermittelt zu einem anderen, noch übleren Vorurteil kommen kann, nämlich zu unserer – ich sage: angeblichen – Laszivität. Wir Katzen besäßen eine Natur, die der Wollust Untertan sei. Eigentlich hätten wir nur eines im Sinn, nämlich Sex, Sex und noch mal Sex.

Nun kann ich mit Fug und Recht für meine Person behaupten, dass ich damit schon seit geraumer Zeit aber rein gar nichts mehr zu tun habe – Sie wissen ja, jener kleine, aber doch so entscheidende Schnitt. Ich habe mich damit arrangiert, ja, arrangieren müssen, weil mir ohnehin nichts anderes übrigblieb. Man soll dem Vergangenen nicht nachweinen; wer nur in die Vergangenheit schaut, hat keinen Blick für die Zukunft. Wenn ich mich recht an unsere Aufzeichnungen erinnere, wurde deshalb schon einmal eine Frau in eine Salzsäule verwandelt, weil sie nämlich sehnsuchtsvoll zurückblickte, wo es ihr doch strikt verboten war.

Sie kennen ja mein Lebensmotto: »Ist der Kater erst katztriert, lebt er gänzlich ungeniert.« Man muss eben das Beste daraus machen; und da ich jetzt keinerlei Energie mehr auf die fleischliche Lust aufwenden muss, kann ich die eingesparte Kraft nun umso mehr für die vielfältigen anderen Formen von Lust und Genuss und Trieb einsetzen – gutes Essen, spannende Unterhaltungen, gemeinsames Singen, erholsamen Schlaf.

Dass wir Katzen sexuell so überaus aktive und auffällig erotische Wesen sein sollen, hat manche Menschen auf die sonderliche Idee gebracht, das Blut einer Katze zu trinken, um selbst in den Genuss der süßen Liebe zu gelangen. Ich will mich dazu nicht weiter äußern, vermute allerdings, dass daher jene lächerliche Legende von den Vampiren stammt.

Sie glauben mir nicht? Nun, mir liegt der wissenschaftliche

Bericht des bekannten Dr. Seward aus England vor, der vor einiger Zeit einen Psychopathen namens Renfield klinisch zu behandeln hatte. Besagter Renfield äußerte dem behandelnden Arzt gegenüber wiederholt die inständige Bitte, ihm ein paar ausgewachsene Katzen zur Verfügung zu stellen, was aus therapeutischen Gründen dann auch geschah. Wie überrascht war der gute Dr. Seward jedoch, als er feststellen musste, dass jener Renfield nicht mit den Katzen spielen wollte, sondern ihr Blut soff und, als man ihm die Katzen verweigerte, sich anschickte, in den Hals des Arztes zu beißen.

Und noch größer war das Erstaunen, als Renfield eines Tages trotz intensiver Bewachung fliehen konnte, um sich bei Vollmond mit einer großen Fledermaus zu treffen. Dr. Seward selbst konnte für all diese seltsamen Ereignisse keine plausible Erklärung geben.

Erst Jahre später fand der holländische Wissenschaftler Abraham van Helsing heraus, dass diese Vorkommnisse mit dem Erscheinen des berüchtigten Grafen Dracula in London zusammenhingen, dessen plötzlicher Tod dann für so viel Aufregung in den Medien sorgen sollte. Dass darunter auch zahllose Katzen zu leiden hatten, ging im allgemeinen Trubel allerdings völlig unter und wird in den einschlägigen Berichten allenfalls am Rande erwähnt. Wie immer in solchen Fällen, füge ich hinzu.

Jedenfalls wird uns Katzen eine außerordentlich heftige Begierde unterstellt, weshalb man uns zwar nicht mit den Heiligen und den Engeln in Verbindung brachte, wohl aber mit den heidnischen Göttern der Fruchtbarkeit.

So zum Beispiel mit Freya aus dem Norden, die sich in einem glanzvollen Wagen fortbewegt, der von Katzen gezogen wird. Oder Bastet im Süden, die stets einen Katzenkopf hatte.

Oder Shasti im Osten, die auf einer Katze reitet. Dass allerdings auch Baal, der oberste Dämon der Hölle, einen Katzenkopf gehabt haben soll (neben dem eines Menschen und einer Kröte), muss ich in das Reich der Fabel, Abteilung Propaganda, Unterabteilung Verleumdung verweisen, denn mit Kröten (Kröten!) verbindet uns nun rein gar nichts, wirklich nicht, ich bitte Sie!

Nun, dass wir Katzen als Symboltier des Weiblichen gegolten haben und in den alten Zeiten, als das Weibliche noch etwas galt, auch entsprechend und angemessen verehrt wurden, will ich durchaus und aus voller Überzeugung akzeptieren. Ich halte es jedoch für eine infame Unterstellung, unerträglich und unverzeihbar, wenn man dann mit der Weiblichkeit auch sofort die Begierde in Verbindung bringen will – so als ob allein das Weib ein zügelloses, übermütiges und üppiges Leben führte. Und falls es tatsächlich so sein sollte, dann wäre es eine himmelschreiende Ungerechtigkeit, dass den Männern solche Annehmlichkeiten vorenthalten würden. Allerdings können, soweit ich mich an die Zeiten vor meiner bedauerlichen Verstümmelung erinnere, auch wir Kater ein ziemlich ausschweifendes Leben führen.

Vielleicht gibt es einen, aber nur einen einzigen Umstand, der eventuell den Vorwurf der lasziven Begierde rechtfertigen könnte: unsere natürliche Fruchtbarkeit. Dass wir Katzen uns nämlich in gehöriger Zahl fortpflanzen würden, wenn man uns nur ließe, das haben die Menschen schon ganz richtig erkannt.

Ab dem vierten Lebensmonat zwei Mal pro Jahr mit jeweils sieben bis zehn Jungen (natürlich auch Mädchen) – da kommt man schnell auf dreihundert Nachkommen während eines einzigen Katzenlebens. Ich erspare mir an dieser Stelle die aufwendige Berechnung, wie viele Nachkommen diese Nachkommen und deren Nachkommen schlussendlich haben werden und zu welchem Zeitpunkt es mehr Katzen auf der Erde gäbe, als Platz da wäre.

Wenn Sie unbedingt wollen, können Sie sich ja selbst an dieser Rechnung versuchen. Auf jeden Fall aber kommt eine ganze Menge dabei heraus, was aber von der Schöpfung durchaus so gewollt ist. Das hat Gott selbst beim letzten Gespräch mit uns auf Nachfrage ausdrücklich bestätigt: »Seid fruchtbar und mehrt euch!«, hat er zu uns gesagt, und zwar bevor der Mensch überhaupt erschaffen war.

Wie dem auch sei: Zwei entscheidende Vorteile hat diese beeindruckende Fruchtbarkeit der Katzen. Zum einen ist dadurch die Chance beträchtlich größer, dass eine genügende Anzahl von Katzen auch tatsächlich den gnadenlosen Kampf ums Überleben besteht – Opfer sind dabei nie ganz auszuschließen, wie wir aus unserer leidvollen Geschichte wissen. Und zweitens werden dadurch zahllose neue genetische Kombinationen begünstigt, mit deren Hilfe wir wiederum immer neue Strategien in jenem ewigen Kampf ausprobieren können, sei es in der Färbung des Fells oder des Charakters.

Dass jedoch die Menschen daraus den Schluss gezogen haben, Katzen auf den Feldern oder unter Obstbäumen zu begraben (vorzüglich schwarze Katzen bei Mondschein und um Mitternacht, wenn schon, denn schon), damit sich die Fruchtbarkeit überträgt, ist wohl ihren üblichen Marotten geschuldet. Geholfen hat es, zumindest so weit ich weiß, nicht sehr viel, außer dass wieder einmal wir Katzen darunter zu leiden hatten, es sich aber auch in diesem Fall als höchst vorteilhaft erwies, genügend Nachkommen zu haben, um nicht auf diese lächerliche Art und Weise auszusterben.

Allerdings muss man sich dann doch ein wenig darüber wundern, dass andere Wesen nie in den Verruf der sündhaften Begierde gekommen sind, auch wenn sie sich mehr vermehren, als wir Katzen es je getan haben. Mäuse und Ratten – um nur zwei von Myriaden an Beispielen zu nennen – kommen während eines einzigen Lebens auf mehr als vierhundert Nachkommen. Und da es selbst hierzulande eine gigantische Anzahl von Mäusen und Ratten gibt (nach meinen Schätzungen etwa jeweils dreihundert Millionen jener schmackhaften Nager bei höchstens acht Millionen Katzen), kommt man auf wahrhaft astronomische Summen, was ihre Fruchtbarkeit anbetrifft.

Spricht man deshalb auch gleich von »lasziven Mäusen« oder von »begehrlichen Ratten«? Ich jedenfalls habe noch nie etwas davon gehört und die anderen Katzen auch nicht. Aber »verliebt wie eine Katze« sagt man und meint damit nicht etwa das hehre Gefühl der Zuneigung, sondern die Lüsternheit.

Einmal abgesehen davon, dass Katzen sehr wohl echter und tiefer Gefühle fähig sind (erinnern Sie sich noch an die Katze des Marquis de Favras?), will ich nur ein einziges, allerdings gutes Argument vorbringen. Dass nämlich die Katze der Jungfrau Maria ein sehr vertrautes Tier ist; es muss ja schließlich Gründe geben, warum auf so vielen Abbildungen zugleich mit der Jungfrau eine Katze zu finden ist.

Und schauen Sie doch gleich einmal nach, ob in der Färbung des Fells auf der Stirn Ihrer Katze ein »M« zu erkennen ist, vielleicht um die eigene Achse gedreht, vielleicht ein wenig verwackelt, vielleicht auch schon etwas ausgebleicht – wenn ja, dann lebt in Ihrer Nachbarschaft eine der äußerst seltenen »Marienkatzen«, berühmt, verehrt und gebenedeit unter den Katzen. Erweisen auch Sie ihr bitte die notwendige Ehre, am besten mit einer Schale bester Milch und saftigem Thunfisch, das wird immer gern genommen, auch und gerade von den heiligen Katzen, deren Heiligkeit sich nicht zuletzt in einem exzellenten Geschmack äußert.

Aber unter uns gefragt: Was ist eigentlich so schlecht und so sündhaft an der Lust? – Halten wir zunächst einmal fest, dass solche Debatten nur und ausschließlich unter den Menschen geführt werden. Noch nicht einmal der dümmste Hund käme im Traum auf die Idee, seine Lüste (und er hat eine Menge davon) in Frage zu stellen. Geschweige denn eine wahrhaft gebildete Katze.

Ich muss zugeben, dass ab und zu schon einmal eine verzweifelte und verwirrte Katze sich solche Fragen gestellt haben mag, aber das war in Zeiten der schlimmsten Not und Verfolgung. Da maunzte man in manchen Kreisen doch tatsächlich davon, dass die Katzen dem Menschen dienstbar sein sollten, sogar mehr für ihn arbeiten müssten, um sich lieb Katz bei ihm zu machen. Vielleicht mit dem Menschen auf die Jagd gehen oder ihn führen und leiten, wenn er nicht mehr so gut sehen kann, oder unter lautem Miauen das Haus bewachen oder gemeinsam mit anderen seinen Wagen ziehen oder ihm Milch, Fell und Fleisch anbieten. Kann man sich überhaupt eine größere Verzweiflung vorstellen?

Wie es unter uns Katzen üblich ist, wurden diese Vorschläge ausführlich in langen nächtlichen Miezings debattiert und natürlich verworfen. Vor allem die Felinosophen der »Societas Gatto« (die wir unter uns die »Katzuiten« nennen) brachten plausible und schlagende Argumente vor, um zu begründen, dass die Katze sein muss, wie die Katze ist. Alles andere wäre einerseits eine Sünde gegen die Ordnung der Dinge, denn ein

jedes Ding und Wesen muss bei dem bleiben, was ihm zuge-
wiesen wurde, also der Hund ein Hund, der Mensch ein
Mensch und auch die Katze eine Katze.

Und andererseits ließe man sich, folgte man jenen Ideen der
ketzerischen Katzen, auf einen ungesunden Wettbewerb mit
anderen ein, den man vielleicht, aber dann nur unter höchsten
Kosten gewinnen könne. Einmal ganz abgesehen davon, dass
man sich auf diese Weise mit Hund, Rind und Schwein gemein
machen müsse, was nun völlig undenkbar sei.

Es lohnt sich, diesen Argumenten der Katzuiten ein Stück weit
zu folgen, wenn auch nur für einen Katzensprung. Also: Sie
beschreiben die »Sünde« als das bewusste Handeln gegen das
erkannte göttliche Gesetz. Lassen wir hier einmal beiseite, ob
dieses »Gesetz« tatsächlich von Gott oder der Natur stammt
oder von den Katzen im Verlaufe ihrer Geschichte entwickelt
und für nützlich befunden wurde – das kommt letztlich auf das
Gleiche heraus, und wir Katzen haben uns nie am Spalten von
Haaren beteiligt (vor allem aus ästhetischen Gründen, denn
wie sähe unser Fell mit gespaltenen Haaren aus?).

Damit ein Handeln überhaupt zu einer »Sünde« werden
kann, muss es nach den Katzuiten drei Bedingungen zugleich
erfüllen. Erstens muss es »bewusst« erfolgen. Hier könnte man
zumindest schon einmal die Frage stellen, ob und wann ein
Handeln aus dem Affekt heraus bewusst wäre, nämlich schon
im Augenblick der Tat oder nicht erst später, wenn man genügend Zeit zum Nachdenken hatte.

Die Katzuiten jedenfalls sind zu der Schlussfolgerung gelangt, dass ein unbewusstes Handeln nie und nimmer eine
»Sünde« darstellen kann, da die Instinkte als solche gottgegeben
sind und demnach nichts anderes als »Tugenden« sein können.

Klingt plausibel, oder? Wir sind, wie wir sind, und das ist auch gut so. Ein jedes Handeln wäre somit gerechtfertigt, wenn wir nur als Erklärung anführen, dass wir gar nicht anders hätten handeln können – die Umwelt, die Instinkte, die Prägung, nicht wir, sondern die anderen tragen die Schuld.

Nun ja, wenigstens ein guter Versuch, gäbe es da nicht auch noch den »Willen«, und zwar, wie es so heißt, den »freien Willen«, der selbst uns Katzen vergönnt ist und der uns die Wahl lässt, so zu handeln oder anders oder gar nicht. Fluch und Segen zugleich, dieser Wille, aber davon wird später noch mehr zu maunzen sein.

Zweitens, so sagen die Katzuiten, muss das Handeln im Widerspruch zum »Gesetz« stehen. Anders ausgedrückt: Es muss ein Gesetz geben, dass den Katzen (und anderen Wesen) vorschreibt, wie sie zu handeln haben. Darüber kann man debattieren, nicht zuletzt über die Frage, wer denn der Urheber eines solchen Gesetzes wäre (Gott, die Natur, die Katzen selbst).

Nun sind die meisten von uns Katzen tatsächlich fest von der Existenz eines derartigen Gesetzes überzeugt, zumindest davon, dass es eine Menge an Regeln gibt, deren strikte Einhaltung sich in den meisten Fällen durchaus lohnt. Zwar wirft diese Annahme weitere Fragen auf, vor allem, in welcher Währung dieser »Lohn« für die Gesetzestreue entgolten wird, und wahrscheinlich hat ein jeder eine andere Meinung davon, getreu dem Motto: »Was dem einen der Thun, ist dem anderen das Huhn.«

Aber man kann es auch genau umgekehrt formulieren: Wenn es einen Lohn gibt, welchen auch immer, dann war es auf alle Fälle die Mühe wert, sich an das Gesetz zu halten. Oder wie es Jeremy Catham, der große Ökonom unter den Felinologen, einst ausgedrückt hat: »Die Qualität eines Gesetzes bestimmt sich durch die Höhe des Lohns.« Wobei er in der Folge sehr deutlich macht, dass ein jegliches Gesetz einen Mindestlohn verheißen solle, nämlich dass seine Einhaltung keinen Schaden verursacht, weder bei der tugendhaften Katze noch bei sonst irgendjemandem (Mäuse, Ratten und gewisse Vögel einmal explizit ausgenommen, die Catham sozusagen von vornherein außerhalb eines jeden Gesetzes stellt).

Schließlich drittens: Das Gesetz, nach dem man sich zu richten habe, muss nicht nur existieren, sondern auch »bekannt« sein, wie die Katzuiten sagen, geheime Gesetze zählen also nicht.

Über diesen Teil der Argumentation ist vielleicht im Laufe der Zeit am meisten debattiert worden. Denn kann man wirklich von einem Gott oder von der Natur erwarten, dass sie nicht nur als Geber, sondern auch noch als Verkünder von Gesetzen tätig werden? Wem wäre es also anzulasten, dass Gesetze unbekannt bleiben?

Nun ja, Gott hat sich tatsächlich um die Vermittlung des einen oder anderen Gesetzes selbst gekümmert. Maunzes beispielsweise erhielt bei seiner Wanderung auf den Berg auch einige Steintafeln von Gott überreicht, die er allerdings selbst mit Maul und Pfoten nur unter den größten Anstrengungen wieder hätte nach unten schleppen müssen. Kann man es Maunzes daher verübeln, dass er unterwegs ein paar Tafeln liegen ließ, als ihm die Last zu groß wurde? Seitdem sind diese göttlichen Gebote verschwunden, selbst wenn wir Katzen uns alle Mühe gegeben haben, sie wiederzufinden.

Auch deshalb streifen wir übrigens des Nachts so rastlos durch die Welt, und unser klägliches Maunzen, das dann überall zu hören ist, zeigt nur, dass wir sie auch diesmal nicht gefunden haben. Seien Sie sich daher bitte dieser existenziellen und schier unauflöslichen Tragik des Katzenlebens bewusst, bevor sie wieder über uns schimpfen!

Aber auch ohne dass wir im Besitz dieser Tafeln wären, kann man ja immerhin von den Katzen (oder den Hunden, Mäusen oder Menschen) fordern, dass sie sich selbst bemühen, die geltenden Gesetze zu erkennen. Man kann nicht immer alles Gott überlassen, hat er mit dieser Welt doch ohnehin genügend zu tun, denn wer sonst ist der Vater des Regens oder hätte den Reif unter dem Himmel gezeugt, und wer gibt der Katze ihre Maus zu jagen, um die jungen Katzen zu sättigen, wenn sie sich legen in ihren Stätten und ruhen in der Höhle, da sie lauern.

Sie sehen, Gott ist ziemlich beschäftigt. Ich persönlich folge der Auffassung, dass man Gott in Ruhe lassen soll, obwohl man mir entgegenhalten mag, dass unerkannte Gesetze doch nicht so wirklich wichtig sein können, denn wären sie tatsächlich von Bedeutung, dann hätte irgendwer sie auch irgendwann schon einmal erkannt.

Ich pflege darauf stets zu antworten, dass »wichtig« oder »bedeutsam« höchst relative Katzegorien sind, dass also heute etwas durchaus und zu Recht als »unwichtig« bezeichnet wird, was morgen schon eine ganz neue und andere Bedeutung für unser Leben haben kann.

Ein simples Beispiel: Der wunderschöne, duftende Garten von heute kann morgen schon mit einem nassen, weißen, kalten Tuch überzogen sein, was ein Handeln nach ganz anderen Regeln erforderlich macht, vielleicht sogar bis hin zum Verzicht auf das gewohnte Handeln – kein ausgiebiger Spaziergang mehr, sondern tiefer Schlaf auf einer weichen Decke vor der Heizung. Jedenfalls zeigt sich hier, wie schön und harmonisch zwei Maximen des felinischen Handelns ineinanderpassen: die stete Vorsicht und die Entschlossenheit des Handelns.

Wenn es also zutrifft, dass man »wichtig«, »bedeutsam« und – ich füge hinzu – »nützlich« nur aus der jeweiligen, konkreten

Situation heraus definieren kann, dann folgt meiner Ansicht nach zwingend daraus, dass man sich als vernünftiges Wesen größte Mühe geben muss, *alle* Gesetze zu erkennen. Und zwar ganz gleich, ob man sie im Moment braucht oder sie sozusagen in Reserve behält, auf Vorrat, so wie die klugen Katzen ihre Krallen stets geschärft haben, ob ihnen gerade die Maus über den Weg läuft oder eben nicht.

Wenn Sie so wollen, plädiere ich für eine »Neugierde aus Vorsicht«; man weiß nie, wann und wo man sein Wissen anwenden kann. Oder wie es Ringeltatz, der große Pfoet, einmal so knapp und klar nach rechter Katzenart ausgedrückt hat: »Man kann nie genug wissen.«

Bevor Sie nun wieder Einwände geltend machen: Natürlich kann niemand, noch nicht einmal die klügste Katze, alles wissen. Aber sich darum bemühen kann man gleichwohl, was dann wiederum überhaupt erst den Spaß am Leben ausmacht, nämlich ständig etwas Neues zu entdecken – um dann aus vollem Herzen sagen zu können: »Wusste ich es doch!«

Tatsächlich gilt der bekannte Spruch des Felinosophen William Catspeare: »Es gibt mehr Dinge zwischen Himmel und Erde, als sich selbst die Katzenweisheit träumen lässt.« Und das will schon etwas heißen, schlafen wir Katzen doch sechzehn Stunden am Tag und haben daher eine Menge Gelegenheit zu träumen.

Auch in diesem Fall muss man also eine Entscheidung treffen, und zwar eine in jeder Hinsicht große und bedeutsame: Was ist es wert, gewusst zu werden? So viel, das es zu wissen gäbe, und so wenig Zeit, selbst wenn man sieben Leben hat. Also: Wie soll man sich entscheiden, anhand welcher Kriterien, mit welchem Ziel und zu welchem Zweck?

Nun, ich will Ihnen da keine Vorschriften machen, wie käme ich dazu, und allem Anschein unterscheiden sich Ihre Gesetze und Regeln doch erheblich von den unseren. Aber ich will Ihnen doch einmal erzählen, wie wir Katzen uns in dieser Frage entscheiden. Unsere Antwort ist einfach und eindeutig: Wir entscheiden uns vermittels der Abwägung von Lust und Leid. Wobei wir – und das muss man Menschen gegenüber hinzufügen – immer das tun, was uns letztlich mehr Lust als Leid bereitet.

Man muss es so deutlich sagen, weil ich den Eindruck habe, dass die Menschen oft genug das Leid der Lust vorziehen und das in doppelter Hinsicht: Zum einen hört man immer wieder, dass die Lust nichts Edles sei, nur die Auswirkung einer niedrig gearteten, ja nichtigen Natur. Sie sei, so heißt es meist weiter, der Köder aller Übel, Versuchung und Verlockung zum Bösen. Sei es nicht gerade die Lust an der süßen Frucht gewesen, die zur ersten Sünde geführt habe? Und müsse nicht daher der Mensch nun alles daran setzen, mit seinem Verstand die Lust zu besiegen, damit die Sünde nicht triumphiere, hier auf Erden?

Zum anderen haben die Menschen, um sich selbst als solche zu beweisen, etwas erfunden, was den Tod jeglicher Lust bedeutet: die Arbeit. Ja, schlimmer noch: Manche behaupten sogar, dass die wahre Lust des Menschen in der Arbeit zu finden sei – seltsame Vorstellung, muss ich sagen, meint man doch mit dem Wort »Arbeit« von Anfang an nur Mühsal und Ungemach.

Weist man die Menschen darauf hin, so antworten sie, dass alles, was lebt, sich stets in Arbeit befinde, denn alle körperlichen Tätigkeiten bereiten Mühe, selbst wenn man nur das Lid hebt oder sich am Bauch kratzt. Also folgern sie daraus, dass man Leben mit Arbeit gleichsetzen könne und man das Leben in Gefahr bringe, wenn man sich stattdessen der Lust hingebe.

Eine – wenn ich das an dieser Stelle freimütig sagen darf – recht abstruse Argumentation, die auch dadurch nicht besser wird, dass man sie damit begründet, Gott selbst habe die Arbeit als Strafe für die entsetzliche Sünde im Paradies über die Menschen gebracht. Schließlich hat Gott ihnen zugleich auch die nötige Intelligenz und Klugheit gegeben, um kreative Lösungen für dieses Problem zu finden.

Es war, wenn ich mich recht erinnere, der Mensch Francis Bacon (welch ein anregender Name!), der eine mögliche Lösung in der Technik sah: Man müsse nur die richtigen Maschinen erfinden, um dem Menschen die Arbeit zu ersparen und sie vom göttlichen Fluch zu befreien, schon bevor das Ende aller Tage gekommen ist. Ein weiser Mann, dieser Bacon, geht es ihm doch nicht darum, dass der Verstand die Sünde besiegt, sondern dass der Verstand die Folgen der Sünde beseitigt.

Dieser seltsamen menschlichen Vorstellung vom Leben als Arbeit setzen wir Katzen eine völlig andersgeartete und auch weitaus bessere entgegen. Ich halte mich an den berühmten Felinosophen Titus Lukratzius Cattus, der unter uns Katzen liebevoll Lukratz genannt wird. In seinem grandiosen Werk »De rerum felium« fasst er alle (zumindest die meisten) Argumente zusammen, die für einen verständigen und vernünftigen Umgang mit der Lust sprechen – und ich kann Ihnen sagen: Es kommen eine Menge davon zusammen.

Zunächst einmal macht er deutlich, dass »Lust« auch verstanden werden könne als die Abwesenheit von Schmerz und Leid. Nach der Lust zu streben sei also ein recht kluges Verhalten, denn wer suche schon aus freien Stücken nach Leid und Schmerz. Niemand, der seine Sinne beisammen habe. So dass die Lust wenn schon nicht die natürliche Bestimmung eines jeden denkenden Wesens, so doch zumindest das Ziel allen

Handelns sei; »das Streben nach Lust ist jedem sinnenbegabten Lebewesen zu eigen«, sagt darum auch Thomas von Katzin.

Anders und in der manchmal etwas kompliziert klingenden Sprache der Felinosophen ausgedrückt: Die Lust ist das dem Ich Naturgemäße, das lebendige Ergriffensein vom erreichten Gut, die Vollendung allen Seins, die aus den Tiefen der Seele geschöpfte Freude. Kurz gesagt: Lust ist der Genuss des Strebens nach Vollkommenheit.

Wenn aber Lust die Abwesenheit von Schmerz und Leid ist, wie Lukratz sagt, dann ist sie auch das probate Gegenmittel gegen Trauer, Verzweiflung, Mutlosigkeit und Depression. Wie soll das gehen? Die Seele, so führt Lukratz aus, habe die vorrangige Aufgabe, den Körper vor den feindlichen und schädlichen Einwirkungen der Welt zu schützen, einer Welt, die sich den Katzen, aber auch den Menschen gegenüber als völlig gleichgültig erwiesen hat.

Lukratz hielt im Übrigen, wie die meisten von uns, die Götter zwar für faszinierende Wesen, die aber auch so sehr mit ihren eigenen Angelegenheiten beschäftigt seien, dass sie weder Zeit noch Gelegenheit hätten, in den Lauf der Welt einzugreifen – weder gütig noch strafend –, und daher könne man sie bei der Bewältigung der weltlichen Herausforderungen durchaus vernachlässigen. So viel dazu.

Wenn aber nun die Seele ihre Schutzfunktion erfüllen soll, dann benötigt sie genügend Informationen und Kriterien, mittels derer sie den jeweiligen – guten oder schlechten – Zustand der Welt erkennen und bewerten kann. Diese Kriterien ihrerseits werden gewonnen aus den Gefühlen entweder der Lust oder des Schmerzes.

»Gut« oder wenigstens doch »zweckmäßig« sei das, was mit Lust verbunden ist, sagt Immanuel Katz und bezeichnet diese

Fähigkeit zur Unterscheidung als »ästhetische Urteilskraft« – woran man wiederum sieht, wie wichtig Ästhetik, das heißt: Schönheit und Eleganz sind, aber das nur nebenbei.

Falls Sie je danach gefragt werden: Der Terminus Katzikus dafür heißt »laetitia«, womit wir die freudige Erscheinung, den fröhlichen Anblick, die angenehm auf die Sinne wirkende Bewegung, kurz, die natürliche Anmut der Katze bezeichnen.

Halten wir also einmal fest: Lust ist die Erkenntnis des Angenehmen. Das Angenehme wollen wir erreichen und behalten; und bei der Suche danach dient uns die Lust als Wegweiser. Kann es aber eine Sünde sein, sich dem Angenehmen verpflichtet zu fühlen? Welch ein Unfug, dann wäre das Leben als solches wohl eine Sünde!

Ja, ich weiß: Es hat Menschen gegeben (und gibt sie immer noch), die genau diese These vertreten haben. Dass es ein Ausdruck von Hinfälligkeit und Schwäche sei, wenn man die Lust dem Leid vorziehe. Dass man daher seinen Verstand und seinen Willen auf das äußerste anstrengen müsse, um das Streben nach Lust und Genuss zu unterdrücken. Und wenn es gar nicht anders gehe: dass man sich selbst strafen und peinigen müsse, um der Lust zu entfliehen.

Ich kann dazu nur sagen: Grober Unfug! Denn, um es wieder einmal in ökonomischen Worten auszudrücken, wenn (was selbst die Lustfeinde ja nicht leugnen) das Streben nach dem Angenehmen jeglichem Leben innewohnt, dann ist es eine unzulässige Verschwendung von Zeit und Energie, sich dagegen zu wehren.

Lust – das ist nämlich jener Zustand des Glücks, wenn man nicht mehr an Energie verbraucht, als man durch die Ernährungstätigkeit ersetzen kann. Oder umgekehrt: Um die Lust zu vermeiden, müsste man immer neue Nahrungsquellen erschließen, was in dieser, unserer Welt nicht immer ganz einfach ist. Es gibt zwar Unmengen an Mäusen, aber wir Katzen haben gelernt, dass es stets schwieriger und aufwendiger ist, zwei Mäuse zu fangen anstatt einer Maus. Und ich füge hinzu: Irgendwann ist es mit dem Spaß auch vorbei, und die ganze Angelegenheit wird mühselig und lästig – eben: Arbeit.

Nun will und kann ich nicht leugnen, dass das Leben selbst der klügsten Katzen nicht immer nur von reiner Lust erfüllt ist, auch wenn wir ständig danach streben. Leid, Schmerz, Mühen gehören bedauerlicherweise auch dazu, und zwar nicht zu knapp.

Ich muss aber auf einen noch beklagenswerteren Umstand hinweisen, dass nämlich oft genug der heutige Genuss der Lust mit Folgen verbunden ist, unter denen wir schon morgen zu leiden haben. Wenn wir Katzen mittags zu viel Milch schlecken, kommt sie uns abends wieder vorne und hinten heraus. Wenn wir zu viele Mäuse essen, dann werden wir über kurz oder lang vergesslich (sagt man zumindest, aber mir ist entfallen, wer es gesagt hat).

Nun haben wir Katzen im Laufe vieler Generationen gelernt, mit solchen Wechselfällen des Lebens klaglos umzugehen. Nichts kann uns daran hindern, am nächsten Tag die Milch erneut zu genießen oder uns auf Mäusejagd zu begeben. Aber als verständige und vernünftige Wesen müssen wir uns der Erkenntnis stellen, dass Lust und Leid in einer manchmal verborgenen, letztlich aber unauflöslichen Verbindung zueinander stehen.

Lust kann sich von jetzt auf gleich in Leid verwandeln, aber es ist noch lange nicht gesagt, dass sich das Leid ebenso schnell wieder in Lust auflösen wird. Auch das – so meinen zumindest einige Felinosophen – ist die Strafe für jene Dummheiten im Paradies.

Es bleibt einem also nichts anderes, als die Vernunft zu bemühen, um Lust und Leid gegeneinander abzuwägen, getreu dem Refrain des bekannten Liedes von Stefan Katzenstein: »Das ist für dich die rechte Lust, die du dann nicht bereuen musst.« Was? Sie kennen diesen Gassenhauer nicht? Dann achten Sie doch demnächst einmal darauf, denn traditionell singen wir diesen alten Schlager zum Abschluss unserer nächtlichen Miezings. Aber verlangen Sie nicht, dass ich es Ihnen jetzt vorsinge; wir haben jetzt Wichtigeres zu besprechen.

Also: Lust und Leid und wie man mit Sinn und Verstand ein harmonisches Leben führen kann. Der erste Rat, den ich Ihnen geben kann, kommt Ihnen sicherlich bekannt vor: Man muss wachsam und vorsichtig prüfen und dann eine Entscheidung treffen – ich füge hinzu: möglichst eine kluge Entscheidung.

Dazu sollte man vor allem wissen, dass es einen Unterschied zwischen »Genuss« und »Lust« gibt. Und zwar so: Lust ist immer mit Genuss verbunden, aber nicht ein jeglicher Genuss befriedigt die Lust. Klingt kompliziert? Dann sage ich es anders: »Genuss an Weibern, Krieg und Hunden ist mit Kosten und Weh verbunden.« Ich muss um Verzeihung bitten, dass in diesem Zusammenhang von »Weibern« die Rede ist; es entspricht weder meiner persönlichen Meinung, noch halte ich es generell für gerechtfertigt, die Koexistenz mit Frauen in irgendeine, wie auch immer geartete Verbindung mit Leid und Schmerz zu bringen, und wenn, dann sind natürlich allein die Kater daran schuld. Gut, sagen wir es also anders: Man – oder wenigstens mancher – mag am Laster und Schlechten Genuss finden, aber mit Lust als dem Streben nach Vollkommenheit hat das überhaupt nichts zu tun.

Wie aber unterscheiden wir nun das Gute vom Schlechten? – Dumme Frage, werden Sie sagen, das weiß doch nun wirklich ein jeder! Mag sein. Ich will Ihnen sogar glauben, dass der Mensch mit diesem doch so wichtigen Wissen geboren wird, so wie wir Katzen unsere Instinkte haben. Aber nur ein einziger Blick auf die Welt, wie sie ist, und nicht, wie sie sein sollte, also nur ein einziger Blick, selbst aus den schwachen Augen der Menschen, macht klar, dass die Menschen zwar so geboren sein mögen, es dann aber ganz schnell wieder vergessen (wie sie ja auch die Kunst des Schlafens verlernen).

Und dieses Vergessen geht offenbar rasend schnell: Wie viele von uns Katzen haben tagtäglich unter bösartigen Kindern zu leiden, die uns zupfen und rupfen, am Schweife ziehen oder in den Hintern treten. Da muss man als Katze schon froh sein, dass heutzutage die Benutzung von Guillotinen zum Zwecke des Spielens strikt untersagt ist. Aber auch so reicht dieses unakzeptable Verhalten als schlagendes Beispiel, wie manche Genuss am Bösen finden können. Darum muss ich wohl doch noch einmal auf die Frage eingehen, wie man das Gute vom Schlechten scheiden kann. Dabei ist die Antwort so einfach, dass selbst ein Mensch sie verstehen kann: durch Vernunft.

Jener Genuss ist schlecht, der nach reiflicher Abwägung mehr Leid als Lust verursacht, und zwar nicht nur jetzt gleich, sondern auch erst morgen oder übermorgen oder im siebten Leben. Um noch einmal einen der alten Philosophen zu bemühen, jenen Tatzon oder Pfoton: Glück – das ist die Mischung aus Vernunft und Lust.

Ich weiß, Sie trauen uns Katzen keine Vernunft zu, weil die Vernunft doch das ist, was den Menschen vom Tier unterscheidet. Und das wiederum ist den Menschen wichtig, wirklich wichtig, denn wie sonst sollten sie sich definieren. Ich glaube,

151

dass dem Menschen auch gar nichts anderes übrigbleibt, als sich von den »Tieren« abzugrenzen; schließlich würde sein Status als Mängelwesen nur noch deutlicher zutage treten, wenn er sich mit ihnen gemein machen würde.

Was ist der Mensch im Vergleich zu den »Tieren«? Er kann nicht so gut sehen, hören, riechen, fühlen, er kann nicht sonderlich schnell laufen, nicht hoch oder weit springen, hat keine wirksamen Krallen, ist nicht sehr stark und hat vor allem keinen so prächtigen Schweif. Das Einzige, das er ins Feld führen kann, ist seine Intelligenz, sein Verstand, seine Klugheit. Das kann nun keiner von uns leugnen – die Menschen sind wirklich verdammt schlaue Kerle, wenn es darum geht, uns »Tiere« zu piesacken; und wenn es sein muss, kennt er auch keine Gnade mit seiner eigenen Spezies.

Nur nebenbei: Wir »Tiere« mögen vielleicht ab und zu Gewalt untereinander ausüben, aber doch nur dann, wenn es absolut notwendig ist. Vielleicht werden die Mäuse eine abweichende Meinung dazu haben, aber selbst sie müssten eigentlich zugeben, dass wir sie nicht der Lust wegen quälen, bevor wir sie verspeisen.

Also: Intelligenz, Verstand, von mir aus noch Kreativität und Innovation. Das wollen wir den Menschen gerne und neidlos zugestehen. Doch »Vernunft«, bitte schön, ist etwas anderes, die hat nämlich etwas mit Erfahrung, Gefühlen, Intuition, Instinkten zu tun, und da können wir Tiere – und wir Katzen allemal – sehr gut mithalten.

Sie wollen ein Beispiel: Nun, noch nie hat man eine Katze gesehen, die sich von irgendwelchen Drogen abhängig gemacht hat. Wir rauchen nicht, wir trinken nicht, wir lassen die Pfoten von all dem widerlichen Zeug, das nur die Sinne vernebelt. Es gibt auch keinerlei Grund dafür, denn wenn man schon von Natur aus scharfsinnig ist, warum dann diese Fähigkeiten wieder mutwillig mindern?

Es wundert mich übrigens sehr, dass die Menschen das tun, wo ihre Sinne doch ohnehin schon miserabel genug sind. Eigentlich würde es die Vernunft den Menschen gebieten, sich auf nichts einzulassen, was ihre offenkundigen Mängel letztlich nur noch größer macht. Wenn sie es aber doch immer wieder tun, dann ist es ein weiterer Beweis dafür, wie der Genuss des Schlechten vom Streben nach Vollkommenheit ablenkt – von »Lust« in einem vernünftigen Sinne kann dann keine Rede mehr sein.

Gut, werden Sie sagen, aber wie halten es die Katzen dann mit Baldrian oder Katzenminze? Lässt sich eine Katze nicht ebenso davon verführen wie ein Mensch von einem Glas Wein? Mag sein, antworte ich, aber dieser Genuss bleibt ohne Folgen, jedenfalls macht uns dieser Genuss nicht krank oder schwach oder arm oder kriminell; er macht nur Spaß, und zwar ohne Reue und Buße!

Aber zurück zu dem Problem, wie man auf vernünftige Art und Weise zwischen Leid und Lust abwägen will. Selbst wenn wir Katzen Erdbeben oder das Wetter vorhersagen können, so fallen uns Prognosen über unsere Handlungen doch nicht leicht. Da können wir noch so wachsam, vorsichtig und bedächtig sein: Nicht immer folgt das Leid der Lust auf der Pfote, so dass man nicht immer wissen kann, welche Folgen dereinst das eigene Handeln haben wird.

Ich gebe ein einfaches Beispiel: Obwohl wir gelernt haben, nur das zu essen, was uns nützt, so führt uns unser Geschmack manchmal doch in die Irre. Ich für meine Person liebe Thunfisch, und wenn es nach mir ginge, könnte ich mich einen jeden Tag meiner sieben Leben nur davon ernähren. Ja, ich tue sogar Dinge, um an meine Dose Thunfisch zu kommen, die sich für eine anständige Gentlecat nun wirklich nicht gehören – ersparen Sie mir bitte weitere Einzelheiten. Und das alles, obwohl ich doch eigentlich wissen sollte, dass wir Katzen einer ausgewogenen Ernährung bedürfen, damit unser Fell glänzend, unsere Krallen spitz und unsere Sinne scharf blieben.

Aber wann im Leben mich die Strafe für diesen unbändigen Genuss erwischt oder ob ich nicht vielleicht doch ungestraft davonkomme, das weiß weder ich noch sonst irgendjemand, das ist eben Schicksal oder Risiko oder wie immer Sie es auch nennen wollen. Es kann alles gutgehen, weil bisher immer alles gutgegangen ist; es kann ebenso gut fatal enden, und zwar früher und schlimmer, als man es sich wünscht.

Was also tun? Etwa ein jegliches Handeln einstellen, um nicht verantwortlich oder gar schuldig zu werden? Eine nicht von vornherein zu verwerfende Alternative, vor allem dann nicht, wenn man die Zeiten des Nicht-Handelns mit süßem, tiefem Schlaf verbringen kann. Ab und zu wird man dennoch aufwachen und etwas essen müssen, und sei es nur eine einzige Maus oder ein kleines Häppchen Thunfisch mit Milch, und vielleicht verbindet sich mit diesem Genuss am Schlechten dann doch wieder das kommende und unvermeidliche Leid. Ich jedenfalls kann nur hoffen, dass mich die schwarze Katze des Todes im Schlaf packen wird (wobei die Chancen dafür leider nicht sehr gut stehen, es wird wohl eher das silberne Auto des Nachbarn sein, aber auch dann geht es schnell; warten wir es einfach ab und lassen uns überraschen).

Eine solche Strategie des »Nicht-Handelns« mag zwar nicht auszuschließen sein, bringt uns aber im Streben nach dem Angenehmen nicht unbedingt weiter. Man muss schon eine sehr spezifische Vorstellung von »Lust« haben, um sich damit zufriedenzugeben, einfach gar nichts zu tun. Es wäre zudem zu schade, wenn man die Tätigkeiten, derer es des Überlebens willen gleichwohl bedarf, nur nebenbei verrichten würde, ohne jeden Sinn und Verstand, nur zur bloßen Befriedigung der niedersten Gelüste wie Hunger und Durst. Wie viel ginge einem verloren, wenn man dann das Schöne nicht mehr vom Hässlichen unterscheiden kann. Es wäre eine Schande.

Wenn man jedoch nicht nur schlafen will, gäbe es die Möglichkeit, die Konsequenzen seines Tuns im Detail und auf das genaueste zu bedenken – und zwar bevor man handelt. Man könnte sich einen ausführlichen Plan machen, eine jede Entscheidung und ihre wahrscheinlichen, möglichen, ja selbst nur vage denkbaren Folgen abwägen, dann überlegen, ob die Chancen die Risiken überwiegen oder auch nicht, und wenn ja oder nein, mit welcher Wahrscheinlichkeit, und ob überhaupt und sowieso und vielleicht auch nicht.

Soll ich in den Garten gehen und nach Mäusen jagen, obwohl es doch in Strömen regnet und ich mir das Fell nass mache? Oder soll ich doch noch warten, bis wieder die Sonne scheint, und mich bis dahin mit dem Katzengras zufriedengeben? Und was ist, wenn es morgen immer noch regnet? Und übermorgen auch noch? Und die Mäuse entscheiden, lieber zu Hause zu bleiben und sich an den eigenen Vorräten zu laben? Und ich vergebens im Garten warte, pudelnass werde (meine Güte, welch eine entsetzliche Vorstellung) und am Ende doch wieder ohne Maus und hungrig zurückkehren muss? Und ich mich dabei erkälte? Aber vielleicht rechnen die Mäuse ihrerseits damit, dass ich bei diesem Wetter nicht auf die Jagd gehe, und tanzen vor Freude im Garten Tango, so dass ich mich ohne

Mühe selbst bei strömendem Regen an ihnen hätte gütlich tun können? Oder sie wissen, dass ich weiß, dass sie wissen, dass ich weiß – und schließlich sterben wir alle nacheinander des Hungertodes, weil niemand eine Entscheidung trifft?

Man sieht: So wichtig Planen und Überlegen sind, wenn man sich nicht Schwanz über Kopf ins Abenteuer stürzen will, so darf man sich doch nicht darin verlieren. Sonst verpasst man nämlich den günstigen Moment, den »kairos«, Sie wissen schon.

Was nützt mir der beste Plan, präzise und detailliert, wenn ich ihn nicht umsetze? Genau: Ich bleibe hungrig und muss mich mit dem blöden Katzengras begnügen. Wem das reicht, der wird ein glückliches Leben führen, aber wer mehr erwartet, der muss auch ab und zu das Risiko eingehen, Fehler zu machen, und das Leid eben als Teil der Lust akzeptieren. Man kann nun einmal nicht alles bedenken.

Lukratz hat gesagt, es geht nicht darum, ein jegliches Leid zu vermeiden – das ist in unserer Welt schlechterdings nicht möglich. Stattdessen muss man danach streben, das Leid zu mindern und die Lust zu steigern, darum wissend, dass es das eine nicht ohne das andere geben kann.

Darum sollte man schon damit zufrieden sein, wenn in seinen sieben Leben die Lust das Leid überwiegt. Oder man doch zumindest alles darangesetzt hat, mit Sinn und Vernunft nach dem Angenehmen zu streben. Dann, so fügt Lukratz hinzu, hat man getan, was einem denkenden und vernünftigen Wesen möglich ist.

Was folgt nun zwingend daraus? Ich kann es nicht besser formulieren als einer unserer geschätzten Vorkater, Quintus Hocratzius Gattus, oder wie man ihn in einer Verballhornung des Namens genannt hat: Hochkratz. »Catze diem«, hat er in seinen

»Carmina Cattina« gesagt, den berühmten »Katzenliedern«, die seitdem immer wieder neu vertont wurden. »Nutze den Tag«, meint er damit und fährt fort: »Traue keineswegs dem nächsten!« Oder wie es so treffend im Katzenmund heißt: »Was du heute kannst besorgen, das verschiebe nicht auf morgen!«

Das gilt in doppelter Hinsicht: Steht etwas Unangenehmes an, dann erledige es so schnell wie möglich, dann hast du es nämlich hinter dir. Die Furcht vor dem Leid ist meist leidvoller als das Leid selbst, man kann auch sagen: »erkannte Angst, gebannte Angst«. Falls es also gerade regnet, wenn man auf Mäusejagd gehen will, dann soll man sich davon nicht aufhalten lassen; je schneller man die Maus fängt, desto weniger wird man nass.

Schließlich kann man sich danach immer noch zum Trocknen neben die warme Heizung legen − und sich von Herzen darüber freuen, dass man mutig war und dem Regen getrotzt hat. Und wer will schon beim nächsten Katzentreffen zugeben müssen, dass er bei Regen faul und ängstlich den Schwanz eingezogen hat, wie es sonst nur die Art der Hunde ist?

»Man sollte nie etwas tun«, hat Oskar, der Wilde, gesagt, »worüber man nicht nach dem Essen plaudern kann.« Da will man doch lieber davon maunzen, wie man die Abenteuer im Regen voller Mut und Entschlossenheit bestanden hat − selbst wenn einem die Maus entkommen sein sollte.

Wenn einem aber das Angenehme widerfährt − und das ist die zweite, vielleicht noch wichtigere Konsequenz −, dann soll man es auch rückhaltlos genießen. Man weiß nie, ob und wann man wieder so viel Glück haben wird. Man soll dann auch nicht mäkeln, wenn das eine oder andere an diesem Genuss nicht so vollkommen ist, wie es nach unseren hohen Maßstäben eigentlich sein sollte.

Ja, der Thunfisch könnte noch etwas saftiger sein; ja, der Rote Thun schmeckt besser als der Gelbflossen-Thun; ja, die Beimischung von Garnelen würde es perfekt machen. Aber immerhin *ist* es Thunfisch, er *ist* lecker – und man stillt auf lustvolle Art den Hunger.

Mir jedenfalls ist es weitaus angenehmer, mich an die Freuden meiner Leben zu erinnern, als mit saurer Miene darüber nachzudenken, wie alles noch hätte besser sein können, und nach den Schuldigen zu suchen, die mir die Vollkommenheit versagt haben. »Das Beste daraus machen«, so sagen wir Katzen, »und sich daran erfreuen.« Neben dem warmen Ofen liegen, die Hortensie im Garten begrüßen, das sanfte Kraulen im Fell spüren – welch paradiesische Genüsse!

Möglich, dass Sie als Mensch andere Ansprüche stellen. Aber schauen Sie einmal genau hin, mit welcher Intensität eine Katze genießen kann. Mir liegt das Schreiben eines gewissen Jeremias Gotthelf vor (ein toller Name), der mir unter seinem Pseudonym »Uli, der Pächter« davon berichtet: »Wer hat nicht schon Katzen gesehen, wie gerne sie sich am Kopfe kraulen lassen, wie behaglich es ihnen wird, wenn ihnen jemand mit Manier den Balg streicht, wie sie sich auf die Seite legen, alle viere von sich strecken, jetzt das eine Bein, jetzt ein anderes aufheben, dass man ihnen auch da kraulen solle, dass es auch hier dem Balg wohltäte, wenn er gestrichen würde mit Manier.« Und bevor Sie jetzt irgendwelche abfälligen Bemerkungen machen, fragen Sie sich lieber, wann Sie das letzte Mal so friedlich und lustvoll haben genießen können. Na, sehen Sie!

Ein letzter Hinweis sei mir allerdings gestattet, bevor wir uns auf den Weg zur nächsten Säule der felinischen Weisheit machen. Nämlich: Lust zu empfinden ist gut. Aber noch besser ist es, auch anderen die Lust zu gönnen.

Wir Katzen sind dabei alles andere als egoistisch, denn wenn Sie einmal ganz ehrlich sind, so macht Ihnen doch das Kraulen der Katze an ihrem Bauch ebenso viel Spaß wie uns. Oder Sie erfreuen sich an der Eleganz unserer Bewegungen, an der Ästhetik unseres Schlafes, an unserem wohltönenden Schnurren oder einfach nur an unserer stillen und schönen Gegenwart. Wäre es nicht so, hätten Sie uns schon längst und für immer hinausgeworfen.

Wir Katzen wissen das sehr genau, deshalb bemühen wir uns auch darum, Ihnen kein Leid zuzufügen. Wir beißen nicht, wir bellen nicht, wir kratzen nicht (nun ja, nur wenn es unbedingt erforderlich ist). Wir achten sehr genau darauf, dass wir Ihnen angenehm sind; wir wissen, wann wir den Raum still und leise zu verlassen haben, damit wir Sie nicht stören; wir wissen, dass ein jedes Ding seine Zeit hat – und passen uns Ihrem Rhythmus klaglos an. »Geteilte Freude ist doppelte Freude« und »geteiltes Leid ist halbes Leid«, so sagt man. Wir Katzen zumindest halten uns daran. Wie sähe die Welt aus, wenn sich auch die Menschen daran hielten? Die Antwort weiß nicht der Wind, sondern Sie allein!

Kapitel 5

»Nimm dir nie so viel, wie du kannst, sondern nur so viel, wie du brauchst!«

Haben Sie schon einmal einen Hund an seinem Fressnapf gesehen? Dann wissen Sie, was Gier ist! Und haben Sie schon einmal eine Katze an ihrem Fressnapf gesehen? Dann wissen Sie, was Mäßigung bedeutet! Mehr müsste man eigentlich dazu gar nicht sagen, wenn, ja wenn die Menschen daraus etwas gelernt hätten.

Zumindest sind wir Katzen aufgrund langjähriger teilnehmender Beobachtung der Menschenpopulation unter wechselnden Bedingungen zu dieser traurigen Einschätzung gelangt. Glauben Sie mir, wir hatten ausgiebig Gelegenheit, die Menschen zu unterschiedlichen Zeiten und an verschiedenen Orten zu beobachten, unabhängig von Geschlecht und sozialem Status oder Alter, Intelligenz und Kultur.

Wir haben Unmengen an Daten und Informationen gesammelt, sie mit allen erdenklichen Methoden ausgewertet – statistisch, beschreibend, hermeneutisch, analysierend, historisch, literarisch – und sind stets zum immer gleichen Ergebnis gelangt: Die Gier ist eines der wesentlichen Merkmale der Gattung Mensch. Deshalb nennen unsere gebildeten felinischen Anthropologen ihn auch völlig zu Recht den »homo appetens«, den »habsüchtigen Menschen«.

Der Mensch also ist süchtig nach dem Haben, er will besitzen, immer mehr und mehr, und er will nichts davon abgeben, an niemanden, noch nicht einmal an seinesgleichen. Eine ganz schlimme Krankheit, wie wir Katzen meinen, denn sie brennt und verzehrt, sie lässt den Menschen nie zur Ruhe kommen. Uns jedenfalls wundert es nicht, dass so viele Menschen schließlich von der kurzatmigen Hektik befallen werden.

»Habsüchtig«, das heißt, dass einem das »Haben« wichtiger ist als das »Genießen«, wie es einst schon Immanuel Katz in seiner »Miezaphysik der Sitten« gesagt hat. Denn der gierige Mensch hat ja gar keine Zeit, sich an seinem Besitz zu erfreuen. Kaum hat er ihn erlangt, macht er sich schon wieder auf die Jagd nach Neuem und nach dem Mehr. Diese Sucht ist nicht zu sättigen: »Es sind die gierigen Hunde, die niemals satt werden können«, so heißt es schon beim Propheten Katzaja, man lese es nach in Kapitel 56, Duftnote 11.

Es ist, als wenn man nach einem Schatten greift. Und so lebt der Homo Appetens auch nie mit sich selbst in Frieden, empfindet keinerlei Lust und Freude, sondern nur das bohrende und quälende Leid, noch längst nicht alles zu besitzen.

Er bemerkt dabei auch nicht, wie seine raffende Gier selbst das verschlingt, was er bereits errungen hat – diese treffende Beobachtung hat der famose Pfotin gemacht und in seiner »Consolatio sapientiae felineae« niedergeschrieben, damit ein jeder es lesen und wissen kann.

Die Gier ist eben ein verzehrendes Feuer, das vor nichts haltmacht. Und je mehr man hat, desto größer wird die Angst, alles wieder zu verlieren; und umso misstrauischer und rastloser wird der gierige Mensch. Er nimmt keine Rücksicht, nicht auf sich selbst und erst recht nicht auf die anderen. Vor allem kennt er kein Erbarmen mit denen, die vielleicht ein wenig mehr haben als er. Gier, Geiz und Neid – das nämlich sind die drei wahren Ursachen allen Leids und Elends in der Welt.

Aber was sage ich da? Das wissen Sie doch alles selbst, da muss nicht erst eine Katze kommen, um es Ihnen zu erklären. Sie sind der »Homo sapiens«, der weise Mensch, der erkannt hat, dass man lieber in Armut lebt als mit solcher brennenden Gier. Sie wissen schon, dass die allgegenwärtige Gier nicht allein mit Gold und Geld zu befriedigen ist, sondern dass sie den Menschen verleitet, noch mehr zu begehren: Ruhm, Ehre, Macht und Schönheit, und das Schlimmste von allen – Liebe.

Wie sagte es schon Kater Oskar, der Wilde: »Geliebt werden wollen – die größte aller Anmaßungen!« Und was tun die Menschen nicht alles, um der Liebe habhaft zu werden! Sie hecheln und japsen wie die Hunde, sie achten nicht auf Anstand und Würde, schon gar nicht ihre eigene, nur für einen Blick, eine Geste, ein Wort, das sie für Liebe halten, aber das doch nur dem Mitleid entspringt – oder dem Bedürfnis des anderen, endlich in Ruhe gelassen zu werden von all den täppischen Bezeugungen der Zuneigung.

Bei uns Katzen werden Sie so ein infantiles Verhalten nie sehen. Weder lassen wir unsere Liebe unbesonnen wuchern, noch fordern wir penetrant die Liebe der anderen ein, nicht von unseresgleichen noch von den Menschen. Wie sonst auch, halten wir es hier mit der Distanz, nicht nur damit sie uns schützt, sondern weil sie uns zudem den ungetrübten Blick auf die Realitäten dieser Welt erlaubt.

Doch ich muss mich nicht lange damit aufhalten, denn Sie wissen auch, dass man von der Gier nie satt wird, sondern schon sehr bald allenfalls Überdruss empfindet, ja vielleicht sogar Ekel, nicht zuletzt vor sich selbst, aber der rasenden Gier doch nicht widerstehen kann.

Aber, so werden Sie sich vielleicht fragen, warum spricht der Kater gerade jetzt von solchen entsetzlichen Sünden wie der Gier oder dem Geiz oder dem Neid? Wo er gerade eben noch das Hohe Lied der Lust gemaunzt hat, und dass man sich dazu bekennen und sie genießen soll, wo und wann immer sie einem gerade über den Weg läuft. Weil man nie weiß, ob sie morgen noch einmal gerade hier bei uns vorbeikommt.

Es geht uns Katzen jedoch nie und nimmer um die Menge der Lust, die wir empfinden, sondern stets um ihre Güte. Deshalb leeren wir auch nicht gierig unseren Fressnapf, nur weil man darin irgendeine Art von Essen angehäuft hat. Ja, wir stillen unseren Hunger, denn das sind wir dem Leben schuldig, doch das bedeutet noch lange nicht, dass wir nicht auch die Qualität des dargebotenen Essens durchaus zu schätzen wissen. Sich von Trockenfutter zu ernähren ist eine Pflicht, der wir uns nicht entziehen; doch Lachs, Thunfisch, Huhn, Milch – das sind die Speisen, die wir lustvoll genießen, das ist – wie einmal ein Mensch gesagt hat – die Vorliebe des kompetent Urteilenden, der vieles in seinem Leben ausprobiert hat und nun genau um die Qualität von Genuss und Lust weiß. Wir Katzen sind dazu geradezu prädestiniert, haben wir doch in unseren sieben Leben genügend Zeit und Gelegenheit, alles Gute zu prüfen, um das Beste zu finden.

»Lust« ist also nicht zuletzt eine Frage der Erfahrung, genauer der Lebenserfahrung. Manchmal höre ich die Menschen sagen, dass unsere Welt so kompliziert, so vielfältig sei, dass man sich nur unter größten Schwierigkeiten darin zurechtfinden könne. Gut, wenn die Menschen das unbedingt so und nicht anders sehen wollen, dann ist das ihre Sache. Aber gestatten Sie mir den Hinweis, dass man die ganze Angelegenheit auch aus einer anderen Perspektive betrachten kann (auch wenn Ihnen diese Perspektive »ver-rückt« vorkommen mag): Die Welt steckt voller Chancen und Möglichkeiten, die es immer wieder aufs Neue zu entdecken gilt.

Keine Frage: Die Gefahr, sich dabei hilflos in Schmerz und Leid zu verstricken, kann nie so ganz ausgeschlossen werden. Aber je mehr Erfahrung wir haben und je besser wir die Erfahrungen mit Sinn und Vernunft auswerten und uns danach richten, desto eher sind wir in der Lage, das eine vom anderen zu scheiden.

»Die gesottene Katze scheut den kochenden Kessel«, pflegt man unter uns zu sagen. Aber sie wird trotzdem die Nähe des Kessels suchen, wenn sie darin die köstlichsten Speisen vermutet – nur eben bedächtig, wachsam und vorsichtig, getragenen Schrittes, sich immer der Gefahren bewusst, eben so lange um den heißen Brei schleichend, bis er abgekühlt ist.

Wenn wir dann das Beste gefunden haben, bleiben wir gleichwohl gemessen in Genuss und Zufriedenheit, das gebieten uns allein schon Anstand und Würde eines zivilisierten Wesens. Wir hüpfen nicht sabbernd und schwanzwedelnd auf und ab, bloß weil man uns den Fressnapf vor die Nase hält oder mit einem Stöckchen winkt. Wir brechen nicht gleich in lauten Jubel aus, wenn wir bekommen, was wir brauchen – kein Siegesgeheul, kein Bellen, kein Kreischen.

Wir Katzen sind stille Genießer. Was nicht bedeuten soll, dass man uns den Genuss nicht ansähe – man muss bei einer Katze eben nur ein wenig genauer hinschauen und hinhören, vielleicht bei der Intensität ihres Schnurrens oder bei der Reinlichkeit, mit der sie den Napf nach dem Essen hinterlässt. Man darf aus der Stille unseres Genusses auch nicht schließen, dass wir etwa undankbar wären, dass wir die Qualität des Essens oder Kraulens nicht zu schätzen wüssten. Seien Sie versichert, das tun wir durchaus; wir sind seit jeher Experten im Genießen.

Bei uns läuft es eher umgekehrt: Wir werden erst so richtig laut, wenn wir *nicht* erhalten, was uns zusteht. Dann schreien wir und miauen und kratzen an Schränken und Türen und hinterlassen unsere Botschaften in allen Ecken des Hauses.

In den langen Jahren des Zusammenlebens mit den Menschen haben wir sehr wohl gelernt, wie wir bei Bedarf auf uns und unsere legitimen Bedürfnisse aufmerksam machen können. Der Präzision unserer Kommunikation hat sich bislang kaum jemand auf Dauer entziehen können. Unsere Mittel und Wege haben sich dabei stets bewährt.

Was ich damit aber maunzen will: Wenn wir Katzen Lust und Genuss energisch einfordern, dann nicht der Gier willen. Lust kann erst dann so recht empfunden werden, wenn man sie sich von Zeit zu Zeit auch versagt, wenn man erst voller Ungeduld darauf warten muss, die Spannung so sehr steigt, dass man sie kaum noch ertragen kann. Wenn man dann noch einmal in aller Ruhe durchatmet, bevor man sich ihr in Vorsicht und Würde nähert, und sich schließlich rückhaltlos dem Genuss hingibt, sich darin durch nichts und niemanden stören lässt.

Doch ebenso wissen wir, dass die Lust nicht unendlich währt und dass es einem gebildeten Wesen geziemt, selbständig darüber zu bestimmen, wann es an der Zeit ist, sich wieder anderen Dingen zu widmen (natürlich nur den angenehmen, denn was wäre das Leben sonst wert).

Ein jedes vernünftige Wesen weiß, dass jegliche Form von Lust und Genuss unweigerlich einmal den Punkt der Sättigung erreicht und umschlägt in Überdruss oder gar schieres Leid. Für ein abwägendes Wesen, wie es eben eine Katze ist, muss es darum gehen, so nahe wie möglich an diese Grenze zu gelangen, ohne sie jedoch ganz zu erreichen oder gar zu überschreiten.

Ich gebe zu, das ist eine wahre Kunst, die man nicht aus Büchern erlernen kann, sondern nur indem man sich ständig darin übt, durch seine Fehler ebenso wie durch seine Erfolge. Dabei lässt sich bedauerlicherweise nicht immer verhindern, dass man es zu heftig angehen lässt und man über das Ziel hinausschießt – nicht bei uns Katzen und erst recht nicht bei den Menschen.

Wie oft habe ich die Maus im Sprung verfehlt und musste es ein zweites, ja ein drittes oder viertes Mal versuchen. Also: durchatmen, den Mund abputzen, sich konzentrieren und es erneut versuchen. Dann wird es mit der Lust schon irgendwann klappen, das verspreche ich Ihnen. Und selbst wenn nicht: Dann gibt es auf dieser Welt noch jede Menge von anderen Arten der Lust, die es durchaus lohnen, genossen zu werden.

Es geht hier also um die Mäßigung, darum, das rechte, man kann auch sagen das gerechte Maß der Dinge zu finden. Wenn Sie sich jetzt daran erinnert fühlen, was ich vor einiger Zeit über »Harmonie« und »Rhythmus« gemaunzt habe, über den Gleichklang der Seele mit dem Kosmos, dann liegen Sie vollkommen richtig (denn man muss »liegen« und nicht etwa »gehen« oder »laufen«, um das Rechte zu erkennen). Das Schöne im Leben, das Wahre, das Gute, das Angenehme, ja die Lust sind nämlich nur in diesem ruhigen Gleichklang zu finden.

Es geht – wenn ich hier einmal diesen altertümlichen Ausdruck verwenden darf – um ein »wohltemperiertes« Leben. Das hat allerdings nur am Rande etwas damit zu tun, ob es gerade zu warm oder zu kalt ist – obwohl wir Katzen ein gewisses Maß an Wärme durchaus und jederzeit zu schätzen wissen, was uns aber keineswegs daran hindert, bei Schnee und eisigem Wind in Ihrem Garten zu patrouillieren.

Wie auch immer: Ein »wohltemperiertes« Leben, das ist ein Leben in der richtigen Mischung, im rechten Maß zwischen den Extremen Lust und Leid. Genieße den Lachs, wann immer er sich dir bietet, aber nie so viel davon, dass du seiner überdrüssig wirst, denn du willst ihn ja morgen und übermorgen wieder genießen können.

Es geht um die »Mäßigung« und nicht die »Enthaltsamkeit«, wie manche Menschen fordern. Sich nämlich der Lust völlig zu enthalten, sich nur Askese, Armut und Arbeit zu widmen – das wäre doch wohl ebenso extrem wie die Gier nach Völlerei und Üppigkeit und daher nach Ansicht der Katzen genauso strikt abzulehnen.

»Enthaltsamkeit« – das fordert die Welt uns ohnehin Tag für Tag mit nie nachlassender Strenge ab, denn die Welt mag üppig an Möglichkeiten sein, aber sie steckt doch auch voller Gefahren.

Wie gern würden wir Katzen uns an den äußerst schmackhaften Fischen laben, lebten sie bloß nicht im Wasser. Denn das Wasser ist – wie Sie wissen – nun überhaupt nicht unser Element, lieber halten wir es mit Luft, Erde und Feuer. Das muss reichen, und daher beklagen wir uns nicht, sondern akzeptieren diese, wenn auch erzwungene Enthaltsamkeit von

Fisch, Krabben, Garnelen und Muscheln, selbst wenn wir wissen, wie köstlich sie uns schmecken.

Wenn uns nun jedoch Welt und Natur unbedingt diesen wunderbaren Genuss vorenthalten wollen, dann streiten wir mit ihnen nicht darüber. Denn im Streit mit der Natur haben wir armen, kleinen, schwachen Katzen keine Chance zu siegen. Wir müssen uns also bescheiden. Freiheit, so sagt man, sei die Einsicht in die Notwendigkeit.

Doch dass wir diese Enthaltsamkeit notgedrungen und klaglos erdulden, bedeutet noch lange nicht, dass wir sie auch als ein besonderes Vergnügen empfinden, weiß Gott nicht. Nie kämen wir daher auf die abstruse Idee, »Enthaltsamkeit« zum Maßstab unserer Leben zu machen. Wenn uns an einem Ort die Lust nicht vergönnt ist, nach der uns der Sinn steht, so geben wir nicht die Lust auf, sondern suchen an einem anderen Ort, zu anderer Zeit, unter anderen Umständen weiter danach. Irgendwo, irgendwie, irgendwann wird sie einem schon von selbst über den Weg laufen. Und bevor Sie skeptisch dreinschauen: Inzwischen können wir den Fisch genießen, ohne uns den Pelz nass zu machen!

Ich für meine Person glaube ja, dass die Menschen die Enthaltsamkeit nur deshalb zur Tugend erklärt haben, weil ihnen als Mängelwesen so viele Genüsse vorenthalten bleiben. Ich will auch nicht leugnen, dass sie damit eine durchaus angemessene Strategie gefunden haben, um sich nicht Tag für Tag darüber ärgern zu müssen, was ihnen alles nicht vergönnt ist. Wenn man schon nicht genießen kann, dann soll es – so meinen die Menschen – doch wenigstens einen möglichst guten Grund dafür geben.

Darum machen sie daraus eine Angelegenheit dessen, was sie »Moral« nennen – die Lust ist nicht unmöglich, sondern verboten, was man schon daraus erkennen könne, dass Lust und Genuss immer mit Leid und Schmerz verbunden seien. Die Strafe folge der Sünde eben immer auf der Pfote.

Gut, wenn es ihnen denn dadurch leichter fällt, sich in das Unvermeidliche zu fügen, dann sollen sie das so sehen. Wir Katzen hingegen benötigen eine derartige Annahme nicht; wir halten es eher mit William von Ockcat, dem klugen Felinosophen, dem wir »Ockcats Rasierkralle« zu verdanken haben. Der hatte nämlich deutlich gemacht: Wenn man zwei Theorien zur Erklärung einer Sache hat, soll man immer die einfachere wählen; was man nicht braucht, wird mit der Rasierkralle abgeschnitten – zack und weg damit. Und was bedeutet das nun im Falle der Menschen und ihrer sogenannten Moral?

Zunächst einmal: Wir Katzen kommen in unseren Leben sehr gut ohne dieses Konstrukt »Moral« aus, wie ja unsere anhaltende Existenz in dieser Welt nachhaltig beweist. Und um sofort einem der beleidigenden Vorurteile entgegenzutreten: Wir sind deshalb nicht »unmoralisch«, handeln also nicht gegen die Regeln der Moral, da wir unsererseits ja die Existenz einer Moral leugnen.

Mag sein, dass wir mit unserem Tun ab und zu die Vorgaben der menschlichen Moral verletzen, aber weder sind wir dazu befragt worden, geschweige denn, dass wir diesen Vorschriften ausdrücklich zugestimmt hätten. Fragen Sie die anderen Katzen, die sehen das sicherlich genauso.

Das Argument, wir hätten die Moral der Menschen in dem Augenblick stillschweigend akzeptiert, als wir uns in ihrer Nähe niedergelassen haben, können wir unter keinen Umständen gelten lassen, denn ebenso könnten wir von den Menschen einfordern, sie hätten sich seitdem unseren Regeln zu unterwerfen. Und nur, dass der Mensch stärker ist als wir und im

Zweifel mehr Gewalt gegen uns ausüben kann als umgekehrt, wäre wohl das billigste aller nur denkbaren Argumente – was wäre schon eine Moral wert, die sich allein auf brutale Gewalt gründet!

Bitte, was? Wir Katzen würden den Mäusen und Ratten und Vögeln gegenüber so und nicht anders verfahren, wenn wir sie jagen und verspeisen? Aber nun wirklich: Wenn wir ihnen Gewalt antun, dann doch nicht aus »moralischen« Gründen, um sie zu bestrafen oder weil wir sie für minderwertig hielten. Nein, ganz im Gegenteil, wir schätzen sie als äußerst hochwertige Nahrung.

Wir Katzen jedenfalls meinen, dass man sich mäßigt und nicht im Übermaß lebt, muss man nicht mit moralischen Katzegorien begründen; es ist völlig ausreichend, dass man sich dazu der Vernunft bedient. Auf die Gefahr hin, mich zu wiederholen (aber ich werde mich wiederholen, bis alle begriffen haben, worauf es ankommt): Mäßigung ist eine Frage der Ökonomie. Nämlich das angestrebte Ziel mit dem geringsten möglichen Einsatz an Kraft und Energie zu erreichen.

Was aber wäre das Ziel? Nun, wie wir gesagt haben, Lust empfinden. Was bedeutet der Einsatz von Kraft und Energie? Auch das wissen wir schon: Leid, Schmerz, Arbeit. Und was fordert die Vernunft? Dass die gewonnene Lust größer ist als das investierte Leid. Dieses Ergebnis lässt sich nun von zwei Seiten beeinflussen – von der der Lust und der des Leids.

Man kann, wie der berühmte Felinom Katz Max einmal gesagt hat, zum einen den notwendigen Einsatz an Kraft und Energie reduzieren, und zwar indem man aufgrund von Erfahrung klüger und vernünftiger handelt, weniger Fehler macht und auf unnötiges Beiwerk verzichtet (Sie erinnern sich an Ockcats Rasierkralle).

Seit den Tagen von Katz Max wird dieser Ansatz nun von den Katzen als »Arbeitswertstrategie« bezeichnet, und das bedeutet, die Menge an eingesetzter Arbeit pro gefangener Maus verringern. Ein – wie ich finde – sehr wichtiger Aspekt der »Mäßigung«, nämlich mit seinen eigenen Vorräten an Kraft und Energie sparsam umgehen.

Aber auch von der Seite der Lust kann man sich an das Problem anschleichen. Hier gilt gleichermaßen Ockcats Rasierkralle, und zwar indem man sich selbst fragt (wen auch sonst?), ob diese besondere Lust es wert ist, sich für ihren Genuss entsprechend anzustrengen. Wie groß, so kann man also fragen, muss die Lust sein, damit man sie trotz der Mühe, sie zu erhalten, überhaupt noch als eine solche empfinden kann?

Anders gesagt: Lohnt sich die Jagd auf eine kleine, magere Maus, wenn man gar nicht hungrig ist? Oder lohnt sich vielleicht die Jagd gar nicht der Speise wegen, sondern jage ich, um zu jagen? Was ist es denn, das mir Lust bereitet? Die entscheidende Frage, die man nur mittels der Vernunft beantworten kann. Eine kluge Katze ist sich ihrer Lust jedenfalls stets bewusst. Sie weiß, was ihr unter welchen Umständen welche Menge und Art von Lust bereiten wird, wann sie sich trotz Hunger vom Kraulen des Bauchs verführen lässt und wann nicht.

Sie weiß auch sehr genau zwischen den Lüsten unterschiedlicher Qualität zu unterscheiden, was ihr zwar den Vorwurf einbringt, »wählerisch« und »heikel« zu sein, aber das geht ihr geradewegs am Schwanz vorbei. Sie weiß schließlich und endlich, dass es eine wahre Lust sein kann, der Versuchung zu widerstehen – die Lust eines vernünftigen Wesens.

Was uns dabei allerdings verwundert, ist, dass die Menschen, die sich doch ansonsten so viel auf ihren Verstand und ihre Vernunft einbilden, nur selten nach diesem exquisiten Genuss streben. Offenbar sind sie überzeugt davon, dass man die Lust nur durch die Menge steigern kann. Dabei ist es doch kein Geheimnis, dass die erste Schale Milch gar köstlich mundet, die zweite die Gelegenheit bietet, den Geschmack der Milch in seiner Vielfalt zu genießen, die dritte aber schon zu Überdruss führt und die vierte nur noch schrecklichen Widerwillen bereitet; mit unvermeidlichen Folgen, über die ich hier aus Anstand nicht sprechen möchte.

Eigentlich sind wir also wieder dort angekommen, wo wir schon einmal waren – nämlich bei der Unterscheidung zwischen dem Wichtigen und dem Unwichtigen. Diese Entscheidung gilt es Tag für Tag zu treffen, und zwar aus sich selbst heraus. Das ist – ich gebe es zu – auch mit der Erfahrung von mehreren Leben nicht immer einfach, denn selbst wenn man das weglässt, was man als vernünftige Katze für unwichtig hält, bleiben immer noch so viele Möglichkeiten übrig, die die Katzegorie »wichtig« beanspruchen können.

Soll man schlafen, essen oder sich kraulen lassen? Soll man im Garten nach Dämonen suchen oder sich auf die Jagd nach einem Vogel machen? Soll man den Weg nach links oder nach rechts wählen? Soll man bei der Hortensie beginnen oder beim Lavendel?

Ich sage Ihnen, das Leben als Katze kann höchst kompliziert sein, und wenn Sie einmal genau hinschauen, dann werden Sie schnell erkennen, wie schwer uns die Entscheidungen fallen. Wir können das nämlich nicht verbergen, denn durch eine Laune der Natur wackelt unser Schwanz beim Nachdenken hin und her; natürlich nicht so hektisch wie bei einem Hund, sondern bedächtig und gemächlich.

Ich glaube, dass ich schon einmal erwähnt hatte, dass uns die alten Griechen daher »Ailouros« nannten – der mit dem Schwanz wedelt. Sie sollten sich nicht darüber lustig machen (»die Katze denkt mit dem Schwanz«, haha!), sondern sich lieber einmal selbst beobachten, was Sie alles anstellen, wenn Sie denken (falls überhaupt): auf dem Bleistift herumbeißen, eine Tasse Kaffee nach der anderen trinken oder furchtbar stinkende Zigaretten rauchen. Da könnten wir auch unsere Witzchen machen.

Wir als wohlerzogene Wesen tun so etwas jedoch nicht, und zwar aus einem ganz einfachen Grund: »Was du nicht willst, das man dir tu, das füg auch keinem anderen zu« – die goldene Regel des Zusammenlebens. Wenn wir also das Unwichtige nach intensivem Wackeln mit dem Schwanz aus unseren Überlegungen ausgeschieden haben, bleiben immer noch mehr »wichtige« Dinge übrig, als wir zur gleichen Zeit erledigen können. Da wir Katzen nicht sehr viel vom Multitatzing halten, sondern uns lieber auf eine einzige Sache konzentrieren (um sie besser genießen zu können), bedarf es wieder des nachdenklichen Schwanzwedelns, um zur nächsten Entscheidung zu gelangen. Und dann zur nächsten. Und wieder zur nächsten – bis der günstige Moment vorbei ist, die Maus in ihrem Loch verschwunden und man die Gelegenheit endgültig verpasst hat. Was also tun, wenn man sich nicht in der Unendlichkeit der Entscheidungen hoffnungslos verlaufen will?

Zwei Antworten will ich Ihnen geben: Erstens nutzt es überhaupt nichts, wenn man nachher klagt, hadert und quengelt. Vorbei ist vorbei, und das sollte es gewesen sein. Wenn überhaupt, dann kann man allenfalls darüber nachdenken, wie man es beim nächsten Mal besser machen könnte, also sein Handeln und seine Fehler analysieren und seine Konsequenzen daraus ziehen.

Zweitens ist es ein Gebot der vernünftigen Mäßigung, möglichst wenige Alternativen als »wichtig« zuzulassen. Anders gesagt, es ist besser, so viele wie möglich von vornherein als »unwichtig«, »unnütz« oder »verzichtbar« zu bewerten, damit danach die Qual der Wahl gar nicht mehr so groß wird.

Uns Katzen sind nämlich die meisten Dinge in dieser Welt ziemlich gleichgültig. Wir lassen uns nicht von deren Vielfalt verwirren, so dass wir auch gar nicht erst in die Verlegenheit geraten, uns zwischen dem einen und dem anderen und noch viel mehr entscheiden zu müssen.

Ich habe schon gesagt, dass wir Katzen nicht »hab-süchtig« sind. Uns geht es nicht um den Besitz der irdischen Güter – wenn sie eine Bedeutung für uns haben, dann nur, weil wir sie genießen können. Was hilft uns der Besitz einer Dose feinsten Thunfischs, wenn wir sie nicht öffnen und den Inhalt aufessen können?

Daher brauchen wir uns auch nicht um all die Dinge zu kümmern, die den Menschen so wichtig erscheinen, nämlich alles zu tun, um den Besitz zu mehren. Wenn ich es richtig im Auge habe, dann sind die Menschen den größten Teil ihres einzigen Lebens genau damit beschäftigt. Und nicht nur, dass die Gier nach dem Besitz ihre Kräfte verzehrt; sie verschwenden noch mehr Zeit und Energie damit, zahllose Entscheidungen zu treffen, immer in der unbezähmbaren Angst, sich gerade für das Falsche entschieden zu haben.

Dabei ist es eine ganz einfache Angelegenheit, die wir Katzen sofort begriffen haben, auch wenn wir nicht so sehr in den Rechenkünsten geübt sind: Wenn man sich für eine Alternative entscheidet, dann muss man nicht nur die unmittelbaren Kosten beachten, sondern auch diejenigen kalkulieren, die sich aus dem Verzicht auf die anderen Alternativen ergeben. Wir Katzen sprechen daher auch von den »Verzichtskosten«. Und allein schon die Anwendung der vier Grundrechenarten (die einzigen, die wir in der Miezemathik gelten lassen – jeder Pfote ihre Rechenart, dann vergisst man auch nichts) macht deutlich, dass diese Verzichtskosten desto mehr wachsen, je mehr Alternativen es gibt.

Sie wollen ein Beispiel, Sie kriegen eins. Nehmen wir an, dass ich die Wahl zwischen Thunfisch und Makrele habe; beide werden mir in der gleichen Menge am gleichen Ort angeboten. Nehmen wir weiterhin an – durchaus realistisch –, dass mir Thunfisch und Makrele den gleichen Genuss bereiten. Woraus dann wiederum folgt, dass auch die Verzichtskosten einander gleich sind. Sagen wir nun noch, dass ich satt sein werde, wenn ich einen der beiden Teller leer gegessen habe – so dass ich nicht das eine nach dem anderen genießen kann. Schließlich soll noch die Annahme gelten, dass man den jeweils anderen Teller entfernt, wenn ich das eine gewählt habe (es gibt tatsächlich Menschen, die Katzen auf diese grausame Art und Weise behandeln), so dass mir die Möglichkeit versagt bleibt, von jedem die Hälfte zu essen.

Entscheide ich mich nun für den Thunfisch, so muss ich von dessen Genuss eben jene Kosten für den Verzicht auf die Makrele abziehen – immerhin bereitet dieser Verzicht mir Leid. In diesem Fall also beträgt die Lust am Thunfisch jeweils nur die Hälfte dessen, was ansonsten, ohne Alternative, möglich gewesen wäre. Stünde mir unter diesen Bedingungen sogar noch eine dritte Alternative, sagen wir Forelle, zur Wahl, würde sich die Lust auf ein Drittel reduzieren, bei vier Möglichkeiten auf ein Viertel und so weiter und so fort. Man kann sich also zu Recht fragen, ob eine Vermehrung der Alternativen tatsächlich von Vorteil ist – oder ob sie nicht letztlich weniger die Lust als eher das Leid vergrößert, wo man doch auf so viel verzichten muss.

Wenn man sich aufgrund seiner Vorlieben eindeutig entscheiden kann: gut. Wenn man den Verzicht nicht als »Leid« versteht: noch besser. Aber die beste Möglichkeit, die Kosten des Verzichts zu reduzieren, besteht darin, von vornherein erst gar nicht so viele Wünsche zu haben. Denn was man nicht hat, darauf muss man auch nicht verzichten. So einfach kann das Leben sein.

Wir Katzen jedenfalls haben festgestellt, dass man mit sehr wenig zufrieden sein kann: essen, trinken, schlafen, gekrault werden (und für diejenigen, die es noch betrifft, auch ab und zu ein wenig Sex). Wenn man nämlich nur wenige Bedürfnisse hat, dann kann man sich umso mehr um die Qualität des Genusses kümmern, dann muss man sich eben nicht mit dem Erstbesten begnügen, das ja meistens noch nicht einmal das Gute, geschweige denn das Beste ist.

Weil wir uns in unseren Bedürfnissen mäßigen, können wir auch unsere ganze physische Energie aufwenden, um die volle emotionale Kraft des Augenblicks zu empfinden – wenn wir genießen, dann mit jeder Faser unseres Körpers. Daran lassen wir dann auch die ganze Welt durch unser Schnurren teilhaben. Und nur damit Sie es wissen: Dieses zufriedene und glückliche Schnurren kann man nicht vortäuschen, es ist immer der ehrliche Ausdruck eines wahren Gefühls. Wir Katzen sollen heimtückisch und verschlagen sein? Dass ich nicht lache!

Es gibt aber noch einen weiteren Grund, sich in seinen Bedürfnissen und seinem Handeln zu mäßigen. Ja, manche von uns wie der noble Lukratz, halten diesen Grund sogar für den wichtigsten überhaupt. Da wir Katzen wie gesagt arme, kleine und schwache Wesen sind, haben wir schon früh erfahren müssen, dass diese Welt, in der wir leben, unveränderlich ist. Und bevor Sie aufgeregt widersprechen: Natürlich verändern sich die Welt und damit auch die Verhältnisse, mit denen wir zurechtkommen müssen. Aber sie verändert sich aufgrund von Gesetzen und Prozessen, die sich unserem Einfluss völlig entziehen.

Es regnet, ob wir es wollen oder nicht, ob es uns gerade passt oder nicht, ob wir damit einverstanden sind oder nicht. Da helfen kein Beten und kein Flehen, kein Ärgern und kein Fluchen. Da muss man abwarten, bis die Wolken aufreißen und die Sonne wieder scheint. Wir Katzen können daran nichts ändern – genauso wenig wie die sonst so klugen Menschen. Auch nicht an den Stürmen und Fluten, am Beben der Erde oder am Ausbruch der Vulkane. Und erst recht nicht am ewigen Werden und Vergehen des Lebens.

Dabei hätte der Mensch es doch so gerne, dass er unsterblich wäre – auch wenn ich mich frage, was er denn mit einem ewigen Leben anfangen würde, denn so viele Bedürfnisse kann nicht einmal der Mensch haben, dass ein ewiges Leben erforderlich wäre, um sie alle zu befriedigen. Was also nutzt die Unsterblichkeit, wenn man sie in Langeweile und Überdruss verbringen müsste? Wir Katzen meinen, dass sieben Leben durchaus ausreichen, um in Eleganz und Würde zu tun, was eine Katze tun muss.

Der Mensch hingegen will sich mit seiner Machtlosigkeit nicht abfinden. Was hat er alles angestellt, um die Welt nach seinen Vorstellungen zu gestalten. Er hat die Sümpfe trockengelegt und Wälder gerodet, er hat die Wüsten bewässert und Löcher in die Berge gebohrt. Er hat Türme gebaut, die bis an den Himmel reichen.

Manches davon, etwa das mit den Sümpfen, wissen wir

durchaus zu schätzen, denn auch uns haben diese verflixten Mücken gepiesackt. Anderes war uns nicht so recht, weil wir mit den Wäldern und Wüsten auch unsere Heimat verlieren. Nicht, dass irgendeine von uns Hauskatzen wirklich dorthin zurückkehren und das einfache Leben der Vorkater leben wollte, Gott bewahre, aber ein wenig Nostalgie sei auch uns gestattet.

Jedenfalls hat der Mensch sich wirklich Mühe gegeben. Er hat auch nicht aufgegeben, wenn nicht alles gleich beim ersten Mal funktioniert hat – bemerkenswert, diese Hartnäckigkeit der Menschen, wobei ich allerdings darauf hinweisen möchte, dass ein harter Nacken äußerst schmerzhaft sein kann und eigentlich einer medizinischen Behandlung bedarf. Doch ich glaube, dass sich die Menschen inzwischen so sehr an ihr Leid gewöhnt haben, dass sie gar nicht mehr wissen, wie man Lust als Freiheit von Schmerz empfinden kann. Aber das müssen sie allein mit sich selbst ausmachen! Wir können zwar Hilfe anbieten, aber die Menschen müssen sie dann auch annehmen. Was sie, wie ich finde, zunehmend seltener tun.

Aber die Frage sei erlaubt: Ist das Leben der Menschen dadurch tatsächlich besser geworden, dass sie versucht haben, die Welt zu verändern? Empfinden sie nun größere Lust und geringeres Leid?

Damit es nun nicht zu kritisch klingt, lobe und preise ich die rastlosen Anstrengungen des Menschen, unsere Welt zu verbessern. Wir wissen durchaus zu schätzen, dass uns heutzutage ein weitaus größeres Angebot an Nahrung zur Verfügung steht – nicht nur reichlich Fisch und Geflügel, sondern auch Mengen an Vitaminen, Mineralien und Ballaststoffen, auf dass auch wir älter werden und frei bleiben von Krankheit und Schmerz. Dank der Menschen!

Das alles ist höchst angenehm und schön, hätte aber nicht unbedingt sein müssen, wie ich hinzufügen will – mit der Akzeptanz unserer Würde und unserer Rechte als intelligente Wesen hätte man uns ebenfalls eine große Freude machen können. Aber wenigstens werden wir Katzen nicht mehr unserer Felle oder gar des puren Vergnügens wegen gejagt und auch nicht mehr aus religiösen Gründen verfolgt.

Doch damit hat man ja noch nicht die Welt an sich verändert, sondern nur den Blickwinkel auf die Welt – wir Katzen sind immer die Gleichen geblieben, ob man uns für einen Gott hielt oder für den Teufel, ob uns die Menschen mochten oder nicht, ob man uns fütterte oder wir selbst für unsere Nahrung sorgen mussten.

Doch ist das Leben also besser geworden, seitdem der Mensch sich darum bemüht, die Welt zu verändern? Wir Katzen wollen das nicht bezweifeln, sind aber gleichwohl der festen Überzeugung, dass die grundlegenden Fragen der Existenz mit Gesundheit und Wohlstand allein nicht zu beantworten sind.

Warum und wozu bin ich überhaupt hier? Und weshalb gerade ich? Hätte es nicht auch jemand ganz anderes sein können? Oder anders gefragt: Wo, wann und wie finde ich den Sinn und die Bedeutung meines Lebens? Und was wäre, wenn wir wagen darüber nachzudenken, ob es im Leben auf das Leben selbst und nicht auf ein Resultat desselben ankäme? Wenn also das Leben außer seiner puren Existenz gar keinen weiteren Sinn und keine tiefere Bedeutung hätte? Zumindest keine, die uns von außen auferlegt würde? Dann, ja dann müsste man doch wohl dem guten, alten Lukratz zustimmen, wenn er die seelische Ruhe, die Ungestörtheit und die Unerschütterlichkeit als höchste aller Ziele beschreibt, die ein vernünftiges Wesen in seinem Leben erreichen kann. Also ein »gelassenes« Leben zu führen, das sich von Lust und Leid gleichermaßen nur wenig beeindrucken lässt.

»Gelassen«, das bedeutet für Lukratz dann auch, dass man zulässt und sein lässt, ohne zu jammern und zu klagen, dass man sich von anderen ebenso wenig treiben lässt wie von seinen eigenen Affekten und Trieben, dass man sich auch der köstlichsten Forelle nur mit gemessenem Schritt nähert, dass man den ruhigen Schlaf auf der Couch ebenso schätzt wie das intensive Kraulen des Bauches. Dass man die Lust nicht als Belohnung und das Leid nicht als Strafe versteht, sondern als unvermeidliche Bestandteile des Lebens.

Will man aber ein solches Leben führen und abwägen zwischen dem Wichtigen und dem Unwichtigen, dann gelangt man schnell zu der Erkenntnis, dass man erst einmal die Welt verstehen muss, bevor man sie verändern kann. Oder wie Katz Max formuliert hat: »Bisher haben die Menschen versucht, die Welt zu verändern; den Katzen aber muss es darum gehen, die Welt zu verstehen.« (Ein Mensch, der sich auch noch verdächtig ähnlich schreibt wie Max Katz, hat übrigens seine These genau umgekehrt formuliert – so sind sie eben, die Menschen.)

Wenn Sie so wollen, können Sie diese Haltung gerne als miezaphysische Überhöhung des Umstandes sehen, dass wir Katzen arme, kleine und schwache Wesen sind, die ohnehin mit dem Versuch, die Welt zu verändern, kläglich scheitern müssten. Nennen Sie es das »Fügen in das Unvermeidliche«, wobei wir es lieber als die »Einsicht in das Notwendige« bezeichnen würden, aber darüber will ich mich mit Ihnen jetzt nicht streiten. Einigen wir uns doch darauf, dass die Katzen gelernt haben, sich mit den Verhältnissen, in denen sie leben, zu arrangieren – und das Beste daraus zu machen.

Wenn mich also der eine Nachbar nicht in seinen Garten lässt, dann gehe ich eben zum anderen; und wenn der unverständlicherweise auch etwas gegen Katzen hat, ja – dann bleibe ich zu Hause und nähre mich redlich mit Makrele und Huhn und schlafe auf der weichen und warmen Couch.

Als Katze muss man nun einmal leider immer damit rechnen, dass es Menschen gibt, die einem nicht wohl wollen; und bevor ich mich mit ihnen auf einen Konflikt einlasse (den ich so nie gewinnen werde), bleibe ich dort, wo man meine Gegenwart zu schätzen weiß.

Wenn man die Welt einmal verstanden hat, dann wird man es sich ganz genau überlegen, welchen Aufwand man betreiben will, um sie zu verändern. Wie gesagt: Wir Katzen haben dazu eine klare und eindeutige Meinung – wir beschränken uns auf das, was in unserer Macht steht, und das ist zugegebenermaßen recht wenig.

Wir können Mäuse fangen und ab und zu auch einen Vogel. Aber wir können nicht die Flüsse umlenken, wir können nicht das Meer bändigen, wir können nicht das Feuer zu unserem Sklaven machen, wir können nicht nach den Sternen greifen. Deshalb versuchen wir es gar nicht erst, denn wir wissen eben, dass wir kleine, arme, schwache Wesen sind.

Aber müssten das nicht auch die Menschen wissen? Sie mögen größer als wir sein, stärker, meinetwegen auch mächtiger, doch was will das heißen im Angesicht der Natur? Kann der Mensch dem Morgen gebieten und der Morgenröte ihren Ort zeigen, dass sie die Ecken der Erde fasse und die Gottlosen herausgeschüttelt werden? – Dann gäbe es wohl weniger Menschen, die den Katzen feindlich gesinnt sind. Kann der Mensch die Bande der sieben Sterne zusammenbinden oder das Band des Orion auflösen? Hat der Mensch den Behemoth gemacht oder den Leviathan und kann mit ihnen einen Bund machen, dass er ihn immer zum Knecht habe?

Das ist ihm noch nicht einmal mit dem Hund gelungen, dass er es wagen kann, ihm zwischen die Zähne zu greifen. Und bei uns Katzen sollte der Mensch es auch nicht versuchen, denn auch wenn wir schwach sind, wissen wir uns wohl zu wehren.

Der Mensch hat Macht über die Dinge, ja sogar mehr Macht über mehr Dinge, als eine Katze es sich je träumen ließe. Doch wir sind nicht neidisch auf den Menschen, denn mit großer Macht geht auch große Verantwortung einher. Man mag uns Katzen faul nennen, aber wir verzichten lieber auf die Macht, als dass wir Tag für Tag unter der Last der schweren Verantwortung leiden müssten.

Wenn ich es mir allerdings so recht überlege, ist dieses Gefühl dem Menschen auch nicht ganz fremd – weshalb er sich auch alle möglichen Götter erschaffen hat, um diese Verantwortung auf sie abzuwälzen. »Ich erfülle doch nur die heiligen Gebote«, sagte der Mensch, als er die Katze auf den Scheiterhaufen warf. »Ich tue nur, was die Gesetze der Natur von mir fordern«, sagte der andere, als er die Katzen ins Labor sperrte.

Nie hat der Mensch seine eigene Verantwortung akzeptiert; und dabei könnte er seine Last doch enorm verringern, indem er einfach nicht alles tut, was ihm möglich wäre. Denn dass man etwas tun kann, bedeutet noch lange nicht, dass man auch mit den Folgen seiner Handlungen zurechtkommt.

Unsere felinischen Chroniken sind voll von solchen Beispielen, dass die Menschen etwas begannen, von dem sie nicht wussten, wie sie es anständig hätten zu Ende bringen sollen. Sie fliegen hinauf in den Himmel, um dem Leid der Welt zu entgehen, doch wenn sie zurückkommen, ist es immer noch der gleiche Ort, voll von Armut, Krieg und Schmerz. Sie bauen Häuser, deren Spitzen an die Dächer kratzen, doch wenn sie endlich auf dem Dach stehen, sind sie genauso traurig wie zuvor.

Manchmal kommen die Menschen mir vor wie eine spielende Katze. Sie haschen nach der Feder, die man ihr vor die Nase hält, sie jagen nach dem Fetzen Stoff, der über den Boden huscht, sie springen nach jedem Schatten an der Wand. Aber wir Katzen wissen, dass es ein Spiel ist, dass es sich bei der Filzkugel um keine wirkliche Maus handelt oder beim wandernden Sonnenstrahl um keinen Vogel. Uns ist bewusst, dass es beim Spiel um das Spiel geht und noch nicht einmal um das Gewinnen.

Bei den Menschen jedoch bin ich mir nicht immer sicher, dass sie wissen, was sie tun. Sie bauen Geräte, mit denen sie schneller sind als der Vetter Gepard oder so hoch und so weit fliegen können wie die Schwalben. Aber der Gepard rast dahin, damit er seine Beute fängt, und die Schwalbe fliegt um die halbe Welt, um in der Wärme zu überwintern.

Der Mensch hingegen eilt und fliegt, nicht um Mühe und Leid zu entkommen, sondern um sich noch mehr Lasten auf seine schmalen Schultern zu packen. Ja, er ist klug und erfindungsreich, aber er vergisst, dass all seine Kunst und Technik nur Mittel sind, mit denen er seine Hoffnungen zu erfüllen sucht.

Immer wieder höre ich, dass man diese erstaunlichen Geräte erfunden hat, um Zeit und Kraft zu sparen. Gut, sage ich dann, aber wozu? Was macht man mit der gesparten Zeit und Kraft? Wir Katzen wissen, was man damit anfangen kann: schlafen! Aber der Mensch?

Vielleicht, so denken viele von uns Katzen, hat das alles damit zu tun, dass der Mensch stets große, ja sogar größte Hoffnungen hat. Nicht von ungefähr sagen die großen Felinosophen, dass der Mensch allein dem »Prinzip Hoffnung« folge. Das heißt nicht, dass er hofft, sein Handeln würde immer zum Erfolg führen. Wohl aber, dass er handelt, um seine Hoffnungen zu verwirklichen.

Denn – wie gesagt – an Hoffnungen mangelt es ihm nicht. Das liegt daran, dass er eine ziemlich genaue Vorstellung davon hat, wie unsere Welt eigentlich aussehen sollte – und er entsprechend damit konfrontiert ist, wie weit sie davon noch entfernt ist.

Manche von uns meinen, er sehne sich zurück nach dem Paradies; andere wiederum sagen, er wolle sich ein neues Paradies nach seinen Wünschen schaffen – wobei wir seltsamerweise bislang noch gar nicht nach unserer Meinung dazu befragt worden sind. Schließlich leben wir ja auch in dieser Welt und hätten doch wohl ein Miau dabei mitzureden. Aber nach Tausenden von Generationen der Nachbarschaft mit dem Menschen und der intensiven teilnehmenden Beobachtung ihres Verhaltens hegen wir jedenfalls keine allzu großen Hoffnungen, was den Menschen anbelangt.

Mir kommt es so vor, als wollten die Menschen eigentlich genauso leben wie wir Katzen, ruhig, gelassen und frei von den Verwirrungen des Geistes. Aber es scheint nicht zu gelingen. Immer wieder entdecken sie etwas, das nicht so ist, wie es sein sollte. Und anstatt sich darüber zu freuen, dass es ihnen im Großen und Ganzen recht gutgeht in dieser Welt, widmen sie sich sofort mit all ihrer Kraft dem neuen Ungemach – meist ohne bedächtig zu prüfen, ob es sich tatsächlich um ein veritables Problem handelt oder doch nur um eine verklemmte Flatulenz.

Wir Katzen jedoch, die wir getreu dem Motto von Katz Max die Welt verstehen wollen, ohne sie gleich in ihren Grundfesten zu verändern, wir Katzen wissen, welche Schikanen diese Welt bereithalten kann. Dass der Sprung nach der Maus danebengeht, dass der Zaun doch zu hoch ist, dass man sich selbst dann die Pfote brechen kann, wenn man immer auf die Füße fällt.

Wer die Welt versteht, wird nie überrascht sein, weder vom Guten noch vom Bösen. Es ist, wie es ist. Es kommt, wie es kommt. Es ist bisher noch immer alles gutgegangen. Und es hätte schlimmer kommen können. Und selbst wenn es zum Allerschlimmsten kommt, dann haben wir von vornherein damit gerechnet; uns kann man nicht so leicht überraschen, wir können immer noch kurz vorher auf dem Schwanze kehrtmachen und die Flucht ergreifen. Was im Übrigen auch kein Zeichen von mangelndem Mut, sondern von großer Klugheit wäre.

»Hoffnung«? Ja, warum nicht, warum nicht wünschen, dass es alles gut ausgeht. Doch sich mit Haut und Haar darauf verlassen? Niemals! Und wie sagt es Friedrich Mietze, der weise Felinosoph:»Man ist am meisten in Gefahr, überfahren zu werden, wenn man gerade einem Wagen ausgewichen ist.«

Glauben Sie mir, es gibt das Böse in dieser Welt, würden wir sonst tagtäglich nach den Dämonen suchen? Und das Böse verzeiht keine Unaufmerksamkeit; es wartet geradezu darauf, dass man im Augenblick des vermeintlichen Sieges die Vorsicht vergisst. Man hat dem Schicksal ein Schnippchen geschlagen, gut so; aber man soll zugleich immer daran denken, dass das Schicksal einen sehr, sehr langen Atem hat, jedenfalls länger als die Menschen, die Hunde und selbst die Katzen mit ihren sieben Leben. Also rate ich Ihnen, auch im Moment des Triumphes sich in Stolz und Jubel zu mäßigen. Ein bisschen Demut kann nie schaden.

Und da wir schon dabei sind, über Gefühle zu sprechen: Haben Sie schon jemals eine lauthals triumphierende Katze erlebt? Oder eine zutiefst verzweifelte? Oder eine wütende? Nie und nimmer! Sicher, aggressiv können wir schon sein, aber nur wenn es darum geht, unser Fell zu retten. Dann empfehle ich Ihnen die schnelle Flucht, denn mit unserem Tatzwan-do können wir schreckliche Wunden schlagen. Fragen Sie einmal den Hund von nebenan! Abgesehen davon, dass er es sicherlich verdient hatte.

Dabei ist es nicht so, dass wir keine Gefühle hätten, oh doch, und wir bitten Sie, diese Gefühle zu respektieren. Wir kennen Hunger, Durst und Lust, aber auch Sehnsucht, Zutrauen, Freude, Abneigung – genauso wie die Menschen. Das ist ja auch kein Wunder, laufen doch in unseren Körpern die gleichen chemischen Prozesse ab wie bei Ihnen; deshalb sollten Sie sich auch nicht allzu viel darauf einbilden, denn letztlich werden auch Sie durch ein paar Hormone und Neurotransmiezer gesteuert.

Das macht die Gefühle jedoch keineswegs klein oder gar unbedeutend, ganz im Gegenteil – dass wir, Sie und ich, Gefühle empfinden können, macht uns überhaupt erst zu vernünftigen Wesen. Denn nur, wenn der rationale, berechnende Verstand Pfote in Pfote einhergeht mit den Gefühlen, sind wir in der Lage, die Welt zu verstehen – und uns an ihrer Schönheit zu erfreuen.

Und wie hat es der große Pfoet Maovalis gesagt (der eigentlich Friedrich von Katzenberg hieß): Wir wollen die unendlich schöpferische Musik des Weltalls hören und nicht nur das eintönige Klappern einer ungeheuren Mühle, getrieben vom Zufall und auf ihm schwimmend, eine Mühle an sich, eine sich selbst mahlende Mühle.

Was der gute Kater damit sagen wollte, ist eigentlich ganz einfach: Wer die Welt in ihrer wahren Gestalt erkennen will, soll dazu auch seine Gefühle benutzen. Ein wenig Erstaunen und Bewunderung für die unbegreifliche Schönheit dieser Welt, ein wenig Respekt und Mäßigung vor der Schöpfung tut uns allen gut.

Wer wie wir Katzen mit Demut und Bescheidenheit die überwältigenden Wunder dieser Welt betrachtet, wird sich nicht zu übermütigen Taten hinreißen lassen, deren Folgen niemand absehen, geschweige denn verantworten kann. Selbst wenn wir uns seit vielen, vielen Jahren ernsthaft darum bemühen, die Welt zu erkennen und zu verstehen, wissen wir doch gleichwohl darum, wie viel wir noch nicht wissen – und wie viel wir vielleicht niemals wissen werden. Aber wir haben auch gelernt, dass man den Geheimnissen ihren Zauber lassen muss – dem Regen, dem Schnee, den Wolken, dem Wind, den Blumen, den Bäumen, ja sogar den Mäusen und den Hunden. Sonst wären es ja auch keine Geheimnisse mehr, sondern eben nur das eintönige Klappern jener ungeheuren Mühle, von der Maovalis gesprochen hat.

Wenn Sie als Mensch das Klappern nicht weiter stört – gut. Aber glauben Sie nicht, dass damit alle Geheimnisse aus der Welt verschwunden sind. Sie mögen Ihren Glauben an Gott verloren haben, doch lassen Sie sich von uns Katzen wenigstens sagen, dass die Dämonen weiterhin ihr Unwesen treiben. Nur dass man sie heutzutage nicht mehr »Teufel« oder »Hexen« nennt, sondern Depression, Hektik und Nervosität.

Doch so wichtig die Gefühle auch sein mögen, wir Katzen behalten sie gleichwohl für uns. Nicht dass wir daraus selbst ein Geheimnis machen, aber Gefühle sind nun einmal etwas sehr Intimes, etwas, das nur einem selbst gehört. Oder wie wir mit dem berühmten Lied von Katzmann von Katersleben singen:

Die Gefühle sind frei, niemand kann sie erraten. Und es geht weiter: ich fühle, was ich will und was mich beglücket, doch alles in der Still' und wie es sich schicket. So halten wir Katzen es nun einmal.

Unsere Gefühle gehen niemanden etwas an, aber zugleich wollen wir damit auch niemandem zur Last fallen. Wir regen uns nicht gleich über alles auf, wir mäkeln auch nicht lautstark an allem, was uns nicht passt.

Nun ja, ein gewisses kritisches Maunzen können selbst wir uns manchmal nicht verkneifen, wenn der Mensch die Ordnung der Dinge stört und das Essen nicht zur rechten Zeit an den rechten Ort stellt. Oder wenn man uns seltener den Bauch krault, als uns zusteht.

Aber wir akzeptieren zugleich, dass auch andere Wesen das Recht auf seelische Ruhe und Ungestörtheit haben – ganz nach dem katzegorischen Imperativ. Gelassen und unerschütterlich zu bleiben – das ist ein Leben nach rechter Katzenart. Und wenn Sie als Mensch schon unbedingt etwas an dieser Welt verändern wollen, dann fangen Sie doch zuerst einmal bei sich selbst an und finden Ihre Lust in der Ruhe. Dann wird nicht nur Ihr Leben angenehmer, sondern auch das der Wesen in Ihrer Umgebung – nicht zuletzt die sieben Leben der Katze.

Kapitel 6

»Tu, was nötig ist, um zu bekommen, was du brauchst!«

*N*un wollen wir einmal ganz ehrlich sein: Auch wir Katzen, denen ansonsten die Tugend nur so aus den Augen strahlt, haben unsere dunklen Seiten – wohlgemerkt alle und nicht nur die schwarzen. Trotzdem glauben manche Menschen fest daran, aus der Farbe des Fells unmittelbar auf deren Charakter schließen zu können.

Schwarze Katzen, so meinen sie, seien besonders mutig; wenn sie ein wenig weißgescheckt sind, sensibel und verschmust; dreifarbige wiederum geduldig und ausdauernd (und nebenbei sollen sie auch noch »Glück« bringen, na ja!). Und die roten Katzen sollen häuslich und kinderlieb sein. So heißt es zumindest, aber andere wiederum behaupten, dass rote besonders streitsüchtig seien und sich mit keiner anderen Katze vertragen. Bis hin zu heftigsten Pfotengreiflichkeiten soll es dabei gehen, wie man hört.

Ich persönlich jedoch halte nach der Erfahrung mehrerer Leben nicht so viel von solchen Hypothesen. Nehmen Sie

 191

mich: Ich bin eine rote Katze und ich bin ziemlich häuslich (jedenfalls bei Regen, Sturm und Schnee). Als »kinderlieb« hingegen würde ich mich nicht bezeichnen, dazu erinnere ich mich noch zu gut an all die Peinigungen, die ich von diesen jugendlichen Gewalttätern habe aushalten müssen – wissen Sie, wie es schmerzt, wenn einem der Schweif in Brand gesetzt wird? Danach sind einem die Qualen in der Hölle völlig gleichgültig.

Wie Sie sehen, halte ich nicht so viel davon, den Charakter eines anderen Wesens aus seinen Äußerlichkeiten ablesen zu wollen. Sicher – und wer wollte ernsthaft widersprechen – hat die Schöpfung einem jeden von uns ein ganz besonderes Bündel an Eigenschaften und Fähigkeiten, aber auch an Schwächen mit auf den Weg gegeben. Und dazu gehören ebenso sicherlich auch die Farbe des Fells, die Größe der Ohren, die Länge des Schweifs oder was immer Ihnen noch an körperlichen Merkmalen einfallen mag. Und natürlich auch die Größe und das Gewicht des Gehirns oder die Zahl der Windungen.

Doch das, was Sie gemeinhin »Intelligenz«, »Klugheit« oder gar »Weisheit« nennen, hat mit diesen Äußerlichkeiten überhaupt nichts zu tun – das haben inzwischen sogar die Menschen herausgefunden (hätte man uns doch schon früher gefragt, welche Dummheiten wären den Menschen erspart geblieben, aber egal!).

Wie hat es der Felinosoph Ludwig Katzgenstein in einem seiner zahllosen Aphorismen einmal so richtig gesagt? Es kommt nicht darauf an, was man hat, sondern was man daraus macht. Oder wie ich es immer ausdrücke: Die Farbe des Fells, ob rot, schwarz, braun oder gescheckt, ist mir ziemlich egal, nur sauber und gepflegt muss es sein – das nämlich kann man von einer anständigen Katze immer und überall erwarten. Wenn die

Katze dann noch klug und gebildet ist – was mehr kann man in dieser Welt der Unzulänglichkeiten verlangen?

Denken Sie auch stets daran, dass selbst so scharfsinnige Wesen wie wir Katzen den anderen nur vor, aber nie in den Kopf sehen können. Schon die allgemeine Vorsicht erfordert es also, sich nicht auf die Höhe der Stirn, die Größe der Nase oder die Form der Augenbrauen zu verlassen, wenn es darum geht, einem anderen Wesen zu vertrauen. Leider sind die Schönsten nicht immer die Besten, und die Wahrheit sagen sie auch nicht immer.

Ich wollte allerdings von den Lastern sprechen und ich meine jetzt nicht jenes Laster, das man früher »gula« genannt hat, nämlich dass wir naschhaft und leckermäulig sind. Dazu habe ich ja schon meine Meinung gesagt: Wenn es eine Sünde ist, sich erst mit dem Besten zufriedenzugeben, dann bekenne ich mich sofort schuldig.

Auch was den immer wieder genannten Vorwurf der »Wollust« angeht, für die man einst das Wort »voluptas« verwendet hat, so bin ich selbst zwar schon seit einiger Zeit in dieser Hinsicht kein Sünder mehr, aber im Namen aller Katzen weise ich darauf hin, dass wir nur das göttliche Gebot der Fortpflanzung ernst genommen haben. Und Pflicht ist Pflicht, so sieht das nämlich in Wahrheit aus!

Mit »Lust« und »Sünde« hat das alles überhaupt nichts zu tun. Und es ist allein die sogenannte »Moral« der Menschen, die uns in den Verruf gebracht hat. Doch das ist uns wohlbekannt, und so regen wir uns darüber auch nicht mehr als nötig auf, denn der »Zorn« wäre eine Sünde, eine sehr große sogar. Er bringt nämlich das mühsam errungene Gleichgewicht zwischen Lust und Leid ins Wanken, und wenn es einmal ins Wanken gebracht ist, dann bricht es von einem Augenblick zum anderen zusammen, und es wäre eine große Mühe, sich wieder in den glücklichen Zustand der Harmonie zu versetzen, nach dem alle vernünftigen Wesen ihr Leben lang streben. Also hört auf die Worte der Katze: Bemüht euch, den Zorn zu meiden, denn der Lauf der Dinge ändert sich dadurch keine Krallenbreite, nur dass ihr selbst unglücklich werdet und nicht in Frieden mit euch leben könnt.

Jedenfalls mit »Zorn« haben wir Katzen nichts zu tun. Wir mögen unwillig werden, wenn man uns zu etwas zwingt, das uns nicht behagt – weil es eben nicht unserem freien Willen entspricht. Und wir sind durchaus in der Lage, nicht nur unseren Willen, sondern auch unseren Unwillen klar und deutlich zu äußern.

Ich will zwar keine unbewiesene Hypothese in die Welt setzen, aber immerhin hat uns die gütige Natur mit scharfen Krallen und spitzen Zähnen ausgestattet. Was sehr klug von ihr gewesen war, denn diese Instrumente lassen sich auf vielfältige Art und Weise nutzen. Doch nein: Katzen handeln niemals in Raserei oder in Wahnsinn – das wäre ja in höchstem Maße unvernünftig und sinnlos.

Schon der polnische Kater Karel Kačinski sagte treffend: »Wenn ein Weiser in Wut gerät, verliert er seine Weisheit.« Und was wäre ein Weiser ohne Weisheit? Na, das kann man sich ja wohl denken: Ein Trottel nämlich, wie alle anderen auch, der ohne Sinn und Vernunft durch die Welt wankt, von einem Unglück zum anderen, der sich alles wünscht, um dann an allem zu scheitern.

Sicher, es ist nur verständlich, dass man sich ärgert, wenn man nicht bekommt, was man will oder was einem anständigerweise zusteht. Aber darf man deshalb in Wut und Zorn verfallen? Nein! Denn wie hat einmal der große chinesische Feli-nosoph Konpfotzius gemaunzt: »Wer kleine Ärgernisse nicht erträgt, verdirbt sich damit große Pläne.« Und sei es nur den Plan, ein angenehmes Leben ohne Schmerz und Leid zu führen.

Wissen Sie denn nicht, dass durch den Zorn Ihr Blutdruck himmelhoch steigt? Und Ihr Cholesterinspiegel? Oder das Risiko eines Herzinfarktes? Alles nur, weil Sie Ihrem Adrenalin freien Lauf lassen? Haben Sie denn keinen eigenen Willen?

Als Katze müsste man sich in Grund und Boden schämen, wenn die Nebennierenrinde das Gehirn beherrscht. Ich meine, der Begriff sagt doch schon alles – »*Neben*nierenrinde«, die äu-ßerste Schicht eines nebensächlichen, eines ephemeren, eines nachrangigen Organs. Davon lassen Sie sich beeindrucken? Ich bitte Sie!

Aufregung schadet. Deshalb will ich mich jetzt auch zügeln und noch ein paar Miaus zu den Sünden abgeben, weil wir gerade über die dunklen Seiten der Katze sprechen. Sieben Todsünden soll es geben, so sagt man. Aber, wenn man es ganz genau nimmt, so wirft man uns Katzen nur zwei davon vor: die Wollust und die Völlerei. Nun habe ich dazu meine Meinung bereits gesagt, so dass wir uns getrost den anderen widmen können.

Der Zorn gehört auch zu diesen Todsünden, doch wie ge-sagt lassen sich die Katzen dazu nicht hinreißen. Bleiben noch vier, und zwar: der Hochmut, der Geiz, der Neid und schließ-lich die schlimmste von allen, die Trägheit des Herzens (oder des Geistes, ganz wie Sie wollen).

Sind wir Katzen also hochmütig? Ich will ehrlich zu Ihnen sein: Ab und zu erliegt die eine oder andere von uns dieser süßen Versuchung. Dann wendet sie sich hocherhobenen

Schwanzes vom Teller mit feinstem Hühnerbrustfilet ab; dann weigert sie sich, den ihr so liebevoll angebotenen Schlafkorb zu betreten, auch wenn darin eine Decke aus schmeichelnder Kaschmirwolle liegt. Dann entzieht sie sich mit buckelndem Rücken und lautem Fauchen dem sanften Kraulen des Bauches, das doch nur so lieb gemeint war.

Ja, ich weiß von diesen Fällen, und ich will sie auch nicht entschuldigen. Man kann nämlich seinen Unwillen, ob nun berechtigt oder nicht, auch auf andere Art und Weise ausdrücken – etwa, indem man heimlich, still und leise den Raum verlässt, wie es die meisten von uns in einer solchen Situation tun würden.

Aber nur zum Verständnis: Im Zweifel weiß jede Katze selbst besser als der Mensch, was sie gerade braucht. Und nicht nur das, sie wird auch besser wissen, was nötig ist, um die Ordnung und die Harmonie der Welt aufrechtzuerhalten. Und sie weiß, dass sie es weiß. Kann man da nicht doch verstehen, dass einige von uns dem Laster des Hochmuts frönen? Nicht zu entschuldigen, aber eben verständlich. Und falls es Sie interessiert: Auch darum geht es manchmal bei unseren nächtlichen Miezings. Wundern Sie sich also nicht, wenn es dann wieder etwas lauter wird.

Die nächsten Sünden – Geiz und Neid. Eine kluge Katze – ich glaube, es war Katzorno, bin mir aber nicht sicher, weil ich trotz intensiven Schnüffelns an allen Pflanzen im Garten die entsprechende Stelle nicht mehr gefunden habe –, jedenfalls hat eine Katze einmal gesagt: Geiz sei konservativ, Neid hingegen revolutionär. Und zwar, weil der Geiz behalten will, was er hat, der Neid jedoch bekommen will, was er noch nicht besitzt.

Darüber kann man kontrovers maunzen, aber ich will es einmal so stehen lassen; Sie als Mensch wissen selbst am besten, was

Sie mit diesem Hinweis anfangen können. Außerdem mischen wir Katzen uns nicht in die aktuellen politischen Debatten ein – das haben wir einmal voller Hoffnung bei der großen französischen Umwälzung gemacht, und es ist uns nicht gut bekommen. Sie erinnern sich: unsere zahllosen Märtyrer unter der Guillotine. Doch in dieser Frage, nämlich ob nun Geiz oder Neid, sind wir Katzen ohnehin völlig leidenschaftslos.

Wir verharren in der Haltung des wahren Felinosophen und beobachten die Katzastrophe lieber aus sicherer Entfernung; schließlich sind wir Katzen weder Urheber noch Verwalter des Weltgeschehens, sondern nur die Wächter. Und wir beziehen unser Selbstbewusstsein auch nicht aus der Schönheit oder Erhabenheit dieser Welt, die wir beobachten, sondern allein aus unserem Wissen um die Ordnung der Dinge. Das macht uns im Übrigen auch so unabhängig vom Lauf der Welt, was manche von Ihnen vielleicht bedauern mögen (wenn Ihre Katze wieder einmal nicht das tut, was sie Ihrer Meinung nach soll), uns aber viele schöne und angenehme Stunden geschenkt hat.

Jedenfalls mit Geiz und Neid haben wir nichts, aber auch rein gar nichts zu schaffen. Noch niemals hat jemand an unserem Fell einen »Geizkragen« beobachtet, und weder ein »Geizhals« noch ein »Raffzahn« gehört zu unserer Anatomie. Und was den Neid angeht: Nicht von ungefähr spricht man landläufig von einem »Neid*hammel*«, und noch nie hat jemand diesen Begriff in die Nähe einer Katze gebracht.

Ich bin mir noch nicht einmal sicher, ob dieser Begriff überhaupt für meine schäfischen Freunde zutrifft, für die ich eine gewisse Sympathie hege, handelt es sich doch bei einem »Hammel« um ein durch rüde Methoden seiner Wollust beraubtes Schaf, mit dem mich ein gemeinsames Schicksal verbindet.

Doch ansonsten weiß ich nicht viel über diese Burschen; vor

197

allem sind sie viel zu groß, um sie zu jagen (und um solche Wesen kümmern wir Katzen uns ansonsten nicht weiter, was schade sein mag, weil man vielleicht einiges von ihnen würde lernen können, aber man muss eben Entscheidungen im Leben treffen, so bitter sie dann auch sein mögen). Man hat mir jedoch gesagt, dass ihr Fleisch, zumindest das der jüngeren Schafe, nichtsdestoweniger recht schmackhaft sein soll, was ich aber aus eigener Erfahrung weder bestätigen noch dementieren kann. Wie Sie ja wissen, lade ich mir sowieso lieber eine jegliche Art von Fischen zum Essen ein und bin in dieser Beziehung höchst tolerant!

Eine Katze jedenfalls würde nie einer anderen das Essen vom Teller nehmen, und selbst wenn – aus Ungeschicklichkeit oder Versehen – käme es doch nie zu größeren Auseinandersetzungen. Sie wissen ja: Aufregung macht krank. Wer in der Kunst des Wartens geübt ist, muss nicht um jeden Bissen kämpfen. Der kann anderen auch einmal den Erfolg gönnen.

Bleibt noch eine Sünde übrig: die Trägheit des Geistes und des Herzens. Nun ja, das ist eine komplizierte Angelegenheit für ein Wesen, das sechzehn Stunden am Tag mit Schlaf verbringt. Aber erstens reden wir hier nicht von der Trägheit des Körpers, und zweitens bedeutet schlafen noch lange nicht, dass man untätig ist.

Was unseren Geist angeht, so sind wir höchst munter, wenn es denn darauf ankommt. Zudem will ich darauf verweisen, was Immanuel Katz einst in seiner »Felinologie in pragmatischer Hinsicht« dazu gesagt hat: »Die Natur hat auch den Abscheu für anhaltende Arbeit manchem Subjekt weislich in seinen für ihn sowohl als andere heilsamen Instinkt gelegt: weil dieses etwa keinen oder oft wiederholenden Kräfteaufwand ohne Erschöpfung vertrug, sondern gewisse Pausen der Erholung bedurfte.«

Klingt wieder einmal sehr kompliziert, aber so maunzen eben die Felinosophen, wobei sie eben meinen, dass man sich schon ein wenig Mühe geben müsse, um ihre Wahrheit zu begreifen. Mag sein, aber wie viele Steine darf man dabei den anderen in den Weg legen?

Was Katz jedoch sagen wollte: Man sei eben von Natur aus träge, sozusagen aus Schutz vor völliger Erschöpfung. Man solle – und das kennen wir ja bereits – nur die gerade nötigen Mittel einsetzen, um das angestrebte Ziel zu erreichen. Aber nach Katz handelt es sich hier um keine Frage der Vernunft oder gar der Moral, sondern eben um eine »natürliche« Eigenschaft, ein wie Katz sagt »Instinkt«, der nicht nur uns Katzen, sondern allen vernünftigen Wesen zu eigen sei. So dass man sich dann doch wundert, dass die Menschen alles daransetzen, wider ihre Natur zu handeln.

Was immer man uns an schlechten Eigenschaften vorgeworfen hat, wir begehen jedenfalls weitaus weniger Sünden als die Menschen. Und wenn, dann sind es auf alle Fälle die kleineren, die lässlichen, die verzeihlichen, die weniger folgenreichen.

Wegen uns hat es zumindest noch keinen Krieg gegeben, sind noch keine fliegenden Büchsen in ein Hochhaus geflogen, sind keine Menschen gequält und getötet worden. Aber, wie ich schon sagte, auch wir haben unsere schwarzen Seiten, die man als verständiges Wesen auch vor sich selbst nicht verhehlen sollte.

Natürlich kann man argumentieren, dass diese dunklen Seiten nur dazu dienen, unsere reinen und glänzenden umso heller leuchten zu lassen. Schließlich putzen wir Katzen uns mit aller Hingabe und mit jenem sturen, durch nichts zu erschütternden Sinn für die Pflichterfüllung, wie er uns seit Tausenden von Generationen gegeben ist.

Beobachten Sie doch einmal eine von uns Katzen, wie sie mit ausgeklügelten Bewegungen und nach einem komplexen System ihren Bauch und ihre Pfoten leckt. Manche Stelle einmal und dann noch einmal, hinauf und hinunter mit der rauhen Zunge; um wieder von vorne zu beginnen, diesmal aber von links nach rechts oder von unten nach oben, selbst bis in das letzte Haar des Schweifes und auf dem Rücken, so dass ich mich manchmal selbst wundere, dass es uns nicht gleich das Genick bricht.

Ja, das alles und noch viel mehr tun wir Katzen, um stets sauber und reinlich zu sein, damit man unsere hellen Stellen besser von den wenigen dunklen unterscheiden kann. Und unterstützen Sie uns bitte dabei, indem Sie uns die angemessenen Nahrungsbegleitstoffe anbieten und genügend Zeit zum Putzen lassen.

Nun gebe ich unumwunden zu, dass diese Argumentation nicht sonderlich überzeugend daherkommt; eher schleicht sie sich dahin wie ein müder und erschöpfter Kater nach einer ausschweifenden Nacht in Nachbars Garten. Folgte man nämlich diesen Argumenten, dann reichte schon eine mehr oder minder gute Eigenschaft aus, um von allen dunklen Seiten abzulenken. Das mag man mir als logisch anpreisen, doch mit dem, was ich die »Wirklichkeit« nenne, hat es rein gar nichts zu tun. Eine schwarze Katze ist eine schwarze Katze und bleibt eine schwarze Katze, auch wenn sie den weißen Kragen der Katzuiten trägt.

Nur damit wir uns nicht missverstehen: Ich rede mit Blick auf die Katzuiten von Schwarz und Weiß als Farben und nicht etwa als moralische Kategorien, dazu besteht zumindest unter uns Katzen überhaupt kein Anlass, denn man beurteilt niemanden nach der Farbe seines Fells. Auch nicht nach seinem Maunzen. Dann doch eher nach dem, was er tut.

Nun gibt es unter uns Millionen von Katzen tatsächlich einige Individuen – leider mehr, als mir lieb ist – mit höchst unangenehmen, manchmal auch widerwärtigen Angewohnheiten. Ich nenne nur: das Pinkeln in Ecken und an Wände, das Kratzen vornehmlich an Holz und Leder, das (man verzeihe den Ausdruck) Kotzen auf Teppiche, das Auswürgen von Haarballen, das Jaulen in tiefster Nacht, wenn alle Menschen schlafen.

Alles schreckliche Sachen, unerzogen, unverzeihlich, aber immerhin husten, rülpsen und furzen wir dafür nicht, im Gegensatz zu Hunden, oder? Falls Sie mit einer Katze in Ihrer Nachbarschaft andere Erfahrungen gemacht haben sollten, wenden Sie sich bitte umgehend an den Tierarzt Ihres Vertrauens. Natürlich in Begleitung der in Frage kommenden Katze, sonst nützt es ja nichts.

Wie auch immer: Diese Art von felinischem Verhalten kann man natürlich nicht gutheißen. Aber ich füge sofort hinzu, dass es nur wenig hilft, wenn man die schändliche Tat als solche verdammt, auch wenn man als Mensch in der Hitze des Moments dazu neigen mag. Eher sollte man seinen Ärger und seine Wut hinunterschlucken, auch wenn es bitter schmeckt, und sich dann in aller Ruhe fragen, was denn die vermaledeite Katze dazu bewogen haben könnte, diese unerfreulichen Dinge zu tun.

Wie man so hört, geht es doch auch bei den menschlichen Übeltätern als Erstes um die Motivation ihres Handelns. Darum legen Sie bitte bei uns Katzen keine anderen Maßstäbe an. Vielleicht hatten jene bösen Katzen eine schlimme Kindheit;

immerhin spielt in unserer Erziehung der Vater überhaupt keine Rolle, er vollzieht seine biologische Pflicht und ward danach nicht mehr gesehen. Und so dient er uns weder als Vorbild noch als Opfer von pubertären Mordphantasien. Zwar müssen wir Katzen uns nicht mit dem »Ödipus-Komplex« herumplagen, sind dafür aber das Produkt rein matriarchalischer Strukturen.

Jedenfalls kann man nicht alles im Leben haben, was die eine oder andere Katze nach jahrelangem Zusammenleben mit den Menschen dazu veranlassen mag, ihrer Unzufriedenheit drastischen Ausdruck zu verleihen. Dabei sind jene von Ihnen so verabscheuten Verhaltensweisen der Katze bloß Teil einer komplexen und ausgeklügelten Kommunikation. Ihre Katze will Ihnen also etwas sagen, wenn sie in die Ecke pinkelt. Und glauben Sie mir, Sie weiß ganz genau, was sie damit meint.

Das Problem liegt also eher auf Ihrer Seite: Das Sie nämlich nicht kapieren, um was es eigentlich geht. Geben Sie sich daher ein wenig mehr Mühe, und Sie werden bald verstehen, was die Katze Ihnen mitteilen will. Vielleicht muss sie nur dringend in den Garten; oder will die alte Decke zurück, die Sie gerade aus sogenannten »hygienischen« Gründen entsorgt haben; oder sie erinnert sich an Gefühle, die eigentlich längst erloschen sein sollten.

Den Umstand, dass Ihnen als Mensch die Kommunikation der Katze unangenehm ist, will ich nicht leugnen – die Natur hat uns tatsächlich mit der Fähigkeit beschenkt, bei Bedarf einen äußerst intensiven Geruch zu hinterlassen und zwar, damit dieser Geruch möglichst lange anhaftet und unsere Botschaften auch von möglichst vielen anderen Katzen bemerkt, gelesen und kommentiert werden können.

Dass unser Urin unter ultraviolettem Licht zudem noch

leuchtet, hat keine besondere Bedeutung, sondern ist ein kleiner Luxus, den wir uns gönnen – wir selbst können diese Farbe überhaupt nicht wahrnehmen. Dafür aber umso mehr die jeweilige Zusammensetzung aus Calcium, Magnesium, Kalium, Phosphat und noch einer Menge anderer Stoffe, mit deren Aufzählung ich Sie hier nicht langweilen will (ich erwähne nur noch, dass Zitronensäure dabei eine wesentliche Rolle spielt). So sind wir in der Lage, höchst komplexe Nachrichten zu hinterlassen, eine Vielfalt an Informationen, wie sie selbst von den modernsten menschlichen Geräten kaum zu entziffern ist.

Dass Ihnen unser Geruch nicht behagt, ist allerdings kein Maßstab für die Beurteilung, sondern allenfalls eine Frage des Geschmacks. Vor dem Gerichtshof der Evolution jedenfalls kämen Sie mit einer Klage nicht durch, denn der urteilt nach ganz anderen Prinzipien und würde wahrscheinlich noch nicht einmal das Hauptverfahren eröffnen.

Und falls Sie mehr religiös eingestimmt sein sollten: Ob Gott uns dereinst für das Eckenpinkeln verurteilen und bestrafen wird, bleibt abzuwarten; in den düsteren Prophezeiungen der Apokalypse des Jokatzes ist diesbezüglich jedenfalls nirgendwo die Rede.

Nur der Vollständigkeit halber will ich an dieser Stelle noch erwähnen, dass wir Katzen ansonsten sehr pfleglich mit dem umgehen, was wir unvermeidlich der Natur zurückgeben müssen. Darüber redet niemand so gerne, auch wenn es ein nicht zu vernachlässigender Teil jenes großen Spiels vom Werden und Vergehen ist, dem sich keiner von uns entziehen kann.

Mag sein, dass die Menschen davon schweigen, weil sie nicht ständig an die Vergänglichkeit ihres einen und einzigen Lebens erinnert werden wollen.

Ich gehe aus Gründen des Anstands nicht auf die unappetitlichen Details ein, weise aber darauf hin, dass eine Katze niemals ihre Exkremente so schamlos auf Straßen und in Gärten zurücklassen wird wie ein Hund. Mögen Sie einwenden, dass dieses schändliche Verhalten nicht vom Hund, sondern doch eher von seinem menschlichen Begleiter zu verantworten wäre, so antworte ich, dass der Hund für sich und allein keinen Deut anders handeln würde. Weshalb die Straßen unserer Städte sehr zu meinem Missfallen zu einer einzigen »Rue de Kack« geworden sind, die von uns Katzen voller Abscheu gemieden werden.

Wie rücksichtsvoll ist dagegen die Katze: Sie benutzt nicht nur in Haus und Wohnung unter allen Umständen und dezent ihre »Katzolette«, wenn die Natur ihren Tribut fordert, nein, auch in Hof und Garten wird sie sich alle Mühe geben, das Unaussprechliche nicht mitten auf der Wiese zu plazieren, sondern sorgsam zu vergraben, so dass niemand es sieht oder riecht oder sich sonst irgendwie dadurch in seinem Empfinden gestört fühlen könnte. So sind wir Katzen eben: stets voller Rücksicht auf die Gefühle anderer Wesen.

Was natürlich – wie Sie geltend machen könnten – eine ganze Menge damit zu tun hat, dass wir Katzen kleine, schwache, arme Tiere sind, die es sich gar nicht leisten können, mit irgendwelchen anderen Wesen in Konflikt zu geraten.

Nun ja, ich weiß von Katzen, die es mit großen Hunden aufgenommen haben oder sogar mit ausgewachsenen Bären. Aber im Grunde genommen haben Sie natürlich recht: Wir müssen Rücksicht nehmen, um zu überleben. Was uns, da wir ja so scharfsinnig sind, auch gar nicht so schwerfällt, weil wir selbst die Wut, die Angst oder die Krankheit eines Menschen spüren können. Sogar den Tod ahnen wir voraus, wie der berühmte Kater Oscar aus der wunderschönen Stadt Providence in Rhode Island eindrucksvoll bewiesen hat, aber das ist eine andere Geschichte. Aus rechtlichen Gründen darf ich Ihnen leider nicht mitteilen, wie wir das machen, aber glauben Sie mir, es funktioniert ziemlich gut.

Wie dem auch sei: Es hat sich als äußerst nützlich erwiesen, die Wünsche und Absichten anderer Wesen in die eigenen Planungen einzubeziehen. Denn auch wenn man diese Motive weder schätzt noch akzeptiert, so können sie doch das eigene Handeln erheblich beeinflussen.

Was für das jeweilige Wesen (Hund, Maus, Mensch) eine Angelegenheit von Gefühl oder Geschmack sein mag, hat für mich eine objektive Bedeutung, denn ich habe weder Lust noch Zeit, mit der Maus über ihre Angst zu diskutieren, bevor ich sie esse.

Doch ebenso wenig berührt mein klägliches Maunzen den Hund, der mich aus unerfindlichen Gründen für seine Beute hält; da hilft dann nur ein gezielter Schlag auf die Nase, natürlich mit ausgefahrenen Krallen, kurz und präzise. Und Sie können mir glauben, ich habe schon Staffordshire und Bullterrier vor Schmerz weinen sehen. Und ich sage Ihnen: Es war ein schöner Anblick.

Gut, ich gebe zu: Unsere Rücksicht auf die Gefühle anderer Wesen hat eher etwas mit Nutzen als mit Moral zu tun. Aber wir sind nun einmal Katzen und nicht die Mieze Theresa aus Catzcutta; wir sind purrfekt, aber nicht unfehlbar. Will maunzen: Ja, liebe deinen Nächsten, aber doch ebenso wie dich selbst.

Wer seine eigenen Wünsche und Interessen, seine eigenen

Begierden und seine Lust nicht kennt und vor allem gar nicht weiß, was sie ihm wert sind, was soll der dann vom anderen wissen? Paulus schreibt in seinem berühmten Brief an die Katerer (Kapitel 5, Duftnote 15): »So ihr euch aber untereinander beißet und fresset, so seht zu, dass ihr nicht untereinander verzehrt werdet.« Und das, bitte schön, kann ja schließlich niemand allen Ernstes wollen! Also heißt es bei uns Katzen: Nehmt Rücksicht, damit auf euch Rücksicht genommen wird.

Unter uns Katzen funktioniert das in aller Regel ganz gut: Wenn man sich nicht kennt, geht man einander aus dem Weg; oder man nähert sich dem anderen vorsichtig und bedächtig; hört, sieht und riecht, was sein Gegenüber einem sagen will; bleibt stets höflich und zurückhaltend. Erst einmal genau prüfen, was der andere im Schilde führt, bevor man seine eigenen Absichten offenbart. Das hat nichts mit Misstrauen zu tun, Argwohn oder gar der Angst, dass der andere uns nur Übles will. Das ist nur die generelle Vorsicht der Katzen, stets auf das Schlimmste gefasst zu sein, um sich über das Bessere freuen zu können.

Ist Ihnen eigentlich schon einmal aufgefallen, dass der größte Vertrauensbeweis einer Katze darin besteht, dass sie den anderen *nicht* anschaut? Weil sie nämlich weiß, dass von diesem Wesen keine Gefahr zu befürchten ist, man es sich also leisten kann, ihn eben nicht auf das genaueste zu beobachten. Wie ich höre, gilt auch unter gewissen Gruppen von Menschen die Regel, dass man den anderen aus purer Höflichkeit nicht in die Augen schaut.

Nun wissen wir Katzen allerdings auch, dass man den anderen zwar lieben soll wie sich selbst, man aber nicht davon ausgehen kann, dass der andere ebenso denkt, fühlt und handelt. Das wäre dann auch mehr als ein Wunder, und darauf kann man sich in dieser Welt nie und nimmer verlassen (nur nebenbei: Könnte man sich auf das Wunder verlassen, dann wäre es ja kein »Wunder« mehr, und man könnte darüber nicht aus vollem Herzen staunen, weil es einen trifft wie der Donner, was ja das Wunder überhaupt erst zum Wunder macht).

Der andere − natürlich auch *die* andere, um dem oft geäußerten Wunsch nach Gender Catstreaming gerecht zu werden −, also der oder die andere hat eigene Vorstellungen davon, was er oder sie als »schön«, »wahr« und »gut« versteht. Der eine mag Thunfisch, der andere Lachs; der eine rote Kater, der andere schwarze; der eine will am Bauch gekrault werden, der andere am Rücken; der eine geht nachts auf Wanderschaft, der andere schläft an der Heizung. Und wer will, ja wer *kann* sagen, was davon das »Richtige« wäre?

Ich jedenfalls maße es mir nicht an, über die Wünsche anderer zu urteilen − zumindest nicht, solange sie mich nicht weiter stören. Das muss allerdings nicht heißen, dass ich diese Wünsche zugleich mag oder dass sie mir angemessen erscheinen oder dass ich sie gar für wert befinde, sie zu meinen eigenen Wünschen zu machen. Nein, beileibe nicht! Als gebildete Katze kann ich nur sagen, was meine eigenen Wünsche, Maßstäbe und Werte sind − und dass ich mein Leben genau danach ausrichte. Ich füge hier nur als rhetorische Frage hinzu: wonach auch sonst?

Wenn ich also die Wünsche der anderen nicht bis ins letzte Detail hinein kennen kann, dann muss ich doch gleichzeitig vermuten, dass sie umgekehrt auch meine nicht kennen. Man darf die anderen eben nicht für klüger, aber auch nicht für dümmer halten, als man selbst es ist.

Es mag zwar nur eine Hypothese sein, aber wir Katzen gehen zunächst einmal stets davon aus, dass die anderen Wesen genauso vernünftig sind wie wir; zumindest aber, dass sie sich einer Art von Kommunikation bedienen, die man irgendwann, wenn auch mit Mühe, verstehen kann.

Das klappt im Allgemeinen auch ganz gut, aber ich gebe zu, manchmal muss man diese Hypothese ganz schnell den Realitäten anpassen – wenn man etwa einem Hund begegnet. Anfangs habe ich ja noch vermutet, dass mit dem Wedeln des Hundeschwanzes irgendeine tiefere Bedeutung verbunden ist, ich wurde aber bald eines Besseren belehrt. Denn während wir Katzen beim Wedeln denken und zudem mit der Stellung unseres Schweifes recht genaue Signale über unsere momentane Befindlichkeit aussenden, scheint es beim Hund eine pure Übersprungshandlung zu sein: Jegliche Form von emotionaler Energie wird sofort in heftigstes Wedeln umgesetzt. Man fühlt sich unwillkürlich an einen Propeller erinnert und wartet eigentlich nur noch darauf, dass sich der ganze Hund, Hintern voran, in die Lüfte erhebt.

Ich habe übrigens nie verstanden, weshalb die Menschen noch nicht auf die Idee gekommen sind, mit dieser schier unerschöpflichen Energie ihre eigenen Maschinen anzutreiben – es gäbe dann zumindest weniger Gestank und Lärm in dieser Welt, was ja auch schon ein schöner Erfolg wäre, auf den die Menschen zu Recht stolz sein könnten.

Wo waren wir stehengeblieben? Richtig, bei den wichtigen Fragen der Kommunikation und dass ich wohl davon ausgehen muss, dass der andere genauso wenig über mich weiß wie ich über ihn.

Welche Schlussfolgerung zieht nun die gebildete Katze daraus? Dass man sich mehr für den anderen interessieren soll? Sich in ihn hineindenken? Ja, damit liegt man sicherlich nie ganz falsch. Über Informationen zu verfügen, vielleicht sogar über »Wissen«, ist immer nützlich in einer unübersichtlichen Welt.

Komme ich aber damit zugleich der Erfüllung meiner eigenen Wünsche näher? Ja, aber nur manchmal. Damit aber der andere, selbst der Unsensibelste und Dümmste begreift, um was es mir geht, verwenden wir Katzen eine weitere Taktik, nämlich klar und deutlich zu äußern, wonach uns der Sinn steht.

Wir maunzen, wenn wir etwas wollen, ob nun essen, wandern oder gekrault werden. Sie werden doch sicher schon einmal bemerkt haben, wie eindringlich wir Katzen auf uns aufmerksam machen können. Oder sind Sie noch nie kurz vor Sonnenaufgang (wann immer er auch sein mag) von einer hungrigen Katze durch lautes Miauen geweckt worden? Und sind Sie noch nie über eine Katze gestolpert, die inbrünstig um ihre Beine streicht, weil es Zeit für Zärtlichkeiten geworden ist? Ach, Sie haben noch nie mit einer Katze zusammengelebt? Dann tut es mir sehr, sehr leid für Sie: Sie haben das wohl Beste in Ihrem Leben verpasst. Oder mit den Worten eines weisen Menschen namens Mark Twain (ja: das gibt es tatsächlich und ist kein Widerspruch in sich selbst): »Ein Haus ohne eine Katze, eine gut gefütterte, gut verhätschelte und gebührend verehrte Katze, mag ein vollkommenes Heim sein, vielleicht; aber wie kann es diesen Anspruch beweisen?«

Nun werden wir Katzen für diese Deutlichkeit unserer Kommunikation von manchen Menschen häufig gescholten. Wir seien »lästig«, ja wir seien sogar »schamlos«, sagt man, wenn wir keinen Zweifel an unseren Begierden aufkommen lassen. Das ist ein schwerer Vorwurf, vor allem, wenn von »Schamlosigkeit« die Rede ist. Denn das würde ja bedeuten, dass wir Katzen bewusst und absichtlich gegen die Werte und Normen handeln, die uns vernünftige Wesen in dieser Welt eigentlich miteinander verbinden sollten.

»Scham« nämlich empfindet man dann, wenn man feststellen muss, dass man sich »falsch«, »unsittlich«, ja »sündig« verhalten hat. Wenn man seine eigene Unzulänglichkeit erkennen muss. Wenn man versagt, während alle anderen Erfolg haben. Wenn man gegen Anstand und Ehre verstoßen hat. Und das schlimmste aller Verbrechen wäre es, wenn man sich dann noch nicht einmal schämt, wo man sich doch hätte schämen sollen. Dass man die Schande nicht erkennt, die man mit seinem Handeln über sich gebracht hat. Genau das würde man uns Katzen dann vorwerfen.

Man macht uns dann also den Vorwurf, dass wir nur an uns denken, wo wir doch eigentlich auf andere – und auf ihre Gefühle – hätten mehr Rücksicht nehmen müssen. Und zwar nicht aus Unkenntnis oder Dummheit, sondern aus purem Egoismus, also im Wissen darum, dass unsere eigene Lust uns wichtiger ist als das Leid der anderen.

Dieser Vorwurf wiegt schwer, denn träfen diese Anschuldigungen tatsächlich zu, dann verlören wir Katzen ein für alle Mal unser gutes Recht, für gebildete und vernünftige Wesen gehalten zu werden. Und deshalb nehme ich mir jetzt die Zeit, darauf ausführlich zu antworten.

Nun könnte ich es mir leichtmachen und maunzen, dass wir Katzen als arme, kleine Tiere tatsächlich keinerlei Ahnung davon haben, welche Werte, Regeln und Maßstäbe die Menschen für angemessen halten, und daher auch unser Handeln gar nicht danach ausrichten *können*. Niemand hat uns gesagt, dass die Menschen für sich das Recht auf Nachtruhe in Anspruch nehmen. Und selbst wenn man es uns gesagt hätte, wie sollten wir daran glauben, wo doch die Menschen selbst des Tags und des Nachts gleichermaßen eine Menge an Lärm machen?

Wie oft werden wir Katzen aus dem Schlaf geschreckt, weil irgendwelche Kracher explodieren oder das Bum-Bum-Bum der Humanmusik ertönt! Gilt denn nicht das gleiche Recht für alle, oder wie hätten wir das zu verstehen? Außerdem: An welche Regeln genau sollen wir uns denn halten, wo die Menschen immer wieder neue Regeln aufstellen, heute dies verbieten, morgen jenes erlauben, so dass sie selbst nicht wissen, was denn gerade »gut« oder »böse« wäre?

Gestern noch war die Wollust eine schwere Sünde, die mit den schlimmsten Qualen in der Hölle bestraft wurde, heute gehört sie zur besseren Lebensart, der sich alle im tätigen Handeln verpflichtet fühlen. Gestern noch sollte man sich in Grund und Boden schämen, wenn man selbstsüchtig und gefräßig war, heute ist der Eigennutz zum moralischen Imperativ geworden. Gestern wurde man für Neid und Habgier geächtet, heute gelten sie allerorts als die wahre Energie der menschlichen Gesellschaft. Wie soll man sich darin als Katze noch zurechtfinden?

Früher galt es überhaupt als unanständig, wenn man sich zu seinen Begierden bekannte, oder schlimmer noch, sich vielleicht sogar noch daranmachte, eine Befriedigung dafür zu finden. Aber, so sprach der große Katzathustra, was ist eigentlich so schlimm daran, Begierden zu haben? Wo wir alle, Mensch genauso wie Katze, von Anfang an damit ausgestattet sind? Es sozusagen zu unser aller »Natur« gehört, »begierig« zu sein? Wer also könnte mit dem auch nur geringsten Anspruch fordern, dass man seine »Natur« verleugnet?

Selbst wenn uns die Gründe nicht immer einleuchten

mögen, Gott oder die Natur wird gute Gründe gehabt haben, uns ausgerüstet mit solchen Begierden ins Leben zu entlassen. Gehen wir nämlich einmal davon aus, dass sie uns damit weder ärgern noch prüfen wollten oder sich dahinter irgendeine seltsame Art von Humor verbirgt.

Also, sprach Katzathustra, reden wir hier nicht weiter von »Begierden« (worin ein böses Wort mit vier Buchstaben steckt, nämlich: Gier), sondern besser von »Bedürfnissen«, worin wiederum das Wort »dürfen« steckt – was man nötig hat, kann niemand verwehren. Was kann denn daran sündig sein, wenn man Hunger verspürt, weil man der Nahrung bedarf? Oder Durst, wenn man Flüssigkeit braucht? Oder Lust, wenn es um die Erhaltung der Art geht? Oder Zärtlichkeit und Wärme, wenn man eins werden will mit seiner Umwelt?

Wir sprechen hier von den elementaren Fragen des Lebens; und darauf eine Antwort zu verweigern, bedeutet zugleich, auf das Leben keine Antwort zu haben. Oder nur eine Antwort, die nichts mehr mit dem Leben zu tun hat. Falls das der Fortschritt des menschlichen Geistes sein soll, so kann er uns Katzen gestohlen bleiben.

Wenn es aber erlaubt ist, »Bedürfnisse« zu haben, warum sie dann nicht auch laut und deutlich äußern? Das ist nämlich die Konsequenz, die Generationen von Felinosophen daraus gezogen haben – von Katzistoteles bis Katzorno. Vor allem aber will ich an dieser Stelle Miezmund Freud nennen, den Begründer der felinischen Psychologie; er nämlich hat uns darauf aufmerksam gemacht, dass gerade dann die schwersten seelischen Probleme entstehen, wenn man seine Bedürfnisse nicht offen und ehrlich ausdrückt, sondern unterdrückt.

Freud analysiert die Situation der modernen Katze als den Konflikt zwischen dem »Katz« und dem »Über-Miez«. Das hört sich wieder so seltsam felinosophisch kompliziert an, ist es aber gar nicht. Mit dem »Katz« meint Miezmund Freud alles das, was die Natur der Katze an Instinkten, Trieben, generell an emotionaler Energie mitgegeben hat.

Das »Katz« sagt der Katze jedoch nicht nur, dass und wann sie Hunger hat oder Durst oder sogar fleischliche Lüste; es gibt ihr zudem alle notwendigen Mittel an die Pfote, um diese Bedürfnisse auch einzulösen. Etwa eine riesige Auswahl an Strategien, um die Maus zu fangen, wenn man hungrig ist, oder Wasser zu finden, wenn man durstig ist, oder den richtigen Partner, wenn es einen so richtig überkommt.

Folgte die Katze allein dem »Katz«, so wäre sie eins mit sich und ihrer Natur – wenn man so will: Dann wäre sie immer noch im Paradies. Deshalb hat Miezmund Freud diesen Teil der felinischen Person auch als das »Katz« bezeichnet und nicht etwa unpersönlich und distanziert als das »Es«. Weil er nämlich zugleich der Meinung war, dass man sich als anständige Katze auch mit diesen Aspekten seiner Person nicht nur abfinden, sondern identifizieren müsse.

Aber dann gibt es da ja auch noch jenes »Über-Miez«. Die Katze, so führt er aus, ist ein vernünftiges Wesen, was wiederum bedeutet, dass sie im Laufe ihrer sieben Leben lernt – aus Erfolgen ebenso wie aus Niederlagen. Dies wiederum bedeutet, dass sie ihre ursprünglichen Instinkte, Triebe und Emotionen den sich stetig wandelnden Situationen anpasst und verändert. »Jede Maus ist anders«, heißt es daher auch unter uns Katzen.

Mit der Zeit leitet sie aus ihren Erfahrungen erst Wahrscheinlichkeiten, dann Regeln und schließlich diejenigen Werte und Maßstäbe ab, die für das Handeln der Katze von zentraler Bedeutung sind.

Das ist alles kein Problem, solange das »Katz« und das »Über-

Miez« der Katze die gleichen Handlungen vorschlagen – dann lebt die Katze weiterhin in perfekter Harmonie mit sich selbst. Schwierig wird es jedoch, wenn die beiden Instanzen unterschiedliche Ratschläge geben. Wenn also das »Katz« mir sagt, dass ich auf der weichen Couch schlafen soll, das »Über-Miez« mich aber aus leidvollen Erfahrungen daran erinnert, dass ich mit brutaler Gewalt von dort wieder vertrieben werde. Und dann muss ich mich – ob ich will oder nicht – zwischen Lust und Verstand entscheiden – eine ausgesprochen unangenehme und lästige Situation.

Ärgerlicherweise gewinnt in diesen Fällen bei uns gebildeten Wesen meist das »Über-Miez«, denn wir alle haben gelernt, dass man lernen muss. Gleichwohl piesackt uns dieses Wissen, denn wir erinnern uns genauso daran, wie lieblich und erholend der Schlaf auf der weichen und warmen Couch sein kann.

Miezmund Freud, der im Übrigen selbst sehr wohl diesen Genuss zu schätzen wusste, lässt uns jedoch mit diesem Dilemma nicht allein: Man solle sich als aufrechte Katze stets seiner Instinkte, Triebe und Lüste bewusst sein. Denn das eigentliche Problem liege nicht in der schieren Existenz jener fordernden Gefühle, sondern darin, dass wir sie nicht genau kennen – und sie daher auch nicht mit Sinn und Verstand nutzen und erst recht nicht genießen können. Wenn wir wissen, was der bloße Geruch von Thunfisch mit uns anstellen kann, werden wir vorsichtig und bedächtig bleiben, auch wenn der Hunger uns nach vorne treibt wie ein Blatt im Sturm.

Was lernen wir nun daraus? Nun, ich sage es Ihnen, nämlich vor allem, dass wir unsere Begierden verstehen und akzeptieren sollen. Dann werden wir erkennen, was tatsächlich im Sinne von Katzathustra zu unseren angemessenen Bedürfnissen zählt und was eben nicht, wem wir uns voller Lust hingeben dürfen und wem eben nicht. Wenn ich Hunger habe, dann muss ich essen; aber ich sollte mich dabei nicht allein auf Lachs und Makrele konzentrieren.

Zweitens lernen wir auch, dass wir unsere Wünsche (wenn wir sie denn tatsächlich für angemessen und gerecht halten) unserer Umwelt klar und deutlich kundtun müssen. Denn wie sonst sollte unsere Umwelt wissen, was wir für unser glückliches Katzenleben brauchen.

Der Satz »Wenn du mich liebtest, dann wüsstest du, was ich brauche« ist die Ursache für unzählige Missverständnisse, Konflikte und Krisen. Niemand kennt einen anderen so gut, dass er alles von ihm wissen könnte – wo man sich doch oft genug selbst gar nicht genau kennt und zutiefst davon überrascht wird, was man fühlt, denkt und tut. Zum Beispiel dass man urplötzlich eine Vorliebe für alten Käse aus Holland entwickelt. Oder trotz Schnee und Regen in den Garten geht. Oder mit einem Hund in häuslicher Gemeinschaft lebt, sogar in Ruhe und Frieden. Hätte man vorher nie geglaubt, ist aber uns allen schon einmal so oder so ähnlich passiert.

Weil das Gegenüber diese Wandlungen eben nicht erahnen kann, soll man sich nicht scheuen, seine neu erwachten Wünsche zu äußern. Das muss zwar nicht bedeuten, dass er sie auch umgehend erfüllt, aber man kann sich selbst wenigstens nicht vorwerfen, dass man es nicht gesagt hätte – auch eine Art von Genugtuung. Und falls der andere sich trotzdem partout weigert, diesen Wünschen nachzukommen, dann kann man immer noch seine Konsequenzen daraus ziehen.

Nun ist das Äußern der Wünsche eine Kunst; vor allem, wenn sie erfüllt werden sollen. Mit einem gewissen Stolz sage ich deshalb: Wir Katzen haben es in dieser Kunst zu einer erheblichen Meisterschaft gebracht. Und zwar weil wir unsere Erfahrungen systematisch, ja geradezu wissenschaftlich analysiert und ausgewertet haben. Oder glauben Sie etwa, es sei ein reiner Zufall, wenn die Menschen unserem Miauen nicht widerstehen können? Nein, das ist das Ergebnis präziser Testmethoden und einer hochsensiblen Anpassung an die Verhaltensweisen der Menschen. Eigentlich dürfte ich es Ihnen gar nicht erzählen, aber da eine englische Zoologin vor kurzem von selbst dahintergekommen ist, kann ich es Ihnen ja doch sagen.

Wenn wir also mit Menschen kommunizieren, beginnen wir mit einem Standardmiauen in normaler Tonhöhe und Lautstärke und prüfen auf das genaueste die Reaktionen. Je nachdem, wie sie ausfallen, modulieren wir das Miauen, wobei wir festgestellt haben, dass es besonders aussichtsreich ist, wenn wir uns dabei dem Klang eines frühkindlichen Schreiens – natürlich eines Menschenkindes – annähern.

Leider gibt es dafür kein Patentrezept, denn wie wir ebenfalls haben feststellen müssen, ist jeder Mensch verschieden, reagiert also auch anders auf Frequenz und Modulation unseres Miauens. Man muss also ein wenig experimentieren, ein wenig höher, ein wenig tiefer, ein wenig leiser, ein wenig lauter, ein wenig kürzer, ein wenig länger, um den individuell jeweils wirksamsten Klang zu treffen. Aber nach Tausenden von Generationen hat sich diese Fähigkeit bei uns Katzen schon genetisch eingeprägt – sonst hätten wir das enge Zusammenleben mit den Menschen wohl kaum so erfolgreich überlebt.

Wie fast immer im Leben, wie beim Warten oder beim Genießen, kommt es auch hier auf das rechte Maß an. Einerseits muss man mit seinen Äußerungen wahrgenommen werden, was in der heutigen Zeit des allgemeinen Lärms und der grassierenden Hektik gar nicht so einfach ist. Man muss als arme, kleine Katze gewissenhaft Lautstärke mit Penetranz kombinieren, damit die Welt überhaupt Kenntnis von einem nimmt. Man darf dabei in der Wahl seiner Mittel auch vor nichts zurückschrecken.

»Wer keine Grundsätze hat, der ist wie eine Katze«, hat ein Mensch mal gesagt. Das hat mich erst zutiefst verärgert, weil wir Katzen sehr wohl über Grundsätze und Werte verfügen, allerdings handelt es sich dabei um unsere eigenen, die sich vielleicht von denen jenes Herrn Fontane unterscheiden mögen. Dann aber, nach einigem Nachdenken, habe ich die tiefe Wahrheit dieses Satzes erkannt: Man darf, wenn man zur Kenntnis genommen werden will, auf keine Form der Kommunikation verzichten.

Man muss die Blumenvase umwerfen, man muss ab und zu in die Ecken pinkeln, man muss seine Krallen ausfahren, um am Türrahmen zu kratzen, wenn das Miauen nichts zu helfen scheint. Ich persönlich bevorzuge für das Kratzen Gegenstände aus Metall, weil man mit ihnen ein Mark und Bein durchdringendes Geräusch erzeugen kann, dem sich nichts und niemand entziehen kann. Man muss auch von Zeit zu Zeit seine Methoden ändern, damit sich die Menschen nicht daran gewöhnen, man also gar nicht mehr beachtet würde, weil man im steten Hintergrundrauschen völlig untergeht.

In diesem Sinne bekenne ich mich auch dazu, dass wir Katzen »schamlos« sind, denn tatsächlich dürfen wir keine Gnade kennen, wenn wir unser Wünsche äußern. Ja, wir können den Menschen auf die Nerven gehen, denn was sonst sollen wir auch tun? Damit, dass wir ihnen nur auf die Füße treten, hätten wir wohl keinen Erfolg – mit unseren vier, fünf Kilo hinterlassen wir keinen größeren Eindruck (gut, ich bringe ein wenig mehr auf die Waage, aber das hat in diesem Fall nichts weiter zu bedeuten).

Wir Katzen können den Menschen natürlich auch unter die Haut gehen, was uns dank der Krallen gar nicht so schwerfallen würde; dazu haben wir in den vielen Stunden des geduldigen Schärfens an Teppichen und Ledersofas auch recht wirkungsvolle Methoden entwickelt, die ihren Zweck kaum je verfehlen (Sie erinnern sich doch: das Tatzwan-do).

Doch dabei handelt es sich um sehr rabiate Techniken, die wir nur in sehr speziellen Situationen anwenden. Wie hat es der Samuraikater Tatzashi so richtig gesagt: Man muss nicht jeden Kampf kämpfen!

Es bleibt uns also nicht sehr viel anderes übrig, als den Menschen mit allen Mitteln auf die Nerven zu gehen, vorzugsweise die Hör- und Geruchsnerven. Irgendwie müssen wir schließlich auf uns und auf unsere legitimen Wünsche aufmerksam machen, wenn wir in dieser komplexen und komplizierten Welt voller Signale und Botschaften nicht ganz untergehen wollen. Und genau das – so sind wir uns ziemlich sicher – wäre weder die Absicht Gottes noch die der Natur. Wenn Sie das flehentliche Maunzen der Katze erhören, dann tragen Sie Ihren Teil dazu bei, dass die Vielfalt der Welt erhalten bleibt. Sie können am Abend beruhigt und unbesorgt ins Bett gehen – die Katze wird Sie am nächsten Morgen schon früh genug wieder an Ihre Pflichten erinnern.

Wie ich also immer wieder sage: Wir sind kleine, arme, schwache Wesen und deshalb dürfen wir keinerlei Rücksicht auf die Gefühle anderer nehmen; die Chance, dass man unsere Wünsche erfüllt, kommt nicht so oft wieder. Was nützte es, wenn wir morgens still und leise bleiben und die Menschen nicht stören? Die Wahrscheinlichkeit ist viel zu hoch, dass sie uns vergessen und aus dem Haus gehen, ohne uns genügend Essen zu hinterlassen, so dass wir uns den lieben, langen Tag mit staubigem Trockenfutter begnügen müssen.

Dann ist es doch besser, schon so früh wie möglich mit dem Miauen zu beginnen und erst damit aufzuhören, wenn Hühnerbrust und Milch in den Schüsseln liegen. Ich gebe zu, dass manche von uns schon damit Erfolg haben, dass sie sich neben das leere Geschirr setzen und damit ihre Wünsche auf eine sehr elegante Art und Weise deutlich machen. Natürlich suchen sie sich dafür einen Platz, der mitten im Weg der Menschen liegt, so dass man sie gar nicht übersehen kann.

Sosehr ich diese subtile Art der Kommunikation auch schätze, ich weise doch darauf hin, dass sie nicht ohne Gefahren bleibt. Zum einen besteht das Risiko, dass man übersehen wird und einen Tritt in den Hintern bekommt – dass er unabsichtlich erfolgt, macht die Schmerzen nicht geringer. Und zum anderen gibt es leider sehr, sehr viele Menschen, die man als »grobsensorisch« bezeichnen muss, die also gar nicht bemerken, dass die still und ruhig dasitzende Katze ihnen eine wichtige und ernsthafte Botschaft übermitteln will.

Da man die Schuld nie bei den anderen suchen sollte, gehe ich persönlich lieber sofort zu den massiveren Methoden über und miaue schon von Sonnenaufgang an, als wenn der Teufel hinter mir her wäre.

Andererseits aber – und das ist eben die wahre Kunst – muss man auch wissen, wann es gut ist. Wann man kein Mitleid mehr erzeugt, sondern nur noch als »lästig« angesehen wird. Mir persönlich wäre das ja egal, solange ich gleichwohl mein Ziel erreiche, denn wenn es um die Erfüllung elementarer Wünsche geht, darf man keine Scham walten lassen.

Aber die Menschen sind seltsame Wesen: Sie erfüllen nicht

etwa ihre Pflichten, damit wir ihnen nicht zur Last fallen, sondern sie jagen uns ganz einfach davon, ohne uns zu geben, was angemessen wäre. Man kann es also mit der Kommunikation und vor allem ihrer Deutlichkeit auch übertreiben, so dass man am Ende mit leeren Pfoten dasteht. Da heißt es aufpassen, wann und wie man seine Wünsche äußert.

Dass man dabei bis an die Grenze des Erträglichen geht (zumindest bis an die Grenze dessen, was andere ertragen können), steht für mich außer Zweifel. Aber doch eben nur *bis* an die Grenze, keineswegs darüber hinaus, sonst stellt sich wieder die Frage von Lust und Leid, denn was hätte man davon, wenn man unter lauten Schreien mit der Zeitung durch das Haus gejagt wird, bevor man sich nur mit Mühen auf den Schrank retten kann – und zwar ohne dass man etwas zu essen ergattert hat oder gekrault worden ist. Wenn man sich später aus purer Rache an den Tulpen auf dem Tisch gütlich tut, löst das zwar die seelischen Spannungen, aber nicht das Problem – denn Tulpen sind nicht besonders nahrhaft.

Ich weiß: Diese Mäßigung fällt manchen von uns recht schwer; wir sind eben auch nur Wesen aus Fleisch und Blut. Und ich gebe zu, dass auch ich selbst im Überschwang meiner Gefühle ab und zu die Krallen ausfahre, wenn man mir in bester Manier den Bauch krault – nur um noch ein wenig mehr davon zu erhalten. Das soll nicht sein, das darf nicht sein – aber es kommt eben manchmal über mich, und ich kann mich dann, wie so viele andere Katzen auch, nicht beherrschen. Ich bitte also in aller Form um Verzeihung.

Abgesehen von Extremsituationen sind wir Katzen aber bekannt dafür, dass wir unsere Wünsche und unseren Willen in sehr subtiler Weise kundtun. Nicht wie die Hunde, die aus dem

Spiel heraus zubeißen. Uns Katzen merkt man schon sehr früh an, wenn wir etwas mögen oder eben auch nicht.

Kurt Tatzenmaier weist in seinem jüngst veröffentlichten Werk »Zur Semiotik felinischen Verhaltens in modernen Gesellschaften« zu Recht auf das hin, was er die »sensible Subtilität cattinischer Encodierung« nennt. Einfacher ausgedrückt: Wenn man sich als Mensch die rechte Mühe gäbe, könnte man im Verhalten der Katze lesen wie in einem aufgeschlagenen Buch. Für nahezu jegliche Stimmung sendet die Katze ein deutliches Signal. Sie wird sich nur ein wenig zur Seite wenden, wenn das Kraulen nicht mehr behagt, dann wird sie die kraulende Hand sanft, aber bestimmt mit ihrer Pfote wegschieben, und bevor sie ihre Krallen ausfährt, wird sie eher aufstehen und sich elegant zurückziehen.

Man muss sich als Mensch auf diese feinen Signale einlassen, genau beobachten und sein Handeln danach richten − dann klappt es auch mit der Katze. Denn was Sie vielleicht als »Schamlosigkeit« wahrnehmen, ist doch nichts anderes als tiefste Ehrlichkeit. Wenn es um die wahrhaft wichtigen Dinge des Lebens geht, dann verschleiern wir Katzen unsere Gefühle nicht, dann tragen wir keine emotionale Burka, dann sagen wir, was Sache ist. Und das, bitteschön, sollten doch auch die Menschen zu schätzen wissen, selbst wenn ihnen Inhalt und Form dieser Ehrlichkeit nicht immer gefallen. Aber irgendjemand, und seien es auch nur wir Katzen, muss doch einmal die Wahrheit sagen.

Kapitel 7:

»Erkenne deine wahren Bedürfnisse, und folge nur ihnen!«

Nun mögen Sie es »schamlos« nennen, wenn man sich nicht an die Regeln hält und nur seinem eigenen Willen folgt, aber man könnte ein solches Verhalten auch für den Ausdruck von »Freiheit« halten, sogar der »Willensfreiheit«, und das ist es schließlich, was den Menschen so wichtig ist, dass sie es offenbar keinem anderen Wesen zugestehen als sich selbst.

Lässt der Mensch sich in seinem Handeln von niemandem beeinflussen, so ist es gut und richtig; tut die Katze jedoch das Gleiche, so ist sie »eigensinnig« und »unverschämt«; sie muss dafür gerügt und bestraft werden und nicht gelobt und gepriesen. Wie gut, dass wir Katzen mit jeglicher Kritik so gelassen und ruhig umgehen können.

Beobachten Sie doch einmal eine Katze, wenn sie vom Menschen ausgeschimpft wird, weil sie zum Beispiel die Frikadellen auf dem Tisch nach kurzer, aber heftiger Jagd erlegt hat. Für die Menschen geradezu ein »Sakrileg«, ein Verstoß gegen heilige Gesetze, für die Katze aber nichts anderes als der Ausdruck ihrer inneren Freiheit.

Deshalb wird die Katze auch nicht verstehen, warum sie gescholten wird. Sie wird – allerdings nur aus purer Höflichkeit – die Tirade in aller Ruhe über sich ergehen lassen, gegebenenfalls mit geneigtem Kopf die Vorderpfote putzen, dann aber, wenn sie denkt, dass es genug ist, sich langsam erheben und mit gerecktem Schweif von dannen ziehen.

Nie, aber auch wirklich niemals, hat man eine Katze gesehen, die wie ein gescholtener Hund den Schwanz einzieht und ängstlich zitternd unter dem Tisch kauert.

Natürlich wird man dieses Selbstbewusstsein der Katze wiederum als »Schamlosigkeit« auslegen, als Affront gegen die Herrschaft des Menschen, aber auch mit dieser Kritik können wir durchaus leben, sehr gut sogar. Schließlich heißt es unter uns Katzen: Wenn der Mensch nicht will, dass wir die Frikadellen essen, dann soll er sie gefälligst woanders hinstellen. So viel an Nachdenken und Eigenverantwortung kann man doch wohl auch vom Menschen erwarten, oder?!

Im Allgemeinen neiden wir dem Menschen sein Essen nicht, und wir beschweren uns auch nicht darüber, dass er uns manch feine Teile vorenthält. Wie es heißt aus Fürsorge, weil wir nichts essen sollen, das zu scharf gewürzt ist oder zu sauer oder zu süß, weil uns das krank machen könnte, weil unser Metabolismus daran nicht gewöhnt sei.

Darüber sind die seltsamsten Legenden im Umlauf, aber glauben Sie nicht alles, was Sie hören und lesen. Eine richtige Katze weiß selbst ganz genau, was ihr bekommt und was nicht, was sie mit einer gewissen Empörung liegen lassen kann und was sie unbedingt essen muss, um den drängenden Hunger zu stillen.

Früher, in den alten Zeiten (ob sie »gut« waren, will ich nicht beschwören), hatte man uns ohnehin nur das angeboten, was die Menschen selbst nicht mehr brauchen konnten, was auf den Boden gefallen oder nicht mehr frisch war. Deshalb sagen sie noch heutzutage »das ist für die Katz«, wenn sie etwas meinen, das zu nichts nütze ist – außer eben, dass die Katze es frisst.

Haben wir uns damals beschwert? Nein! Waren wir damals mager und krank? Nein! Allein, dass es uns heute noch gibt, und zwar in erheblicher Anzahl und bei bester Gesundheit, beweist doch, wie anpassungsfähig wir sind.

Aber das haben Sie sich ja schon selbst denken können, wo ich es doch auch oft genug wiederholt habe. Daher nehme ich mir jetzt lieber die Freiheit, ein wenig ausführlicher über die Freiheit zu sprechen. »Freiheit« – ja, das ist ein großes Wort, und es wird auch nicht davon kleiner, dass man es allerorten im Maule führt. Ein wenig ausgelutscht und aufgeweicht, sicher; aber doch immer noch von betörendem Geschmack. Und wenn so viele darüber reden, so gibt es auch viele Meinungen, was man darunter denn wohl verstehen könnte.

»Freiheit«, so sagen die einen, das meine man, wenn man nichts weiter zu verlieren habe. Ein schönes Wort, selbst dann noch, wenn man einmal darüber hinwegsieht, dass es eher auf die Wirkung als auf die Bedeutung hin gesprochen wurde. Das heißt also, wenn man nichts mehr zu verlieren habe, dann sei man frei.

Wohl wahr, wenn man sich frei gemacht hat von Schmerzen und Begierden, wenn man keine Angst mehr haben muss vor dem Verlust und der Enttäuschung, wenn man von nichts mehr getrieben wird als von der puren Lust am Leben.

Aber andersherum: Was für eine Art von Freiheit wäre das,

wenn ich alles verloren habe, was mir lieb und teuer ist? Wenn ich mich wieder auf die Jagd nach hurtigen Mäusen begeben müsste und nicht mehr von der Sahne und dem Lachs naschen könnte? Wenn ich mir einen armseligen Unterschlupf vor dem Regen suchen müsste und nicht mehr auf der Couch schlafen könnte? Wenn ich argwöhnisch durch die Wälder schleichen müsste und mir nicht mehr mit Manier der Bauch gekrault würde?

Einmal ehrlich: Würden Sie sich unter solchen Umständen für die »Freiheit« entscheiden? Ich als erfahrener Kater sage Ihnen: Diese Art von Freiheit (manche sagen dazu auch »Natur« und seufzen dann sehnsuchtsvoll) wird allenthalben weit überschätzt. Und ich füge noch hinzu: Keine, ich wiederhole keine von uns Katzen wird sich freien Willens und klaren Bewusstseins für ein Leben als Straßenkatze entscheiden.

So gut und richtig es allerdings wäre, sich seiner ärgsten Ängste und Begierden zu entledigen (ein paar sollte man jedoch auf alle Fälle beibehalten, sonst wäre das Leben ja furchtbar langweilig), so wenig will man doch auf die angenehmeren Seiten des Lebens verzichten. Selbst wenn man dafür ein wenig von seiner ach! so wichtigen Freiheit opfern muss.

Wenn Sie immer noch von einem einfachen, aber freien Leben in der Natur träumen, dann müssten Sie doch am glücklichsten sein, wenn man Sie aller Ihrer Habe beraubt. Dann wären Diebe und Räuber die wahren Wohltäter der Menschheit, weil sie den Menschen die Freiheit geben. Und wenn gerade keine Diebe und Räuber verfügbar sind, dann geben Sie doch wenigstens freiwillig all Ihren Besitz hin, damit Sie Ihre neue Freiheit genießen können.

Aber tun Sie das ja nicht, wenn Sie mit einer Katze zusammenleben, denn die verlässt sich schließlich darauf, dass Sie immer einen angemessenen, nicht zu kleinen Vorrat verschiedenster Leckereien für sie bereithalten. Verschenken Sie, was Sie wollen, aber bloß nicht das Katzenfutter!

Man mag es als »Freiheit« bezeichnen, wenn man nichts mehr zu verlieren hat, aber das ist nicht jene Freiheit, die wir Katzen meinen. Was wir darunter verstehen, will ich Ihnen jetzt gerne genauer erläutern.

Mit der Freiheit in der Armut wollen wir nichts zu tun haben, auch wenn es uns nicht um Geld und Gut geht, was ich ja bereits sehr deutlich gemacht habe. Wir sind nicht gierig, nicht neidisch und auch nicht geizig, aber auch nicht ohne das Bedürfnis nach einem einfachen, aber angenehmen Leben. Was wiederum bedeutet, dass wir uns bei der vernünftigen Abwägung zwischen Lust und Leid alle Mühe geben, das Leid so weit wie möglich zu vermeiden.

»Leid« – das bedeutet ja schließlich, dass man mehr an Energie aufwenden muss, als man am Ende des Tages zurückerhält. Das kann man über einen bestimmten Zeitraum zwar tun, aber alles in allem sollte der Ertrag reichhaltiger sein als die Investition. Wie ich bereits sagte: Auch wir Katzen verstehen etwas von der Ökonomie. Nur dass wir sie nicht dazu nutzen, uns über alle Maßen zu bereichern, sondern eben um ein angenehmes Leben zu führen.

Wenn nun aber die Freiheit nicht unbedingt in der Armut zu finden ist, wo dann? Auch darauf gibt es natürlich unzählige Antworten, die – wie bei Tausenden von Felinosophen nicht anders zu erwarten – einmal so und einmal anders lauten.

»Freiheit«, so sagen also manche von ihnen, das sei die Abwesenheit von Zwang, allgemeiner gesagt, der Zustand, nicht der Notwendigkeit unterworfen zu sein, wie es einmal der Kater Hegel gemaunzt hat. Oder anders formuliert, die Möglichkeit zu haben, zwischen mehreren Alternativen wählen zu können. Auf den ersten Blick sicherlich eine schöne Sache, wenn man Herr seiner Entscheidungen wäre. Wenn man nicht Knecht und Sklave anderer Wesen ist, sondern tun und lassen kann, was einem gerade in den Sinn kommt – ich tue, was ich will.

Aber seien wir ehrlich, dahinter steckt mehr Stolz als Wahrheit. Wir Katzen sind uns durchaus dessen bewusst, dass wir in unseren Leben häufiger das tun, was wir müssen, als das, was wir wollen. Vielleicht ist es meine freie Entscheidung, ob ich lieber Thunfisch oder Huhn esse, aber dass ich überhaupt etwas esse, ja essen *muss,* das ist der pure Zwang einer übermächtigen Natur (in diesem Fall: des Hungers, der sich knurrend in meinem Magen meldet).

Wie also kann ich mich davon befreien, wo mir doch jetzt kein Dieb und kein Räuber hilfreich zur Seite stehen? Immerhin, werden Sie sagen, wenn ich schon nicht die Freiheit habe zu essen, wann ich will, so bleibt mir wenigstens die Entscheidung zu essen, was ich will. Ja, wenn es denn so einfach wäre, denn nicht immer und überall wird mir angeboten, wonach mich gelüstet. Ist es denn schon »Freiheit«, wenn ich zwischen der Maus und der Mülltonne wählen kann? Oder zwischen verkochten Erbsen und einem verbrannten Stück Fleisch?

Wenn Sie es schon »Freiheit« nennen wollen, dass man Ihnen überhaupt eine Wahl lässt, dann sind Sie mit sehr, sehr wenig zufrieden. Dann müssten Sie auch bei der Entscheidung zwischen Pest und Cholera das stolze Gefühl der Selbstbestimmung haben. Dann brauchen wir auch gar nicht weiter zu diskutieren, wenn wir ergründen wollen, was letztlich »Freiheit«

bedeutet. Der Umstand, dass man wählen kann, ist jedenfalls noch längst nicht das, was wir Katzen unter »Freiheit« verstehen wollen.

Uns Katzen ist immer und überall bewusst, dass wir in einer Welt von Notwendigkeiten leben – ob uns das nun gefällt oder nicht. Es ist eben nicht nur, weil wir kleine, schwache Wesen sind, dass unsere Autonomie stets sehr beschränkt bleibt – so ist nun einmal diese Welt beschaffen.

Wenn wir es in den letzten Jahren richtig verstanden haben, so bemühen sich allerdings die Menschen darum, diese Notwendigkeiten immer weiter von sich zu weisen. Und zwar indem sie behaupten, es gebe eigentlich keinerlei Notwendigkeiten: Man müsse nicht zwangsläufig alt, schwach und krank werden oder gar eines Tages sterben. Es sei gar nicht notwendig, dass man arm oder hässlich sei. Alles könne man ändern, wenn man es nur wolle. Die Lust sei ganz ohne Leid zu erringen. Und dann, endlich, sei der Mensch »frei« von Zwang, Schmerz und Armut und es werde sich erfüllen, was ihm verheißen sei. Dass man nämlich eines Tages abwischen werde alle Tränen von ihren Augen, und der Tod wird nicht mehr sein, noch Leid noch Geschrei noch Schmerz wird mehr sein.

Versprochen ist das den Menschen zwar erst für das Ende aller Tage, aber wer will es ihnen verdenken, wenn sie nicht so lange warten wollen. Und so haben sie sich darangemacht, eine Welt ohne Notwendigkeiten zu erschaffen, in der ein jeder tun kann, was ihm beliebt, ohne dass er dafür die Konsequenzen zu tragen hat.

Doch haben die Menschen mit all ihrer Wissenschaft und Technik wirklich der Notwendigkeit den Garaus gemacht? Zumindest haben sie sich alle Mühe gegeben, was wir Katzen neidlos anerkennen, zumal wir ja auch ein wenig Nutzen davon haben. Wie kämen wir sonst an genügend Fische und Garnelen, ja selbst nur an jene magische Milch, die uns keinen Durchfall verursacht (was wir im Übrigen sehr zu schätzen wissen).

Aber ich muss doch aus gegebenem Anlass darauf verweisen, dass trotz aller Bemühungen der Menschen die Notwendigkeit noch längst nicht aus der Welt verbannt ist. Die Erde bebt, die Wasser türmen sich auf, Stürme fegen über das Land, die Berge speien Feuer, ohne dass der Mensch auch nur die geringste Chance hätte, ihnen anders zu gebieten.

Auch sterben müssen die Menschen, und zwar meist dann, wenn sie es am wenigsten erwarten. Sich für mächtig halten und über Macht verfügen sind eben zweierlei Dinge. Und so ist es nichts weiter als die Überheblichkeit des Menschen, dass er seine Häuser und Städte dorthin baut, wo die Notwendigkeiten der Natur sie alsbald zerstören.

Und wer hat darunter zu leiden? Natürlich die Menschen, die im Vertrauen auf ihre Macht genau dort ihre Wohnstatt gesucht haben. Und wer sonst noch? Ja, wir Katzen, wir armen, kleinen, schwachen Wesen, die ohnehin genug damit zu tun haben, in dieser Welt zu überleben.

Ja, wir sind den Menschen auch an diese gefährlichen Orte gefolgt, obwohl wir es – ich gebe es zu – doch eigentlich hätten besser wissen müssen. Schließlich spüren wir dank unserer scharfen Sinne viel früher als der Mensch, wann die Erde sich aufbäumen wird.

So gelingt es zwar den meisten von uns, rechtzeitig aus den Häusern zu fliehen, bevor sie in sich zusammenstürzen und alles Leben unter sich begraben. Aber dann, danach: Wer denkt an uns und unsere legitimen Bedürfnisse? Wer gibt uns zu essen und zu trinken? Wer bietet uns Unterschlupf vor Kälte und

Regen? Da denken die Menschen doch zuerst an sich selbst – was wir natürlich durchaus verstehen können, aber, bitte, vergessen Sie auch die Katzen nicht, die hungrig und frierend durch die Gegend irren. Auch wenn die Katzen sich selbst unter den schwierigsten Bedingungen schneller und besser zurechtfinden als die Hunde, ist das letztlich nur ein schwacher Trost.

Wer also die Freiheit zu entscheiden in Anspruch nimmt, der muss sich auch den Folgen seiner Entscheidung stellen. Was natürlich keiner so gerne tut, es sei denn, seinem Handeln war Erfolg beschieden. »Der Sieg hat viele Väter«, hat schon Lukatz Pfoten gesagt, »die Niederlage aber ist ein Waisenkind.«

Das ist die andere, die dunkle Seite der Freiheit, dass man nämlich Verantwortung übernehmen muss, komme, was da wolle. Das scheint den meisten Menschen nicht so recht zu sein, weshalb sie die Schuld immer bei den anderen suchen (und auch zu finden glauben): Man habe es nicht gewusst, nie sei es einem so richtig gesagt worden, die anderen hätten nicht getan, was man von ihnen erwartet habe, die Umstände seien einfach dagegen gewesen, das Schicksal, der Zufall oder das Böse habe zugeschlagen.

Den Menschen kommt dabei eine anatomische Eigenart zunutze, über die – soweit ich weiß – kein anderes Wesen verfügt: Sie können in solchen Situationen mit den Schultern zucken. Ein sehr subtiles Signal, um bei Bedarf Hilflosigkeit oder Gleichgültigkeit auszudrücken.

Uns Katzen stört das nicht weiter, denn, obwohl wir die Bedeutung jener Geste genau kennen, lassen wir uns nicht darin beirren, den Menschen klar und deutlich auf seine Verantwortung für uns hinzuweisen – und sei es um drei Uhr morgens. Wir können auch mit der Konsequenz leben, dass man uns unter Androhung körperlicher Gewalt aus dem Schlafzimmer wirft. Dann kommen wir eben eine halbe Stunde später noch einmal; schließlich ist das eigentliche Problem – unser Hunger – ja nicht damit gelöst, dass man uns vertrieben hat. Womit dann wieder einmal die Notwendigkeit über die Freiheit gesiegt hätte.

Schon Immanuel Katz hat mit Recht darauf aufmerksam gemacht, dass man seine Entscheidungen aus eigenem Wissen und Gewissen heraus treffen muss. »Aufklärung«, so sagt er, »ist der Ausgang der Katze aus ihrer selbstverschuldeten Unmündigkeit.« Und er fährt fort: »Unmündigkeit ist das Unvermögen, sich seines Verstandes ohne Leitung eines anderen zu bedienen.«

Wir Katzen halten uns daran: Dass der Mensch uns eine Schale mit Essen anbietet, ist noch lange kein Grund, dieses Essen ohne weitere Prüfung gierig hinunterzuschlingen. Auch wenn wir schon lange mit diesem Menschen in engster Nachbarschaft leben und gelernt haben, ihm im Großen und Ganzen zu vertrauen, wollen wir doch lieber selbst entscheiden, ob uns dieses Essen gerade passt oder nicht. Wie gesagt: kein Misstrauen, kein Argwohn, nur der Anspruch auf Mündigkeit.

Als Kater will ich an dieser Stelle nicht unerwähnt lassen, dass jener Begriff der »Mündigkeit« tatsächlich etwas mit dem »Mund« zu tun hat, denn »mündig« kann nur derjenige sein, der seinen Mund zur Kommunikation benutzt, der also seiner Meinung und seinen Wünschen – und sei es lautstark – den rechten Ausdruck verleiht. Was wir auch zu jeder Tages- und Nachtzeit zu tun pflegen, zumindest, wenn es notwendig und angemessen ist.

Wenn Sie also bislang noch nicht so genau wussten, weshalb Ihre Katze Sie mitten aus Ihrem Schlaf schreckt, dann wissen

Sie es jetzt: aus rein felinosophischen Gründen, um sich nämlich im Sinne von Katzens Imperativ nicht dem Vorwurf der
»Unmündigkeit« auszusetzen. Was unter uns Katzen tatsächlich
eine unerträgliche und nicht zu tilgende Schande wäre.

Sich frei zu machen von der Notwendigkeit kann also eine
verzwickte Angelegenheit sein. Wenn Sie immer noch nicht
überzeugt sind, will ich Sie an Miezmund Freud erinnern und
das, was er das »Katz« genannt hatte. Wir alle, ob Mensch oder
Katze, sind seit der Kindheit geprägt durch unsere Erinnerungen und Erfahrungen, durch Hoffnungen und Ängste, Motive
und Traumata. Wir sind das Produkt unseres ganzen Lebens.
Und es kommt dabei auch gar nicht darauf an, ob es ein oder
sieben Leben gewesen sind.

Das wäre gar nicht weiter schlimm, wenn wir nur darum
wüssten, aber es macht ja gerade das »Katz« aus, dass es uns
unbemerkt und unbewusst in die eine oder andere Richtung
lenkt.

Wo bleibt denn die »Freiheit« des vernünftigen Wesens,
wenn es schon beim Anblick einer Zeitung erschrickt, nur weil
es als Kleinkater damit nach Strich und Faden verprügelt worden ist? Kann man es »Freiheit« nennen, wenn man sich als
vernünftiges Wesen vor Trockenfutter ekelt, nur weil man als
Kind gezwungen wurde, es bis zum letzten Bröckchen aufzu-
essen? Wofür ich im Übrigen volles Verständnis habe, denn ich
persönlich, als Kater im besten Alter, habe immer noch keinen
Zugang zu dem Zeug gefunden.

Sei es, wie es sei: Wenn Sie selbst ein wenig nachdenken,
werden Sie schnell dahinterkommen, was Ihnen zuwider ist,
und zwar ohne dass Sie einen wahrlich vernünftigen Grund

dafür angeben könnten. Und das bloß weil Sie früher einmal durch einen dummen Zufall schlechte Erfahrungen damit gemacht haben.

Aber – so werden Sie entgegnen – der Mensch verfüge doch, nicht zuletzt dank seiner Intelligenz, über einen freien Willen. Und so könne er sich doch selbst seine Freiheit beweisen, indem er seine Abneigung unterdrückt und zum Beispiel tellerweise Spinat isst, obwohl er ihn nicht mag. Gut so!, sage ich, wenn Sie sich mit der Quälerei Ihre Freiheit beweisen mögen. Oder: Die Welt als Wille und Vorstellung, wie Arthur Pfotenhauer es einmal gesagt hat. Wobei zwar wir Katzen, aber offenbar nicht die Menschen jene subtile Ironie verstanden haben, die er in diese Worte gelegt hat.

Die Menschen glauben tatsächlich daran, dass man sich allein durch den Willen eine Welt nach den eigenen Vorstellungen erschaffen kann. Na, da weiß es die Welt aber besser.

Manchmal, so denke ich mir, lässt die Welt die Menschen gewähren, so wie man jungen Katzen das Spielen erlaubt – nur um sie dann im rechten Moment wieder zur Ordnung zu rufen, und sei es mit rabiaten Mitteln.

Sicher mag man seine ganz eigene Vorstellung davon haben, wie die Welt eigentlich sein müsste – dass einem die Tauben ins Maul fliegen, dass man in einem See aus Milch baden kann, dass man in weichem Gras liegt, um die letzten Strahlen der Abendsonne zu genießen.

Wahrscheinlich haben Sie etwas andere Vorstellungen davon, wie die Welt sein müsste, damit sie Ihnen gefällt. Aber es spielt letzten Endes keine Rolle, dass wir Katzen und die Menschen ein wenig verschieden sind; Tatsache ist nur, dass eben die Welt sich uns, ob Katze oder Mensch, nur in ganz seltenen Fällen so präsentiert, dass alle unsere Wünsche erfüllt wären. Daher kann man sich schon darüber freuen, wenn die Welt manchmal so ist, dass unsere existenziellen Bedürfnisse nicht zu leiden haben. Das nämlich hat Pfotenhauer gemeint: Wir können uns vorstellen, was immer wir wollen, doch die Welt vollzieht sich nach ihren eigenen Regeln und Gesetzen.

Doch diese Welt (oder Gott oder die Natur, ganz wie Sie wollen), diese Welt also, so wenig sie sich auch sonst um uns und unsere Wünsche kümmern mag, hat uns gleichwohl jenen Willen mit auf den Lebensweg gegeben. Darum sollten wir ihn auch nutzen, wann immer sich die Möglichkeit dazu bietet.

Oder ich wende es einmal andersherum: Würden wir unsere Leben lang nur den Notwendigkeiten folgen, die uns die Natur auferlegt hat, würden wir nur dem Prinzip von Ursache und Wirkung folgen, dann wären wir keine Individuen und bedürften auch nicht der Vernunft. Dann wären wir nichts weiter als Marionetten, die sich nur bewegen, wenn die Natur die Strippen zieht. Dann hätten wir zwar keine Verantwortung für das, was wir tun, dürften aber zugleich auch nicht stolz sein auf unsere Leistungen und Erfolge.

Das wäre in der Tat ein einfaches, ein leichtes Leben, aber wäre es auch glücklich und lohnend? Ich als Katze jedenfalls kann mich nicht damit abfinden, nur der Spielball der Naturgewalten zu sein. Ich bin nicht damit zufrieden, wenn ich keinen Beitrag zu meinem eigenen Leben leisten kann – und dafür bin ich sogar bereit, ab und zu die eine oder andere Niederlage hinzunehmen. Zumindest so lange, wie ich noch ein paar Leben übrig habe, die ich im Spiel des Lebens einsetzen kann.

Dass die Menschen nur über ein und nicht sieben Leben verfügen, wäre im Übrigen auch kein Argument gegen meine These – man muss dann nur eben etwas sorgfältiger damit umgehen, was aber für ein Wesen mit solch überragenden Geistesgaben wie den Menschen kein unüberwindbares Problem darstellen sollte. Oder?

Wie auch immer, selbst wenn man mir nachweisen könnte, dass mein »freier Wille« nichts weiter wäre als der berechenbare Fluss von einigen Sekreten und Hormonen, will ich doch wenigstens das legitime Gefühl haben, dass ich selbst und nicht nur die allmächtige Natur mein Leben bestimmt. Dass ich einen Willen haben will, ist ja wohl der beste Beweis für die Existenz und Kraft des Willens.

Stolz? Ja! Überheblichkeit? Vielleicht! Sünde? Ganz sicher nicht! Denn eine Voraussetzung gibt es allerdings, um den Willen zu wollen: Man muss sich selbst so genau wie möglich kennen. Deshalb folgen wir Katzen stets der Goldenen Regel, die schon über dem alten Tempeleingang des Gottes Apollo in Delphi eingeschrieben war: »Erkenne dich selbst!« (dort stand es natürlich auf Alt-Miezisch: »Γνωθι σεαυτόν«, was man ausspricht wie: »gnothi seauton«, aber das soll uns jetzt nicht kümmern).

Darunter versteht man die rechte Art von »Selbstbewusstsein«, nämlich dass man sich seines Selbst in allen Details und Facetten bewusst ist, also ziemlich genau weiß, was einen so alles treibt und hindert, und dabei auch die eigenen Schwächen und Ängste nicht vergisst und verdrängt, sondern sich ihrer ebenso bewusst ist wie seiner Stärken. Dann erst hat man sich nämlich selbst erkannt.

Ich gebe allerdings unumwunden zu, dass dieser Anspruch nicht leicht zu erfüllen ist, immerhin wollen die meisten von ihren Fehlern und Defekten nichts wissen. Vielleicht sind es auch viel zu viele Schwächen, als dass man sie sich alle auf einmal bewusst machen kann. Ganz sicherlich aber wird es ein sehr schmerzhafter – man kann auch sagen peinlicher – Prozess sein, eine höchst unangenehme Reise in die Abgründe des eigenen Lebens.

Glücklicherweise haben wir Katzen sieben Leben dazu Zeit und Gelegenheit, so dass man sich Stück für Stück vornehmen kann, bis man sich schließlich von allen Seiten her erkannt hat und mit sich selbst ins Reine gekommen ist. Den Menschen mit ihrem einen und einzigen Leben kann ich daher nur raten, so früh wie möglich damit zu beginnen, damit sie noch die Harmonie und das Glück empfinden, eins mit sich selbst und der Welt zu sein. Also: Auf geht's!

Jedenfalls sitzen wir Katzen deshalb ruhig und gelassen vor der Heizung, auf der Couch, im Gras, unter dem Tisch. Und wenn Sie dann denken, dass wir schliefen, so muss ich Sie enttäuschen – wir denken nach, über den Gang der Welt, aber vor allem über uns selbst. Über das »Katz« und das »Über-Miez«, über unsere Bedürfnisse und Begierden, über unsere Stellung in der Welt und wie wir unseren Aufgaben darin am besten gerecht werden können (erinnern Sie sich noch, wir Katzen und die Kontrolle der Dämonen?).

Glauben Sie mir, wir haben sieben Leben Zeit, und daher wissen wir mehr über uns selbst als Sie über sich; wir wissen, wann wir uns zu bewegen haben und wann zu schlafen, welches Essen uns behagt und welches nicht, wann es Zeit ist, auf die Jagd zu gehen, und wann wir wieder nach Hause kommen. Wir wissen auch, welche Erinnerungen und Erfahrungen uns leiten und wann sie uns den rechten Weg weisen und wann den falschen. Wir kennen unsere Stärken und unsere Schwächen; wir wissen, wann der Kampf lohnt und wann die Flucht.

Wir Katzen sind mit uns im Reinen, leben in Harmonie mit uns selbst und der Welt (nun ja, mit dem größten Teil der Welt; es kommt eben darauf an, wen Sie fragen – die Mäuse werden

Ihnen eine andere Antwort geben als der Elefant, aber nebenbei bemerkt, steht es mit dem Verhältnis zwischen beiden auch nicht zum Besten).

Doch ich will Sie nicht mit Klatsch und Tratsch aus dem Tierreich langweilen, obwohl ich Ihnen noch viel erzählen könnte, wenn die Nacht lang wäre. Aber so viel Zeit haben wir jetzt nicht, vielleicht ein andermal. Hier geht es um die »Freiheit«, und für uns Katzen ist es das höchste Maß an Freiheit, wenn wir uns selbst erkannt haben und daher genau wissen, wann wir der Notwendigkeit folgen müssen und wann wir jenen kleinen, aber feinen Spielraum ausnutzen können, den uns die Natur gelassen hat.

Ich will dieses Thema nicht weiter vertiefen, aber es sei doch gesagt, dass die Natur ab und zu ein wenig schludrig ist. Sie legt nicht alles bis ins letzte Detail fest, sondern belässt es oft genug bei einer gewissen Unschärfe in den Formen und Fähigkeiten der Wesen in dieser Welt. Es gibt sie nämlich, den Zufall, die Chance, aber auch das Risiko. Und wer sich selbst erkannt hat, der weiß dann auch ziemlich genau, wann sich ihm eine solche Gelegenheit bietet und ob es sich lohnt, sie zu nutzen.

»Freiheit« also ist einerseits – um noch einmal den Kater Hegel zu zitieren – die Einsicht in das Notwendige; man kann auch sagen, das Wissen darum, was man als Katze (natürlich auch als Mensch) zu tun hat, ohne dass man sich dagegen wehren kann. Und zu diesem Wissen gehört auch die Erkenntnis von sich selbst, seinen Neigungen und Fähigkeiten, seinen Hoffnungen und Ängsten.

Andererseits aber ist »Freiheit« auch das Wissen um die zahllosen Möglichkeiten, die einem diese Welt tagtäglich so generös anbietet. Und wie so vieles im Leben ist es eine große

Kunst, zwischen dem, was notwendig, und dem, was möglich ist, nicht nur zu unterscheiden (das ist einfach, das findet man schnell heraus), sondern Notwendigkeit und Möglichkeit zu einer harmonischen Einheit zu fügen.

Ich muss hinaus in den Garten, aber es regnet gerade in Strömen; soll ich es wagen, soll ich es verschieben? Auf jeden Fall ist es *meine* Entscheidung, *mein* Wille und daher auch *meine* Verantwortung – ob nun die Blase drückt oder mein Fell nass wird.

Ich sagte schon, die Zeit wird knapp. So vieles wäre noch zu erzählen, so vieles noch zu bedenken. Aber da gibt es doch eine Sache, über die wir Katzen schon seit Jahrzehnten intensiv nachdenken und die uns immer wieder in unseren nächtlichen Miezings beschäftigt. Vor allem bei Vollmond, denn dieses fahle Licht hat auf uns eine höchst belebende Wirkung; wahrscheinlich wegen der spezifischen Wellenlänge, die wiederum jene bleichen Farben erzeugt, aber das ist nur eine vage Vermutung von mir.

Nun denn: Gehen wir einmal davon aus, dass es die »Freiheit« tatsächlich gibt, ob nun als Freiheit vom Zwang, als Freiheit von der Notwendigkeit, als Freiheit zum Entscheiden, als Freiheit des Willens oder als Freiheit, mit sich selbst im Reinen zu sein. Gehen wir des Weiteren davon aus, dass ein vernünftiges Wesen auch auf vernünftige Weise mit diesen Möglichkeiten umgeht. Glauben Sie mir: Genau davon sind wir Katzen zutiefst überzeugt.

Nun, so weit, so gut. Bleibt jedoch die Frage, zu welchem Zweck jenes vernünftige Wesen seine Freiheit nutzt. Es kann doch wohl nicht allen Ernstes darum gehen, dass man seine

Freiheit nur dazu gebraucht, spontan zu handeln, so wie es einem gerade beliebt, also – wie man so sagt – nur aus dem Bauch heraus. Denn gerade dann, im Falle des Bauches, würde man ja nicht frei, sondern aus der Notwendigkeit heraus tätig werden – weil man Hunger hat oder Durst oder weil es einen sonst irgendwo juckt. Und dass man sich heute so und morgen anders verhält, sich heute genüsslich kraulen lässt und morgen die Krallen ausfährt, sich heute auf die Makrele stürzt und sie morgen verschmäht – das hat ebenso wenig mit »Freiheit« zu schaffen, weil dann nämlich die Vernunft fehlt.

»Vernunft« aber ist der Prozess des Abwägens von Lust und Leid, und zwar zugunsten der Lust, wenn es eben geht. Wozu auch sonst. So können wir Katzen dann aus tiefster Überzeugung sagen, dass ein Handeln, welches nicht zur Lust, sondern zum Leid führt, niemals ein »freies« Handeln sein kann. Es wäre ganz einfach nur dumm, und daher sollte man es tunlichst unterlassen.

Nun hat vor vielen, vielen Jahren einmal ein Kater namens August gesagt, dass die Freiheit vor allem in der Fähigkeit zu sündigen bestehe. Das ist so falsch nicht, denn wenn man die Wahl hat, kann man sich auch immer für das Falsche entscheiden. Was im Übrigen von manchen als ein gutgemeintes Argument gegen die Freiheit vorgebracht wird, denn wer gar keine Wahl hat, der kann sich schließlich auch nicht irren.

Man müsse also allen Wesen vorschreiben, was sie zu tun und zu lassen haben. Natürlich nicht aus bloßer Willkür, sondern aus dem besseren Wissen heraus, den Gesetzen der Natur oder den Wünschen des Schöpfers zu folgen und die Bedürfnisse aller Wesen zu erfüllen.

Man unterscheidet dann einerseits zwischen den »objektiven« Bedürfnissen, also dem, was ein anständiges Wesen aufgrund der Gesetze überhaupt an Bedürfnissen zu haben hat (und vor allem: was nicht), und andererseits den »subjektiven« Bedürfnissen, nämlich dem, was ein solches Wesen aus Dummheit, Egoismus oder Boshaftigkeit glaubt, an Bedürfnissen zu haben.

Ich als Katze weiß sehr genau, wovon ich hier maunze, denn die Menschen mischen sich immer mehr in mein Leben ein, geben mir zu fressen, was sie gerade für richtig halten, und längst nicht das, worauf ich Hunger habe. Sie halten mich des Nachts eingesperrt im Haus, weil ich ja draußen von einem Auto überfahren werden könnte. Sie kastrieren mich, weil sie meinen, dass die Fortpflanzung uns Katzen nur schadet. Sie suchen Korb und Kissen für mich aus, damit es zur Einrichtung der Wohnung passt und nicht damit es für mich kuschelig und bequem ist – und scheuchen mich dann auf gröbste Weise von der Couch, wenn ich mir meinen eigenen Platz suche.

Doch was wäre das für ein Leben, wenn man mir in jedem Moment vorschriebe, was ich zu tun und zu lassen habe? Es gibt nur ein Wort dafür: armselig! Nicht, weil ich so gierig darauf bin, Fehler zu machen und mich zu irren. Obwohl auch das zum Leben gehört, zumindest wenn man aus seinen Fehlern und Irrtümern lernt.

Ich kann mich noch sehr gut daran erinnern, wie ich als stürmische Jungkatze mehr als einmal zu kurz oder zu weit gesprungen bin, wenn ich Mäuse jagte; wie ich dabei in einem Gebüsch voller Brennnesseln landete, die wie Nadeln durch mein damals noch dünnes Fell stachen; wie plötzlich ein großer Vogel – heute weiß ich, dass es ein Falke war – vor mir hin und her flatterte und mir die frisch geschlagene Taube streitig machte; und ich ihn für eine leichte Beute hielt, aber bald mit Krallen und Schnabel eines Besseren belehrt wurde.

Ich habe daraus gelernt, und zwar ich selbst. Erfahrung ist immer noch die allerbeste Art, etwas zu lernen und nie wieder zu vergessen. Aber selbst wenn man diese oft schmerzhaften Fehler vermeiden könnte, weil irgendein Jemand stets und vor allem vorher den rechten Weg wiese – was wäre damit gewonnen? Was, wenn dieser Jemand gerade einmal keine Zeit hat, um auf mich zu achten?

Wie man so hört, soll es inzwischen gar nicht mehr genügend Schutzengel geben – zu viele Menschen, zu viele Katzen, von Tigern, Walen und Kreuzottern ganz zu schweigen, was man leicht daran erkennen kann, dass manche Arten mangels genügend Schutzengeln vom Aussterben bedroht sind, wie etwa sehr zu meinem Bedauern der schmackhafte Atlantikthunfisch.

Ich habe sogar bei unseren Miezings eine Petition eingereicht, damit wir Katzen für einige Zeit freiwillig auf den Genuss von Thunfisch verzichten, doch wie es scheint, finde ich dafür keine allzu große Unterstützung. Das eigene Fell ist den meisten von uns offenbar doch näher als die Schuppen irgendwelcher Fische.

Belassen wir es dabei. Ich will nur noch einmal betonen, dass ein Leben – geschweige denn sieben – nichts wert ist, wenn man darin nichts lernen kann. Es wissen ja selbst die Menschen, dass ein solches Lernen viel, sogar sehr viel zu ihrem eigenen Glück beiträgt.

Nicht, weil sie damit reicher an Geld und Gut würden (das vielleicht auch, aber damit haben wir Katzen nichts zu tun), sondern weil die Menschen, ebenso wie die Katzen, neugierig sind und es ihnen tiefste Befriedigung verschafft, wenn sie wieder etwas Neues erfahren und kennengelernt haben. Das sind unvergleichliche Momente des Glücks und der Zufriedenheit, wenn man hinter das nächste Gebüsch blickt oder die erste Pfote in Nachbars Garten setzt.

Da aber nun jede Katze anders ist, die eine mutiger als die andere, die eine mehr an der Jagd, die andere eher am Essen interessiert, da also niemand sagen kann, was die eine und was die andere Katze glücklich macht, soll man ihnen nicht gebieten, was sie zu tun haben.

Man soll – so sagt man doch – nicht alle Katzen über einen Kamm scheren. Wobei ich Ihnen ohnehin nicht raten würde, eine Katze überhaupt über irgendeinen Kamm zu scheren, wo wir doch Kamm und Bürste ganz oben auf die Liste unserer natürlichen Feinde gesetzt haben und einen jeglichen Kontakt mit ihnen (so gut er auch gemeint sein mag) strikt ablehnen. Und glauben Sie mir: Wir haben Mittel und Wege, uns dabei auch gegen gröbste menschliche Gewalt durchzusetzen.

Doch reden wir nicht weiter über solch scheußliche Dinge. Lieber will ich Ihnen sagen, dass es andererseits natürlich auch keine Freiheit ohne Grenzen geben kann. Es kann nun einmal nicht jeder das tun, was ihm gerade in den Sinn kommt, und sei es nur deshalb, um die Freiheit der anderen nicht zu stören.

Schließlich leben wir nicht allein in dieser Welt; niemand ist eine Insel, wie schon vor vielen, vielen Jahren ein englischer Mensch gesagt hat (wie man sieht, können selbst Menschen ab und zu etwas Kluges sagen).

Wie Sie aber wissen, sind wir Katzen Wesen, die Ordnung lieben. Und zur Ordnung gehört es, dass man sich darüber im Klaren ist, was man *nicht* zu tun hat. Worauf man aus guten Gründen verzichtet. Was man so lässt, wie es ist.

»Freiheit« bedeutet mindestens ebenso sehr Verzicht wie Genuss. Fragt sich jedoch, woher diese Ordnung und ihre Regeln stammen, und – wichtiger noch – wie sie legitimiert werden.

Hat Gott diese Ordnung erschaffen? Dann stellt sich natürlich die nächste Frage, nämlich wer sich anmaßen kann, dass er Gottes unergründliche Ratschlüsse so genau kennt, dass er meint, daraus Gesetze und Regeln für alle Wesen dieser Welt ableiten zu können.

Wir Katzen vermuten, dass sich die Menschen Gottes Ordnung stets so zurechtlegen, wie es ihnen gerade passt und nutzt. Gleiches gilt im Übrigen auch für die Gesetze der Natur, denn wer weiß schon so viel darüber, dass er anderen daraus Vorschriften ableiten dürfte.

Außerdem, und ich sage es mit einer gewissen Selbstkritik: Aus dem Umstand, dass man (wie wir Katzen) bisher ganz gut in der Welt zurechtgekommen ist, kann man nicht schließen, dass es auch in Zukunft so sein wird. Vielleicht ändern sich die Regeln oder die Umstände oder, ja, sogar wir selbst, dann nützen alle Verdienste der Vergangenheit überhaupt nichts.

Natürlich gibt es Regeln und Gesetze, jene Ordnung in der Welt. Und wir alle, Mensch wie Katze, tun gut daran, sie zunächst zu erkennen und uns dann auch daran zu halten. Gegen Gott oder die Evolution kann man nicht in Berufung gehen, auch wenn gewiefte Advokater sich daran schon manch eine Maus verdient haben.

Ob nun jedoch dieser Rahmen, den uns die Gesetze Gottes oder der Natur ziehen, groß oder klein sein mag, soll ein jeder für sich selbst entscheiden. Da mischen wir Katzen uns nicht ein. Wichtig ist nur, dass es zugleich noch jene Unschärfe in der Natur gibt, jene offenen Entscheidungen, die wir im Wissen um die Freiheit durch unseren Willen nutzen können.

Auch in diesem, ich nenne es »Garten der Freiheit«, gelten allerdings Regeln, doch die einzige Instanz, die berechtigt ist, dort überhaupt Regeln aufzustellen, ist ein jeder für sich selbst. Wie es schon so zutreffend im Brief des Katzabas heißt: »Seid euch selbst gute Gesetzgeber!« Was wiederum in den Worten von Katzabas voraussetzt: »Bleibt euch selbst gute Ratgeber!«

Muss ich wiederholen, dass an dieser Stelle wieder die Stunde der Vernunft schlägt, der bedächtigen Abwägung zwischen Lust und Leid? Nein, das ist inzwischen unter vernünftigen Wesen allgemein bekannt. Eher will ich bemerken, dass man diese Art von Freiheit durchaus als das »Tun des Besten« bezeichnen kann, als die Verwirklichung des Sittlichen und des Schönen zugleich. Erst indem wir unsere Freiheit auf diese Weise nutzen, finden wir zu uns selbst, zu Ruhe und Frieden, zum unvergleichlichen Glück, mit uns selbst und der Welt in Harmonie zu leben. Was mehr kann man von seinem Leben erwarten?

Was soll ich noch sagen? Vielleicht nur noch, dass wir Katzen eigentlich sehr selten und sehr ungern von der »Freiheit« sprechen. Im Grunde genommen finden wir, dass dieser Begriff zu menschlich aufgeladen ist, zu eng mit den Hoffnungen und Ängsten der Menschen verbunden und daher zu unklar, zu vage, zu vieldeutig scheint.

Mag sein, dass es etwas mit unserer Farbenblindheit zu tun hat, aber dieses Kaleidoskop schillert uns zu bunt, es macht uns nervös und unsicher – ein Gefühl, das wir unter allen Umständen zu vermeiden trachten.

Wie dem auch sei: Wir maunzen nicht so gern von »Freiheit«, lieber verwenden wir den Begriff »Unabhängigkeit«. Oder wie es der alte Kater Katzokrit vor langer, langer Zeit einmal genannt hat: die »Autarkie«.

Das klingt wieder einmal höchst felinosophisch, aber gemeint hat er damit, dass man als Katze ein Leben aus sich selbst heraus führen soll. Dass man zu einer Lebensweise findet, die sich selbst genügt. Dass man nach nichts strebt, was man nicht auch zugleich aus sich selbst heraus erlangen kann. Dass man sich selbst stets unter Kontrolle hat. Dass man bei sich selbst bleibt.

Und das alles – so fügt Katzokrit noch hinzu – nicht aus irgendwelchen moralischen Erwägungen heraus oder weil man sich nach höheren Gesetzen zu richten hat, sondern aus der ganz praktischen Erwägung, dass man auf diese Weise besser gegen die Wechselfälle des Schicksals gefeit ist. Denn wenn man etwas selbst besorgen kann, dann muss man niemand anderes darum bitten und dabei darauf gefasst sein, dass derjenige gerade keine Zeit oder keine Lust hat. Und man muss sich auch nicht vor dem Verlust fürchten, denn was man nicht hat, kann man nicht verlieren.

Also doch: »Freiheit bedeutet, man hat nichts mehr zu verlieren«? Widerspricht der Kater sich nicht gerade selbst? Gemach: Zum einen wäre ein Widerspruch an und für sich nichts Schlimmes, denn die Natur ist widersprüchlich, wir gehören zur Natur, bekennen uns auch dazu, und deshalb sind auch wir voller Widersprüche.

So ist es nun einmal im Leben: Auch wenn wir uns stets strebend darum bemühen, vernünftige Wesen zu sein, und auch wenn ich mit einem gewissen Stolz behaupte, dass es uns Katzen zumeist auch gelingt, diesem hohen Anspruch gerecht zu werden, so bedeutet das noch lange nicht, dass nicht auch wir ab und zu, von Zeit zu Zeit, der Vieldeutigkeit der Welt unterliegen.

Manchmal bleibt uns auch gar nichts anderes übrig, als uns in die Abhängigkeit zu anderen Wesen zu begeben: Die Tüte mit Trockenfutter können wir dank unserer scharfen Krallen noch problemlos selbst öffnen (was wir auch tun, wenn es erforderlich ist). Doch die Dose, gefüllt mit feinstem Fisch oder

Huhn, widersetzt sich all unseren Bemühungen – weil unsere fünfte Zehe leider nicht den anderen vier gegenüberliegt, sondern etwas erhöht an den Beinen, und so kriegen wir diese vermaledeite Lasche einfach nicht zu fassen.

Ich weiß von tragischen Fällen, da sich hungrige Katzen stundenlang daran versucht haben, nur um am Ende nicht nur an Hunger, sondern auch an gebrochenen Krallen leiden zu müssen. Was im Übrigen für unsereinen mehr als nur lästig ist: Zwar wachsen die Krallen mit der Zeit nach, aber zunächst sind wir in unseren ansonsten so eleganten Bewegungen auf das stärkste behindert, können kaum laufen, können nicht klettern, können nicht zugreifen, können uns nicht wehren. Allein die Vorstellung: furchtbar. Und alles nur wegen einer Laune der Natur!

Dass man sich darum bemüht, möglichst immer und überall autark zu sein, heißt also nicht, dass man sich nicht doch, und zwar aus purer Notwendigkeit, in Abhängigkeiten begeben muss. Wie gesagt: Niemand ist eine Insel, und sei es nur, weil er ab und zu das sanfte Miauen eines anderen Wesens hören will. Oder an seinem süßen Geruch schnüffeln. Oder eine große zärtliche Zunge auf seinem Fell spüren.

Wir alle, Katze, Mensch, Stachelschwein, Waldameise, wir sind irgendwo und irgendwann von anderen abhängig. Uns allen fehlt eben etwas, das wir nicht aus uns selbst, sondern nur von anderen erhalten können.

Das hat natürlich auch der gute, alte Katzokrit nicht vergessen, weshalb er uns geraten hat, uns sehr wohl in solche Abhängigkeiten zu begeben, aber zuvor sorgfältig zu bedenken, wie viel an Abhängigkeit uns jene Lust tatsächlich wert ist, die wir uns daraus erhoffen. Unabhängigkeit oder Autarkie wird erst dann möglich, wenn wir eine vernünftige Überlegung darüber anstellen, was uns wahrhaft »Lust« spendet (oder zumindest Leid vermeidet oder wenigstens doch mildert).

Man soll also, wenn überhaupt, seine Autarkie nur freiwillig und bewusst aufgeben – und auch nur dann, wenn es sich wirklich lohnt. Die allererste Frage, die man sich laut Katzokrit zu stellen habe, sei daher diejenige nach den eigenen Bedürfnissen. Nach dem, worauf man auch nach längerer Prüfung nicht verzichten kann, vielleicht auch nicht verzichten möchte.

Im Falle des Fischs aus der Dose: Wie sehr bedarf ich jenes unvergleichlichen, verführerischen Gefühls, in ein saftiges Stück Thunfisch zu beißen? Nun, ich will ehrlich sein: Notwendig für mein Überleben ist es sicherlich nicht, aber doch höchst angenehm und lustvoll. Und was wäre das Leben, wenn man nicht ab und zu solche unvergesslichen Momente des Glücks erleben dürfte. Aber – und darauf kommt es an – das muss ein jeder mit sich und für sich selbst ausmachen.

»Autarkie« – das heißt also zum einen, dass man sich dessen bewusst wird, was man braucht, sei es aus natürlichen Gründen (man muss nun einmal essen), sei es aus Gründen des persönlichen Geschmacks (Fisch schmeckt mir besser als Erbsen oder Spinat). Und dazu gehört auch, dass man vernünftig abwägt, wie viel an Leid man in Kauf nimmt, um sich der angestrebten Lust hingeben zu können.

Manche von uns schätzen ihre Unabhängigkeit so hoch, dass sie lieber auf der Straße leben und sich aus Mülltonnen oder von mitleidigen Spenden ernähren, als sich in die stetige Abhängigkeit der Menschen zu begeben. Sie wollen lieber nach Lust und Laune ihren Schweif in den Wind halten, als dass sie sich über Nacht einsperren lassen, nur um am nächsten Morgen den frischen Fisch auf einem sauberen Teller serviert zu bekommen.

Ich persönlich akzeptiere eine solche Haltung, auch wenn ich mich selbst anders entschieden habe. Und zwar, wie ich meine, aus guten Gründen, doch es sind eben allein *meine* Gründe, und so schelte ich niemanden, der andere ins Feld führt.

Wenn Sie so wollen, bedeutet »Freiheit« oder eben »Autarkie«, dass ich mich nicht in die Entscheidungen anderer einmische, dafür aber zugleich verlange, dass man meine Entscheidungen dann ebenso rückhaltlos gelten lässt. Natürlich immer vorausgesetzt, dass daraus der Welt kein Schaden entsteht, aber das versteht sich ohnehin von selbst.

»Freiheit«, so hat einmal eine kluge Frau gesagt, ist immer die Freiheit der Andersmaunzenden. Und selbst, wenn mir die Gründe und Motive des anderen unvernünftig erscheinen, unnütz oder unsinnig, so will ich doch darüber schweigen. Schließlich habe ich genügend damit zu tun, meine eigenen Entscheidungen bewusst und bedächtig zu treffen, so dass ich mich kaum um Wohl oder Wehe der anderen kümmern kann. Klingt in Ihren Ohren egoistisch? Wenn Sie es denn so nennen wollen, aber ich bemühe mich immerhin darum, niemandem Schaden zuzufügen, was vielleicht mehr ist, als die meisten Menschen von sich selbst sagen können.

Doch es gibt da noch einen anderen Aspekt der »Autarkie«, den wir auf gar keinen Fall vergessen wollen. Wenn es nämlich darum geht, das Wollen und das Können miteinander in Harmonie zu bringen, dann ist man sicherlich gut beraten, wenn man zunächst einmal sein Wollen kritisch überprüft.

Ist es vernünftig, zu wollen, was ich will? Wie viel an Autarkie und Freiheit muss ich aufgeben, um zu bekommen, was ich will? Wie viel Leid muss ich auf diesem Weg ertragen? Und lohnt es sich dann überhaupt? Ja, das sind wichtige Fragen, und eine vernünftige Katze hat darauf meist eine Antwort, und zwar eine gute, die zu ihr passt.

Allerdings gibt es da noch eine andere Möglichkeit, die – ich gebe es zu – auf den ersten Blick nicht ganz so einfach erscheint. Nämlich sein Können zu steigern. Das kann durchaus ein Weg voller Leid und Mühen sein, man muss sich anstrengen, man muss Zeit und Energie darauf verwenden, die man dann nicht mehr mit Schlaf oder Kontemplation oder auch nur mit der bloßen Verdauung verbringen kann. Eine anständige Katze schüttelt es zunächst, wenn sie davon hört. Aber wenn man nun einmal so wenig wie nur möglich von anderen abhängig sein will, dann muss man sich eben in die Lage versetzen, so viel wie möglich selbst zu tun.

Wenn es mir, selbst als erfahrener und geübter Katze, nicht möglich ist, die Dose mit dem Thunfisch zu öffnen, ich aber gleichwohl darauf aus Gründen des guten Geschmacks partout nicht verzichten will, dann muss ich eben nach anderen Mitteln und Wegen suchen. Etwa genau darauf achten, wann ein Brötchen, belegt mit Thunfisch, auftaucht. Und wenn es sich auf dem Tisch befindet, dann muss ich eben in einem unbeobachteten Moment auf den Tisch springen. Und wenn ich dafür zu faul oder zu dick bin, dann muss ich eben üben, üben, üben.

Glauben Sie mir, so schwer ist das gar nicht – weder das Üben noch das Springen. Und die köstliche Beute ist allemal eine jede Anstrengung wert. Wenn es aber wider Erwarten doch nicht klappt, dann kann man ja immer noch sein Wollen durch wiederholtes und eindrückliches Maunzen kundtun, bis sich schließlich jemand erbarmt und die Dose öffnet. Aber auch das setzt voraus, dass man in ruhigen Stunden sein Können trainiert hat – wenn schon nicht im Springen, so doch im Maunzen und im Warten.

So! Am Ende fügt sich dann doch alles zusammen. Uns Katzen geht es um die Unabhängigkeit, die man aber nur erringen und erhalten kann, wenn man sich selbst erkennt, wenn man sich seiner Bedürfnisse, seiner Wünsche, seiner Ängste, seiner Stärken und seiner Schwächen bewusst wird. Wenn man bereit ist, zu verzichten, aber auch den rechten Moment schnell und entschieden zu nutzen, sobald sich die Chance bietet. Bleibt man zugleich wachsam und vorsichtig und auf das Schlimmste gefasst, kann man den Erfolg schließlich aus vollem Herzen genießen. Am besten ist es, man bleibt ruhig und gelassen, auch wenn man lange auf den Erfolg warten muss. Und wenn man nicht zu viel erwartet, kann man sich auch freuen, wenn man überhaupt etwas bekommt.

So denken wir Katzen, so fühlen wir Katzen, so leben wir Katzen. Nicht alle, nicht immer, nicht überall, aber zumindest geben wir uns alle Mühe. Sind wir glücklich damit? Ja, zumindest im Großen und Ganzen. Und wenn nicht, dann maunzen wir laut und deutlich. Oder wir fahren unsere Krallen aus. Oder wir machen uns still und heimlich aus dem Staub. Natürlich nur als allerletzter Ausweg, aber glauben Sie mir: Es gibt genügend Menschen in dieser Welt, die alles, wirklich alles dafür geben, uns Katzen ein angenehmes Leben zu bieten.

So wie sie die Wahl haben, ob sie mit uns zusammenleben wollen und wie sie uns behandeln, so stehen uns ebenso viele Möglichkeiten zur Verfügung. Selbst wenn wir dafür in Kauf nehmen müssen, ein paar Wochen auf der Straße, im Park oder im Tierheim zu leben. Nicht unbedingt das, was ich und die meisten von uns unter einem »guten« Leben verstehen, aber eben doch ein Leben. Und da wir sieben davon haben, kann man ruhig eines opfern.

Bleibt noch eine Frage, die vielleicht sogar entscheidende Frage: Können auch Sie als Mensch mit den sieben Säulen der felinischen Weisheit glücklich werden?

Ich meine aus tiefster Überzeugung: ja! Denn wenn von den Katzen die Rede war, dann als Beispiel und Vorbild für alle vernunftbegabten und vernünftigen Wesen in dieser Welt.

Wir Katzen jedenfalls nehmen für uns in Anspruch, über die wahrhaft wesentlichen Fragen des Lebens intensiv nachgedacht zu haben. Schließlich haben wir dazu genügend Zeit und Gelegenheit. Und wir sind mit der praktischen Anwendung unserer Überlegungen ziemlich weit gekommen.

Wir existieren noch, was eine Vielzahl von anderen Arten und Gattungen nicht mehr von sich sagen kann. Wir haben uns in all den Jahren auch nur wenig verändern und anpassen müssen, was ebenfalls manch anderem nicht gelungen ist (ich meine hier vor allem die Hunde, obwohl ich nicht weiß, ob sie überhaupt diesen Anspruch an sich selbst gestellt haben, aber was gehen mich die Hunde an). Und – vielleicht auch kein schlechtes Zeichen – selbst wenn wir uns bislang nur wenig an dem beteiligt haben, was die Menschen »Fortschritt« nennen, so haben wir doch durch unser Tun auch keinen irreparablen Schaden in diese Welt gebracht.

Wenn Sie das alles noch nicht von unserer tiefen Weisheit überzeugt, was würden Sie sich vergeben, wenn Sie es einmal selbst ausprobierten? Für ein paar Tage oder Wochen? Einfach nur zum Spaß? Sie vergeben sich nichts dabei. Und wenn es Ihnen nicht gefällt, dann können Sie ja immer noch wieder ein hektisches, neidisches, gieriges, geiziges, rücksichtsloses Leben führen, so wie Sie es bislang gewohnt waren.

Falls es Ihnen aber doch gefällt und Sie plötzlich bemerken, wie man mit einfachen Mitteln glücklich und zufrieden sein kann, dann hat es sich doch gelohnt, auf Ihren Kater zu hören.

Einen guten Rat aber will ich Ihnen noch mit auf den Weg geben …

In diesem Augenblick kam der erste Sonnenstrahl hinter den Bäumen zum Vorschein. Und wenn ich bis zu diesem Moment klar und deutlich hatte verstehen können, was der Kater mir zu sagen hatte, so vernahm ich jetzt nur noch das übliche Maunzen und Miauen einer ganz gewöhnlichen Katze.

Er selbst schien es erst einige Augenblicke später zu bemerken und schaute mich dann mit resignierter Miene an. »Schade«, sagte ich und streichelte ihn ein paarmal unter dem Kinn, was ihm sehr behaglich zu sein schien. Dann löschte ich das Licht, stand von meinem Schreibtisch auf und ging die paar Schritte in die Küche. Ich war dem Kater dankbar; es war eine lange Nacht gewesen, und ich konnte mir gut vorstellen, dass er nun erschöpft und hungrig war. Tatsächlich folgte er mir auf dem Fuße und setzte sich schließlich vor den Küchentisch. Ich holte eine Dose Thunfisch aus dem Regal. Er begann freudig zu miauen, als ich die Schale füllte. Dann machte er sich genussvoll schmatzend über den Fisch her. Ich stellte die Kaffeemaschine an und atmete tief durch. Die Flasche Rum aus Martinique wartete immer noch geduldig auf mich.

Der persönliche Katzen-Fragebogen

Ihr Name:	Rufus vom Katernberg
Ihr Beruf:	Praktizierender Felinosoph
Was ist für Sie das größte Unglück?	Auf dem heißen Blechdach zu sitzen
Wo möchten Sie leben?	In Heringsdorf am Thuner See
Was ist für Sie das vollkommene irdische Glück?	In der Abendsonne auf der Bank liegend eins mit mir sein
Welche Fehler entschuldigen Sie am ehesten?	Die eigenen
Ihre liebsten Romanhelden?	Die »Brüder Katzamasov«
Ihre Lieblingsgestalt in der Geschichte?	Tatzan, der Weise
Ihre Lieblingsheldinnen in der Wirklichkeit?	Die süße Pflegerin aus dem Tierheim
Ihre Lieblingsmaler?	Jean-Baptiste Chardin und seine Fischporträts

Ihr Lieblingskomponist?	Paul McCatzney
Welche Eigenschaften schätzen Sie bei einem Kater am meisten?	Wenn er mich nicht beachtet
Welche Eigenschaften schätzen Sie bei einer Katze am meisten?	Ein seidiges Fell
Ihre Lieblingstugend?	Gelassenheit
Ihre Lieblingsbeschäftigung?	Schnurrogene Miezitation
Wer oder was hätten Sie sein mögen?	Genau das, was ich bin
Ihr Hauptcharakterzug?	Streben nach Purrfektion
Was schätzen Sie bei Ihren Freunden am meisten?	Wenn sie mich dabei tatzkräftig unterstützen
Ihr größter Fehler?	Bescheidenheit und Zurückhaltung
Ihr Traum vom Glück?	Schlafen und zur rechten Zeit erwachen
Was wäre für Sie das größte Unglück?	Ein Hund zu sein
Was möchten Sie sein?	Satt und müde
Ihre Lieblingsfarbe?	Blau
Ihre Lieblingsblume?	Hortensie
Ihr Lieblingsvogel?	Alle, wenn sie gut durchgebraten sind
Ihr Lieblingsschriftsteller?	Baudelaire, Colette
Ihr Lieblingslyriker?	Der die Kombination von Thunfisch und Forelle erfunden hat – ein Gedicht!
Ihre Helden in der Wirklichkeit?	Alle, die eine Fischdose öffnen können
Ihre Heldinnen in der Geschichte?	Bastet, die Katzengöttin

Ihre Lieblingsnamen?	Δ¤ℝ∞‡△*∩
Was verabscheuen Sie am meisten?	Regen
Welche geschichtlichen Gestalten verachten Sie am meisten?	Alle, die uns Katzen verachtet haben
Welche militärischen Leistungen bewundern Sie am meisten?	Den Sieg über die Ratten auf den Katzalaunischen Feldern unter Maunzerich dem Großen; aber auch die Schlacht auf dem Amselfeld mit dem anschließendem Festdiner
Welche Reform bewundern Sie am meisten?	Die Einführung von Fisch in Dosen
Welche natürliche Gabe möchten Sie besitzen?	Die fünfte Zehe gegenüber den anderen vier zu haben
Wie möchten Sie sterben?	Satt und schlafend nach sieben Leben
Ihre gegenwärtige Geistesverfassung?	Neugierig
Ihr Motto?	Was eine Katze nicht weiß, lohnt nicht zu wissen
Ihr Abschlusskommentar?	Ein dreifaches »Miau«

Danksagung

Rufus vom Katernberg
Heike Reinecke
Tierschutzverein Dormagen e.V.
(Spendenkonto 302 060 0011, VR Bank e. G., BLZ 305 605 48)